일본, 한국을 상상하다

한국 인식의 역사와 현재

일본, 한국을 상상하다

한국 인식의 역사와 현재

초판 1쇄 발행 2021년 5월 20일
　　2쇄 발행 2021년 6월 22일

지은이 | 강동국, 김시덕, 김종학, 김호섭, 신상목, 이원덕
펴낸이 | 윤관백
펴낸곳 | 도서출판선인

등 록 | 제5-77호(1998.11.4)
주 소 | 서울시 마포구 마포대로 4다길 4, 곳마루빌딩 1층
전 화 | 02)718-6252 / 6257
팩 스 | 02)718-6253
E-mail | sunin72@chol.com

정 가 24,000원

ISBN 979-11-6068-478-0 93910

일본, 한국을 상상하다

한국 인식의 역사와 현재

강동국 · 김시덕 · 김종학
김호섭 · 신상목 · 이원덕

도서출판 선인

목차

서문

이 책은 일본의 한국인식이라는 주제로 6인의 연구자가 지난 1년간 진행한 공동연구의 결과물이다. 필자들은 도쿠가와 막부 시대부터 현대에 이르기까지 일본 사회의 상층부를 구성한 정치인과 지식인, 그리고 기층 서민이 갖는 대한인식의 구조와 그것이 형성된 역사적 배경, 그리고 인식 내용의 시대적 변화 추이를 검토하였다. 이를 통해 오늘날 일본인들의 한반도 문제에 대해 잠재되거나 표현된 인식들의 구조와 한계를 규명하고자 했다. 일본인의 대한인식을 분석하는 것은, 대한반도 정책과 그 집행이라는 구체적 행위의 이념적 토대를 규명하는 작업으로서 중요한 의미를 가진다.

이 과정에서 필자들은 한국사회가 일본에 대해 흔히 갖고 있는 편견을 최대한 배제하고자 노력하였다. 여기에는 일본을 과대평가하거나 또는 필요 이상으로 과소평가하는 과도함이 있다. 그리고 이러한 과도함은 일본 사회 혹은 일본 역사를 보다 객관적으로 이해하는 데 적지 않은 장애가 된다.

일본의 역사와 사회에 관한 불충분한 지식은 과대평가 또는 과소평가를 유발하는 원인이 된다. 필자들이 일본 사회에 대해서 충분한 지식을 가졌다고 자부하기는 어렵지만, 정치학, 역사학, 사상사학, 외교사학 등 각 분야의 연구자들이 나름대로의 학문적 전문성을 바탕으로 사회적 편견을 극복하기 위해 노력했다. 이러한 노력이 과연 어느 정도 성공적이었는지에 관해서는 오직 독자 여러분의 엄정한 비판을 겸허하게 기다릴 뿐이다.

이 책이 나오는데 풍족한 연구비를 지원해주고, 코로나 사태 속에서 사회적 거리두기 환경에 맞는 중간발표회 공간 등을 마련해 주는 등 연구와 집필에 전폭적 지원을 해준 지앤엠글로벌문화재단의 김영목 대표, 김승환 전무, 이유빈 연구원에게 감사 말씀을 드린다. 연구과제를 최초로 제안해 주고 연구진행 과정 내내 후원과 격려를 아끼지 않은 김건식 서울대 법학전문대학원 명예교수께도 감사의 말씀을 드린다. 또한 네 차례에 걸친 연구발표회에서 일본에 대한 필자들의 인문학과 사회과학적 시각에 현실세계의 치열함과 냉정함에 기반한 비판과 조언을 아끼지 않은 남중수 박사께도 감사한다. 물론 이 책의 오류와 부족한 시각은 전적으로 필자들의 몫이다.

2021년 4월
필진을 대표하여 김호섭

1

한일 인식의 시대적 모습

한일 인식의 시대적 모습

김호섭 | 중앙대학교 명예교수

1. 일본의 문화적 동질성이라는 신화

한국사회는 일본인들이 집단적으로 균질하며 동일한 인식을 갖고 있을 것이라고 생각하는 경향이 있다. 일본인 혹은 일본 문화를 집단적이며 균질하다고 보는 것은 우리 사회에서만 있는 현상은 아니다. 서구 사회에서도 일본 사회 혹은 일본 문화를 집단적으로 균질한 동일체로 보는 경향이 있다. 1980년대 일본이 경제적으로 크게 성장하고 일본의 정치경제 체제가 미국식 자본주의를 대체할 수 있다고 일부에서 주장할 만큼 성공을 거두었을 때, 그 성공의 배경을 일본의 사회문화적 특성에서 찾고자 하는 움직임이 있었다. 즉, 일본 문화가 체제 성공의 배경이며 일본 사회의 동질성과 균질성이 일본 문화의 우월한 특징이라고 믿은 것이다.

더욱이 일본인들 스스로가 단일 민족과 단일 문화라는 '단일성'과 함께 우월성을 자랑스럽게 대내외적으로 발신하기 때문에 제삼자 입장에서 그 주장을 그대로 믿는 경향이 생기기도 한다. 이러한 단일성, 균질성과 우월성의 강조에는 에도시대 말기까지 존속된 봉건적, 지역적 분열을 천황 중심의 근대국가 형성에 방해요소로 생각한 메이지유신 엘리트들이 천황 중심의 단일성을 의도적으로 강조하여 근대국가 형성의 사회문화적 조건으로 이용한 역사적 배경이 있다.

사회적으로 균질한 것이 균질하지 않은 것보다 우월하다는 믿음 하에서는 현실 세계에서 균질성 외부에 존재하는 다양한 소수 집단의 존재는 우월성을 방해하는 존재로 인식되며 환영받지 못한다. 일본 사회에서 소수자들은 일본 사회의 균질성에 대한 부정적 요소로서, 빛나는 우월성이라는 광택에 흠집을 내는 반갑지 않은 혹은 존재해서는 안되는 요소로 취급된다. 균질성을 믿는 다수의 일본인들에게는 일본 사회는 균질해야 하기 때문이다. 어느 특정한 사회의 문화가 다른 사회의 문화보다 우월하다고 주장하기 위해서는 그 판단의 기준을 제시해야 한다. 일본 문화가 균질하기 때문에 우월하다고 일본인 스스로가 판단한다면, 균질하지 않은 요소가 존재한다는 사실에 의해서 그 우월성의 토대는 허물어진다. 대부분의 일본인들은 일본 사회가 지켜왔던 전통적인 문화형태가 균질하다고 내재적으로 판단하고 다른 문화보다 우월하다고 결정을 내렸을 뿐이다. 하지만 일본 문화는 일본 사회에 적합하게 발달했을 뿐이며 그것이 우월한지는 각 개인이 판단할 몫이다.

균질성과 함께 우월성 담론이 주요 내용인 일본 문화론에 대해서는 1980년대 이후 세계 학계에서 여러 측면에서 비판받았다. 일본 문화와 일본 사회의 균질성 담론은 일본 사회가 특이하다는 담론으로 이어진다. 그리고 일본 사회 특이론은 어느 사회나 갖는 다양성의 측면을 무시하는 결과로 이어진다. 예를 들어 종교적 측면에서, 일본 사회내 기독교인은 전체 인구의 1퍼센트 미만이라는 사실은 기독교도를 일본 사회의 균질성에 어굿나는 요소로 간주된다. 마찬가지로 1960년대, 70년대 일본 경제가 시현했던 경제성장을 설명함에 있어서도 일본 경제를 특이한 경제로 보고, 일본 문화의 특수성을 중심으로 설명함으로써 일본인의 문화적 우월감을 조장하였다. 하지만 이러한 비판에도 불구하고 일본 사회가 균질하며 특수하다고 강조하는 경향은 형태를 달리하면서 여전히 다양한 장면에서 재생산되고 있다.

최근 일본의 유력 정치가가 자국의 코로나 전염 사태가 서구에 비해 심하지 않는 이유를 일본의 민도가 높기 때문이라고 주장한 것은 사회적 현상에 대한 일종의 문화적 설명법이라고 할 수 있다. 의학적으로 전염병을 막기 위해서는 민도가 낮더라도 전염병 예방 수칙을 사회적으로 지키느냐 지키지 않느냐가 전염병 발생의 인과관계에 영향을 미칠 것이다. 서구 선진국에서 전염병이 일본보다 더 퍼지는 것은 예방수칙을 지키지 않거나, 예방수칙에 어긋나는 습관이 있기 때문이다. 즉, 공기를 통해서 전염되는 코로나 바이러스는 신체적 접촉을 포함하는 인사 습관을 가진 유럽권 국가에서 넓게 전염되는 이유일 것이며, 민도의 차이는 아니다. 대만이나 한국이 일본보다 전염병을 잘 통제한 것도 민도의 문제가 아니라, 조기에 전염병의 예방수칙을 강력하게 시행했기 때문이다. 민도가 국민문화의 수준을 말하는 것이라면 전염병 발병률과 문화 수준은 인과관계를 쉽게 발견할 수 없다. 만약 인과관계가 있다면 민도가 낮은 국가에서는 단기간에 전염병을 막을 수 있는 방법을 찾기 어려울 것이다. 왜냐하면 문화적 습관을 민도에 포함한다면 그 수준을 바꾸기 위해서는 상당한 시간이 걸릴 것이기 때문이다. 유럽국가에서 백신이 발견되기 전까지는 코로나 전염 사태가 통제되기 어려운 이유가 습관에 있는 것이지 민도에 있지 않다. 반대로 백신이 발견되고 접종이 광범위하게 진행된다면 민도에 관계없이 코로나 전염병은 통제될 것이다.

일본 문화론자들은 일본의 거의 모든 사회적, 정치적, 경제적 현상에 대해서도 문화적 요소로 설명한다. 그들은 1970~80년대 일본 경제가 순조롭게 성장한 원인을 일본 문화에서 찾았으며, 2011년 일본에서 발생한 자연재해에 연유한 대형사고의 원인이 일본 문화에 있다고 주장하기도 한다. 2011년 3월 발생한 동일본대지진재해 사태 당시 후쿠시마 제1원전의 원자로 냉각시스템이 쓰나미에 의해서 침수되어 4개의 원자로가 붕괴된 일이 있었다. 그러나 사고가 발생한 제1원전에 매우 가까운 곳에 위치한 제2원전과 기타 원전은 같은 시점에 같은 크기의 쓰나미가 덮쳤지만 비상시를 대비한 원자로 냉각시스템의 전원이 충분히 높은 위치에 설치되어 결정적 시간에 시스템이 잘 작동하여 사고가 발생하지 않았다. 다른 원전들은 쓰나미를 예상하여 높은 위치에 비상시스템을 설치하였으나 제1원전은 낮은 위치에 비상시스템 전원을 설치하여 침수된 것이 원자로 붕괴의 원인이며 이것은 공학적인 이유이다. 만약 원자력 감독관청이 그동안 전원 위치의 문제점을 발견하지 못했다면 행정당국에 책임이 있을 것이며, 감독관청이 지적하였으나 제1원전이 시정하지 않았다면 책임은 더욱 클 것이다.

일본 국회에서는 2011년 9월 〈동경전력후쿠시마 원자력발전소 사고조사위원회〉(東京電力福島原子力發電所事故調查委員會)를 설치하였으며 사고 원인을 조사하고 2012년 7월 조사보고서를 발표하였다.

조사보고서에서는 사고의 원인으로 자연재해에 의한 사고라기보다는 비상 상황에 대비하여 충분한 준비가 부족했으며, 감독기관과 피감독기관인 동경전력과의 관계 역전 등을 지적하며 인재(人災)라고 결론을 내렸다. 조사위원회는 조사보고서를 영문판으로도 출판하였으며(2012.10.17), 영문판 서문에 사고 원인을 "섬나라 근성" "집단주의" "권위에 도전 못하는 체질" 등 "사고의 근본적인 원인은 일본 문화의 습관에 뿌리가 있다."라고 서술하였다.[1] 즉 원자력발전소 사고 원인을 일본 사회의 문화적 요소에서 찾은 것이다. 사고 원인이 문화에 있다면 일본인 대다수가 문화적으로 같은 요소를 향유하기 때문에 일본 사회를 구성하는 대다수 사람들이 책임을 져야 한다. 문제는 같은 시점에 같은 규모의 쓰나미를 만난 원자력발전소 중에서 후쿠시마 제 1원전에서만 원자로가 붕괴되었는가 하는 점일 것이다. 문화가 책임을 져야 한다면 다른 원전에서도 사고가 발생해야 했을 것이다. 문화에서 책임을 찾는다면, 후쿠시마 제1원전의 설계자, 관리자, 원전을 운영한 동경전력회사의 경영자 및 원전의 감독관청 등은 직접적인 책임에서 벗어날 수 있다. 즉 문화론은 대형 사고의 과학적 원인과 책임을 추궁하는데 결과적으로 방해요소가 되는 것이다.

사회학적으로 본다면 1억 전후의 인구가 지리적 배경이 다르며, 재산의 유무에 따른 소위 계층적 차이가 없을 수 없으며 농촌과 도시, 해변과 내륙의 차이가 있을 것이다. 사농공상의 유교적 계급이 공고했던 에도시대에 계급적 차이를 고려하면 문화적 단일성, 균질성 담론은 논리적으로 성립하기 어렵다. 현대에는 국제적 교류로 국제사회에 대한 직접적 경험을 한 인구집단과 간접 경험을 통해 국제사회에 대한 인식을 형성한 인구집단간의 인식 차이가 있을 것이다. 동아시아연구원(EAI) 여론조사에 의하면 한일 양국에 여행한 경험이 있는 집단과 여행한 경험이 없는 집단 간에는 상대방 국가의 호감도가 유의미하게 달랐다. 당연히 여행한 경험이 있는 집단의 호감도가 높았다. 또한 연령과 세대간 인식차이가 있을 것이다. 한국인이 일본에 대한 인식이 계층, 시대, 연령, 성별 등에 따라 다르듯이 일본인의 한반도에 대한 인식은 단일하지 않으며 다양한 내용을 갖고 있으며, 시대적 배경과 계층적 차이가 있다. 또한 전반적으로 물리적인 국경 장벽이 낮아지는 세계화 시대 더욱이 디지털 기기에 의해서 시간적 거리감이 거의 없어진 디지털 세대가 일본 사회라는 공간적 한계 속에서 문화의 균질성, 동일성을 주장하는 것은 시대착오적이다.

2. 이 책의 문제의식과 내용

한국 사회에는 한일 간에 발생한 사건을 결과론적으로 해석하는 경향이 있다. 이 책의 필자들은 역사적 사건의 의미를 해석하는 경우, 발생한 결과는 이미 처음부터 정해진 것이라는 결과론적 해석을 최대한 배제하고, 역사적 사건이 발생한 시대적 흐름을 경로의존성의 관점에서 파악하고자 노력했다. 어떤 사건이 발생하여 그 대응을 모색하는 경우, 발생한 특정 시점에서는 다수의 대응책을 검토하고 당시의 상황에서 가장 합리적이라고 믿는 대응책을 선택할 것이다. 특정한 선택을 한 이후에는 그에 의해서 상대방의 다음 대응이 정해지며, 상대방의 행위에 대해서 우리가 대응하는 대응의 선택범위가 정해지며 그중에 한 가지를 선택하여 대응하는 흐름이 역사에 있어서 경로의존성이다. 과거에 발생한 사건을 역사적으로 해석하기 위해서는 경로의존성의 관점이 필수적이다.

19세기 후반 한국과 일본이 근대적 국가관계를 맺은 후, 20세기 초 한반도가 일제의 식민지 지배를 받고 1945년 일본 패망의 결과 해방을 맞기까지 필연적으로 발생한 사건은 아무 것도 없었다. 예컨대 19세기말 서세동점의 국제정치적 환경의 변화에 조선왕조가 전략적 대응을 보다 잘했다면 개국 상황이 다르게 전개되었을 것이다. 역사적 사건의 발생과 조선왕조의 대응, 그 대응에 대한 일본의 대응이라는 연쇄적인 흐름의 결과 상황이 지금까지 온 것이다. 다시 말하면, 어떤 사건에 우리의 대응이 달랐다면 다른 결과를 가져왔을 가능성, 즉 역사적 경로가 다른 경로로 갔을 개연성이 없지 않았다. 예를 들어서 분단의 이유를 일본의 식민지 지배에서 찾는다면 해방 이후 한민족이 행한 여러 정치적, 외교적 행위에 의미를 부여하기 어려울 것이다. 결과론으로 해석한다면 해방 후 3년, 혹은 6·25 전쟁의 발발을 포함하여 우리 민족이 다른 경로를 선택하지 못하고 바로 그 대응을 하여 현재의 결과로 이어졌는지 반성할 수 없을 것이다. 역사에 있어서 결과론적 해석을 한다면 역사를 공부하고 그 속에서 교훈을 얻으려는 시도는 상당부분 의미를 잃는다. 결과론을 강조하면 결과를 낳은 역사의 섭리를 연구해야 하지만, 그 섭리의 발견은 학자의 몫이 아니고 예언자의 몫에 지나지 않는다.

이 책의 필자들은 한일관계를 해석함에 있어서 음모론적 해석을 경계했다. 한일관계에서 발생한 사건들, 특히 19세기말부터 1945년 해방을 맞기까지 발생한 사건들은 우리 민족에게 매우 큰 어려움을 강요하였고 민족적 자존심에 큰 상처를 주었다. 그러한 사건의 발생을 설명하고 분석함에 있어서 국제정치적, 사회적, 조선조 말기의 정치적, 경제적, 사회적 배경을 종합적으로 고려해야 함에도 불구하고 일본 음모론적 시각에서 설명하는 경우가 있다. 사회에 큰 반향을 일으킨 사건의 원인을 명확하게 설명하지 못할 때, 블랙박스를 이용한 설명, 즉 설명하기 어려운 것들을 블랙박스에 넣은 후, 그 배후에 우리가 모르는 거대한 권력조직이나 비밀 단체가 있다는 식으로 해석하는 경우가 많다. 특히 정확한 정보를 얻기 힘든 격동기나 혼란스러운 시기에 이러한 음모론들이 많이 유포된다. 예를 들어서, 조선조 말기 한일관계에 있어서 사건 원인을 잘 설명할 수 없는 경우, 일본의 단체 혹은 정치세력들의 음모에 의해서 발생되었다는 추론을 하는 경우가 많다. 그것은 때로 매우 흥미로운 설명을 제시하기도 한다. 음모론이라는 블랙박스를 이용하여 설명하면 세상에 설명하지 못하는 대상은 없다. 왜냐하면 설명하지 못하는 부분은 전부 음모로 설명하면 되기 때문이다. 음모론에 부합하는 사실만 채택하고 맞지 않은 것은 버리며, 사건의 해석이 쉽지 않은 경우 단순 명쾌한 음모론이라는 블랙박스를 이용하면 설명 못할 현상이 없기 때문이다.

한편, 한국 사회에서는 민주화 이후 오히려 학문적 양심에 근거한 일본 연구를 발표하기가 어려워진 측면이 있다. 일부 정치세력은 그 학문적 주장의 내용을 객관적으로 검증하기보다는 그것이 가져올 정치적 파급효과나 연구자의 정치적 성향을 거론하면서 비판한다. 이로 인해 민주화가 더욱 성숙된 21세기에 많은 일본 연구자들은 학문적 양심보다는 자기 검열을 하는 경향이 있다.

용기 있는 학자라면 설령 연구결과에 대한 사회적 평가가 부정적일지라도 그 부담을 떨쳐내고 소신에 따라 이를 발표할 수 있어야 한다. 하지만 현실적으로는 '민주화'가 된 후 더욱 자유를 느끼는 학자가 있는가 하면, 그것에 저항할 용기가 없는 연구자들은 오히려 이전 시기보다 더 큰 두려움을 느끼는 실정이다. 특히 이른바 '일본 때리기'라는 대일 강경노선에 적극적으로 동조하지 않는 연구자는 친일파라는 낙인을 감수해야 하는 사회적 분위기가 되었다. 이러한 점에서 이 책의 필자들은 순수한 학문 활동을 하는 연구자들에게 특별한 용기가 필요치 않은 세상에 대한 염원을 공유한다.

이 책의 구성은 다음과 같다.

제2장 「임진왜란(壬辰戰爭)과 그에 대한 한일 양국의 기억」은 중근세 일본 민중의 임진왜란과 그 전후의 일본인의 갖고 있었던 조선 인식을 다루었다. 도요토미 히데요시가 일으킨 임진왜란은 한국인이 일본인에 대한

폭력적이며 반 유교적인 대상으로서 인식이 시작되는 역사적 사건이다. 침략을 당한 조선인은 비폭력적 문화의 유교적 문화와 무력으로도 조선을 지배했던 중국의 이외에도 일본으로부터 당한 침략에 무력의 관점에서는 물론 심리적으로 감당하기 어려웠을 것이다.

이 장의 저자 김시덕은 우리의 관점에서가 아니라 일본의 당시 관점에서 일본을 해석하였다. 즉, 대항해 시대의 개막이 초래한 국제 정세의 변화를 틈타 시도된 도요토미 히데요시의 조선 침략은 그의 죽음으로 끝났다. 임진왜란의 결과는 조선, 일본, 명 어느 나라도 완전한 승리를 주장할 수 없는 것이었고, 전쟁을 진행한 세 나라의 지배 집단은 피지배 집단에 대해 전쟁 행위의 정당성을 주장하기 어려운 정치적 위기 상황에 처했다. 이러한 상황에서 세 나라에서는 지배 집단이 교체되거나, 국내 지배 체제의 보수화를 추진했다. 일본의 경우, 1586년에 도요토미 히데요시에게 항복한 뒤로 그와 행동을 함께 했기 때문에 임진왜란의 애매한 결과에 대해 국내, 국외적으로 정치적 책임을 졌어야 했으나, 전쟁에 직접적으로 참전하지 않았다는 행운으로 인해 국외적으로는 침략전쟁과의 무관함을 내세울 수 있었고, 국내적으로는 어용학자들을 통해 임진왜란에 대한 기억을 재편하는 작업을 추진했다. 그 결과 임진왜란에 대해 도쿠가와 시대 일본 국내에서는 1) 임진왜란은 명과 조선의 무례함에 의해 발생했고, 2) 전쟁중에는 일본의 장병들이 용맹히 싸웠고, 3) 전쟁 결과 왜관을 일본이 확보하고 조선 측이 통신사라는 조공사를 파견하는 성과를 거두었으나, 4) 전쟁 과정에서는 무익한 희생이 많았던 것은 사실이며, 4) 다만 도쿠가와 이에야스는 이 무익한 희생에 가담하지 않았다는 식으로 정리가 되었다. 이에 대해 저자는 도쿠가와 막부와 이 시기의 지식인 집단이 이러한 내용을 국외, 국내적으로 어떻게 발신했는지를 김시덕은 추적하였다. 그 결과, 조선 측에서도 도쿠가와 막부 시대 일본상황에 대해서는 어느 정도 파악하고 있었으나, 1) 일본에 대해 조선이 독자적으로 군사력을 발동하여 임진왜란 당시의 피해를 보상받는 것은 불가능했고, 2) 여진(후금)이라는 더욱 강력한 적대 세력을 두고 후방의 안정을 기할 필요가 있었으며, 3) 국제 전쟁보다 국내 지배질서의 안정을 꾀하는 것이 더욱 중요했기 때문에 일본과의 국교를 재개하고 이 질서를 2백 년 이상 유지했다는 결론을 내리고 있다.

제3장 「'왜' 메이지유신은 성공하였는가?: 근세말~근대초기 일본 지식인 사회의 세계관 전환 동향」은 일본 근대화의 기점인 메이지유신의 성공요인을 분석한다. 일본이 19세기 중반 이후 동아시아에 대두한 서세동점의 시기에 급속한 근대화를 이루며 동아시아 3국 중 가장 성공적으로 시대 변화에 대응한 국가였다는 것은 잘 알려진 사실이다. 개항 전후 일본 엘리트 계층의 서구 문명에 대한 인식은 '화혼양재(和魂洋材)', '문명개화(文明開化)', '탈아입구(脫亞入歐)' 등의 표어로 대표된다. 이 중에서 청이나 조선의 중체서용(中體西用), 동도서기(東道西器)를 넘어서서 탈아입구로 대변되는 급진적인 신질서 수용 의식은 여타 지역의 서구 질서 확산 과정에서도 유례를 찾기 어려운 특이한 현상이다.

저자 신상목은 19세기말 이후 동아시아 지역의 근대화란 본질적으로 서구화, 즉 서구의 문물·사상·제도가 이식(移植)되며 서구 문명에 동화되는 국제적 문화접변(international acculturation) 현상의 내포라고 주장한다. 전통 사회와 충돌하는 이질적인 문명을 받아들이는 과정이란 점에서 동아시아의 근대화는 '문명의 이양(移讓)' 현상에 해당한다고 할 수 있다. 문명을 이양받는 쪽 입장에서 이는 자신을 둘러싼 환경에 대한 새로운 자각과 자신과 타자와의 관계를 새로이 설정하는 '세계관의 전환'을 의미한다. 세계관이란 지식 및 신념체계의 근간을 이루는 것이고 그에 변동이 생기는 것은 마치 신앙의 개종만큼이나 강렬한 각성이 수반되어야 하는 예외적 현상이다.

이와 관련하여 저자는 일본 근대화의 원점(原點)으로 흔히 지목되는 1868년 메이지 유신 이전에 이미 세계관 전환의 전조가 일본 엘리트 계층에서 태동한 점을 주목한다. 기존 지식·신념 체계에 배치되는 외부 유래의 이질적 사상·문물 수용의 필요성 또는 불가피성을 인식하고 행동에 옮긴 엘리트 계층의 태도 전환은 하루아침에 이루어진 것이 아니며, 그 배경에는 그에 상응하는 탐색과 축적의 시간이 있었다.

메이지 유신에서 표방된 세계관 전환은 엘리트 계층에서 공유되기 시작한 서구 문명에 대한 이해, 서구 주도 신질서 속에서 일본의 상대적 위치에 대한 자각, 서구의 위협에 대한 경계심과 서구 문명에 대한 동경(憧憬)의 양가적 심리가 복합적으로 작용하면서 기존 세계관의 점진적 침식 및 해체와 병행하여 장기간에 걸쳐 진행된 변화의 산물이라 할 수 있다. 일본의 근대화 과정은 이러한 세계관 전환이 때마침 격화된 국내적 권력 투쟁과 맞물려 신국가 건설의 대의(大義)라는 정치적 추동력을 얻음으로써 가속화된 측면이 있으나, 서구 유래의 새로운 질서에 대한 인식 자체는 신정부 세력의 정치적·인위적 이니셔티브 이전부터 엘리트 계층의 문화적·자발적 선택에 의해 점진적으로 형성되어 온 것이다.

또한 저자는 유럽의 산업혁명 내재화라는 측면에 주목하여 메이지 유신의 성격을 파악할 경우, 그러한 과정이 도구가와 막부 시대 이래 추진된 근대화 시책의 연장선상에 놓인 연속적인 과정임을 설명하였다. 그러한 연속성을 이해하기 위하여 산업정책 측면에서 요코스카 조선소 건설 경위와 대외 정책 측면에서 일청수호조규 체결 경위를 살펴보았다. 아울러 본문에 해당하는 내용으로서, 막부 시대에 이미 상당한 수준의 근대화 정책을 입안하고 추진할 수 있었던 지적 기반 축적 과정을 설명하기 위해 의사직역을 중심으로 한 과학기술 엘리트층의 존재와 그들의 신지식 흡수 동향, 그리고 이러한 지적 축적이 일본 엘리트 계층의 세계관 전환 전반에 미친 영향을 살펴보았다.

일본의 근대화 과정은 세계적인 차원의 근본적 세력 변동(fundamental power shift)을 이해하고, 기존의 화이(華夷) 질서 의식에서 탈피하여 서구 질서로 이행(移行)하는 과정이라고 바꾸어 말할 수 있다. 당시 일본인들이 이해한 새로운 질서는 문물 면에서는 인간의 삶의 질을 개선하는 생산성 혁명과 합리적 과학주의에 기반하고 있으나, 그로 인해 얻어지는 힘이 투사된 국제관계 면에서는 팽창적 제국주의가 지배하는 약육강식, 사회적 다위니즘의 세계였다. 이러한 신질서에 대한 인식은 일본이 동아시아 주변국과의 관계를 재정립하는 시각에도 근본적인 변화를 초래하였다. 따라서 19세기 말 이후 일본의 대(對)한반도 인식과 정책은 당시의 세계관 전환과 불가분의 관계에 있으며, 그러한 맥락에서 일본의 세계관 전환 과정을 파악하는 것은 이후 일본의 대외관계를 이해하는 데 도움이 될 수 있을 것이다.

제4장 「근대 일본외교의 '무사상성'과 조선 인식(1868~1894)」은 메이지유신 이후 청일전쟁에 이르기까지 조일관계의 전개과정을 개괄하고 그 속에서 나타난 일본 외무당국의 대한인식을 분석하였다. 특히 중요 외교 문서의 원문을 직접 인용함으로써 근대 한일관계사에 관한 독자의 이해를 돕고자 했다.

저자 김종학에 따르면, 근대 일본 외교의 특징은 태평양전쟁 시기 정도를 제외하면, 장기적 국가목표나 바람직한 국제질서에 대한 고민이 부재한 채 그때그때의 국제정세에 민감하게 순응하며 오로지 자국의 대외 팽창과 안보 및 경제적 실리만을 추구한 경향에 있다. 일반적으로 일본은 본격적으로 근대화에 착수한 1868년부터 한일강제 병합을 단행한 1910년까지, 40여 년이라는 긴 시간에 걸쳐 치밀하게 한국 식민지화 음모를 획책하고 실현한 것으로 간주된다. 하지만 저자는 이러한 시각이 일본의 고대 신화에 기초한 뿌리 깊은 정한사상의 위험성이나 지정학적 관점에서 한일관계가 갈등을 피하기 어려운 구조적 원인을 이해하는 데는 유용하지만, 다른 한편으로는 근대 일본의 실력을 실제보다 더 과장하는 결과를 초래할 우려가 있음을 지적한다.

예를 들어 1876년의 조일수호조규(강화도조약)는 일본에 의해 강요된 불평등조약이라는 세 간의 평가와 달리, 실제 그것은 '불완전한 불평등조약'에 지나지 않았으며, 그 정치적 의미는 오히려 메이지유신으로 제기된 조일 간 국격 문제를 미봉하고 양국의 신관계를 위한 발판을 마련한 데서 찾을 수 있다. 또 1880년대 들어 임오군란과 거문도사건을 계기로 청이 조선에 대해 정치적 압력을 심화하자, 일본은 영국의 극동정책에 부응하기 위해 대조선 소극정책과 대청 협조주의로 일관하였다. 일본이 본격적으로 지정학적 논리에 입각해서 한반도를 쟁취하기 위한 경쟁에 본격적으로 뛰어든 것은 1890년대 들어서였다. 하지만 그조차도 장기적 계획에 따른 것이었다기보다는, 신제국주의(new imperialism)가 전개되는 세계적 흐름에 낙후돼선 안 된다는 초조함과 일본 외교의 또 다른 특징인 대세추종주의의 산물에 지니지 않았다.

이러한 맥락에서 저자는 미국의 역사학자 이리에 아키라(入江昭)가 근대 일본 외교의 특징으로 지적한 '무사상성(無思想性)'이라는 화두에 주목하였다. 즉, 일본 외교의 '무사상성'은 대한정책과 인식에도 여실히 반영되었는데, 그 특징은 지리적으로 가장 가까운 곳에 한국이라는 나라가 존재하는 것은 알고 있지만, 그 실체를 직시하거나 진지한 연대와 협력의 대상으로 고려한 일이 없는 '무인식(無認識)'에 있었다는 것이다. 그리고 근대 이후 한일 양국은 식민지 경험과 해방, 냉전과 탈 냉전을 거쳐 최근 중국의 급부상과 그로 인한 미중 전략 경쟁에 이르기까지 많은 역사와 이해관계를 공유해 왔다. 하지만 이와 같은 일본 외교의 대한 인식에 근본적 변화가 있었다고 여길 만한 계기는 유감스럽게도 많아 보이지 않는다는 평가를 제시하였다.

제5장 「근대 일본의 한국 인식: 역사의 재구성과 구조적 이해」는 강동국은 근대 일본 지식인들이 한국에 대해 가진 인식 내용과 그 한계를 분석한다. 분석 배경은 19세기 말부터 산업화 과정의 차이에 의해 발생해서 20세기 한일관계를 구조적 제약 조건이었던 권력의 불평등한 관계가 21세기 들어 점점 해소되어 가고 있다는 저자의 인식이다. 이 장의 저자 강동국은 불평등한 관계의 점진적 해소가 매우 새로운 상황이며, 또 새로운 관점을 한국의 연구자들에게 부여한다는 문제의식을 바탕으로 일본의 한국 인식에 대한 재구성을 시도하였다.

저자는 근대 일본의 한국인에 대한 이해의 눈에 띄는 특징으로 객관 측면에 대한 지식의 축적과 주관 측면에 대한 몰이해의 심화 사이의 극단적인 괴리를 발견한다. 이 문제에는 제국주의 국가의 오리엔탈리즘적인 타자 인식이라는 일반적인 측면과 함께, 이러한 일반적인 설명으로 해소되지 않은 특수성이 있다. 유사한 문명적 배경으로 한국과 일본 사이에 제국주의와 식민지 관계가 존재하였다는 예외적인 상황이 존재했기 때문에, 일본인들은 자신들의 경험에 기초하여 한국의 주관적 측면을 이해하면 충분할 것으로 가정하였다. 그런데, 두 나라의 사상에는 표면적인 유사성과 함께 구조인 차이가 공존했던 결과 일본 나름의 한국 이해는 근본적인 몰

이해로 점철되었다. 갑신정변 당시 후쿠자와 유키치의 한국 유자(儒者)에 대한 이해 실패, 통감 이토 히로부미의 의병을 둘러싼 몰이해, 헌병통치기의 총독부의 식민지조선인의 감정에 대한 오해 등은 이러한 몰이해가 중대한 정치적 결과를 가져온 몇몇 사례이다.

이 장은 근대 일본의 한국 인식에 대하여 그 한계를 중심으로 고찰하여, 역사를 재구성하고 그 구조적 원인을 명확히 하는 것을 목표로 한다. 구체적으로는 첫째, 근대 일본-메이지 유신에서 3·1운동기 전후-의 한국에 대한 몰이해의 역사를 시기를 구분하여 묘사하고, 둘째, 조선시대와 도쿠가와 시대의 주자학의 수용과 극복에서 보이는 두 나라의 사상의 구조 차이를 설명한 후, 이러한 구조가 근대 이후에 어떻게 변형/계승되면서 양국의 근대사상을 다르게 만들었는가를 명확히 한 후 비교함을 통해, 근대 일본의 한국 이해의 한계에 대한 구조적 설명을 제공한다. 이러한 성과에 기반하여 여전히 이어지고 있는 일본의 한국에 대한 몰이해의 구조적 극복을 위한 초보적 전망이 제시되었다.

제6장 「현대 한일관계의 구조변화와 다이내미즘」은 냉전이후 일본의 대한인식과 전략 변화를 다룬다. 한일 간 불평등한 관계 속에서 한국의 산업화 필요라는 국내적 요구라는 제약 속에서 완성된 한일 국교정상화조약과 청구권자금에 관한 협정을 재평가하였다. 냉전 체제하의 한일관계는 미국이 주도하는 동아시아 전략의 큰 틀 속에서 경제협력과 안보적 차원의 공조를 유지하는 한편 역사, 민족 문제 등 한일의 갈등요소는 억제되어 있었다. 그러나 1990 국제 냉전체제가 종결되고 동북아시아의 세력균형 관계가 급속히 유동화하면서 한일관계는 구조적인 변화를 겪고 있다. 2010년 이후 중국은 경제 규모 면에서 일본을 추월하였고 마침내 세계적 차원의 강대국으로 급부상하였고 일본은 국력의 상대적 저하 속에서 고민

하게 되고 한국은 '한강의 기적'을 바탕으로 미들 파워로 대두하였다. 초강
대국으로서 패권적 지위를 누려왔던 미국은 동북아 지역에서의 위치가 상
대적으로 흔들리고 있는 가운데 중국과의 전략경쟁에 몰두하며 한일관계
를 결속시키는 데 한계를 노정하고 있다.

　저자 이원덕은 한일 양국의 국내체제가 한일관계를 이완시키고 때로
는 대립으로 몰아가는 구조적 변화에 주목한다. 한국의 경우 급속한 정치
적 민주화, 시민사회 세력의 성장, 인권의식의 고양에 따라 냉전 체제 하
에서 잠복 되어 있었던 대일 과거사 이슈가 폭발적으로 제기되었다. 위안
부, 징용 문제 등 탈 식민 과정에서 소홀하게 처리되어 왔던 역사 쟁점이
한일관계의 새로운 갈등요인으로 대두되었다. 한편 일본은 90년대 이후
경제의 장기적 정체와 자신감 상실에 따른 사회 심리적 불안이 확산되는
가운데 관대한 국제인식이 실종되고 정치지형은 급속히 보수화되고 있다.
아베 정권의 장기집권이 지속 되는 가운데 국가주의적 색채도 농후해지고
있다. 문재인 정부의 출범과 더불어 한일 간에는 국가 정체성의 충돌 양상
마저 나타나게 되었다. 북한 문제에 대한 한일 간의 온도 차도 한일관계를
복잡하게 만드는 요소로 대두되고 있다.

　이러한 문제의식에서 이원덕은 동북아 국제관계와 남북한 관계라는 국
제정치적 문맥과 더불어 한일 양국의 국내체제의 다이나믹스에 주목하면
서 90년대 이후 전개되는 한일관계의 변화상을 포괄적으로 고찰하고자 한
다. 한일관계의 '뉴 노멀'이라고 할 수 있는 이러한 새로운 현상을 정치, 안
보, 경제, 문화의 제 측면에서 분석적으로 검토하는 한편, 향후 21세기를
길게 내다보면서 한일관계가 지향해야 할 미래 비전에 대해서도 논하였다.

　또한 저자는 한일회담에 대한 균형 잡힌 해석과 공정한 평가를 위해서
필요한 두 가지 조건을 제시한다. 첫째, 한일회담의 토대는 샌프란시스코

대일 강화조약이었는데 강화조약에서 한국은 전승국의 지위를 획득하는 데 실패했다는 점이다. 따라서 한일 간 전후처리는 제4조에서 규정한 대로 배상이 아닌 재산청구권의 테두리 안에서 이루어졌다. 둘째, 교섭 당시 한일의 국력차를 고려해야 한다. 1960년대 중반 한국은 세계 최빈국의 하나였고 일본은 이미 세계 제2의 경제대국으로 성장한 국가였다. 한국은 전쟁의 폐허 위에서 수립된 허약한 신생국가에 불과했으나 일본은 명치유신 이래 탄탄하게 정비된 막강한 관료조직을 지닌 강대국이었다. 일본은 철저한 법률론과 증거론을 내세워 한국의 과거사 청산요구를 철저하게 차단하는 전략을 구사했고 한국정부는 14년간 그러한 일본과 '외교전쟁'을 벌인 것이다.

저자는 박정희 정부가 대일교섭을 통해 추구한 목표 즉, 일본으로부터 식민지 과거사 청산과 개발자금의 획득 그리고 서측 진영의 결속을 통한 안전보장의 확보를 주목한다. 박 정부는 이 세 가지 목표 중 경제적 이익의 확보와 안보 이익을 최우선적으로 고려하는 전략적 선택을 하였다. 빈곤과 안보 위기를 탈출하기 위해서 일본과의 국교수립을 통해 경제개발 자금을 도입하고 미국으로부터 안보 공약을 공고히 하는 것이 우선적 국익이라고 박 정부는 판단했던 것이다. 박 정부의 이러한 전략적 선택이 이후 한국의 고도 경제성장의 동력으로 작용했다는 점은 1950년대 배상자금을 성공적인 경제개발로 연결시키지 못한 동남아의 국가들과 비교해 볼 때 매우 대조적이다.

이와 함께 이 글은 냉전종결 이후 동북아 국제질서의 재편 과정 속에서 한일관계의 변화 즉, 구심력보다는 원심력이 작용하여 2010년대 이후에는 한일관계는 장기적인 악화상태가 나타난 결과를 분석한다. 한미일 반공연대를 가능케 했던 냉전체제의 붕괴로 잠복되어 있던 민족주의적 갈등

요소는 표면으로 분출하게 되었다. 또한 21세기 들어 본격화된 미중 양강 구도의 도래는 한일관계를 이완시키고 있다. 한일관계가 수직적인 관계에서 수평적인 관계로 이동하고 있다는 점 또한 양국관계를 악화시키는 요소가 되고 있다. 한국 시민사회는 강렬한 민족주의적 정서를 표출하며 대일 여론을 강경일변도로 이끌고 있고 리더십은 그에 편승하거나 이를 종종 국내정치적으로 활용함으로써 대일관계를 더욱 악화시키고 있다. 한편 일본은 90년대 이후 정치이념 지형이 보수적인 방향으로 회귀하고 있어 한국과의 감정 충돌의 원인을 제공하는 경향이 두드러지고 있다.

또한 저자는 근래의 한일관계 악화요인을 양국 지도층 간의 소통 부재와 미디어 보도를 경유하여 나타난 극단적인 상호인식의 확산에서 부분적으로 찾았다. 말하자면 한일관계의 극단적인 악화는 존재론적인 차원의 문제라기보다는 인식론적인 차원에서 발생하고 있는 것이다. 더욱 우려되는 것은 지나치게 단순화된 인식론의 횡행 속에서 양국의 외교정책에서 핵심적으로 중요한 전략적인 관점이 무시되거나 전략적인 사고의 영역이 점차 설 땅을 잃어가고 있다. 그러나 한일관계는 미중 양강 구도로 펼쳐지는 동북아질서 속에서 보다 다층적이고 다차원적인 협력을 추진하는 방향으로 나가는 것이 바람직한 방향이다. 냉전시대 서유럽 국가들이 미소가 이념적, 군사적 대립을 벌이는 동안 스스로 전쟁과 대립의 역사를 화해로 극복하고 유럽을 평화와 번영의 공동체로 만들어간 역사적 과정은 미중 양강 구도에 끼어있는 한일관계의 미래비전을 생각하는데 많은 시사점을 제공하고 있다.

제7장 「혐한과 한일관계의 장래」에서 김호섭은 21세기 일본의 대한국 인식의 큰 특징인 혐한의 배경을 분석한 후, 장래의 한일관계를 구조적 변수와 정치지도자 변수로 구분하여 전망했다. '혐한'이라는 개념은 한국 혹

은 한일관계를 보는 일본 사회의 한 시각으로 비교적 최근에 일본 사회에서 활발하게 찬반의 입장이 논의되고 있다. 혐한은 한국을 혐오하거나 '혐오스러운 한국'을 줄인 말이다. 저자는 혐한 현상이 나타난 배경을 국내정치, 국제정치, 한일관계 등 측면에서 찾았다.

첫째, 일본의 국내정치적 요소로서 혐한 발생에는 역사수정주의의 대두가 영향을 미쳤다. 역사수정주의란 과거 태평양전쟁을 침략이 아니며 아시아 전체를 위해서 일본이 서구세력에 대항한 전쟁이라고 해석하며, 식민지지배에 대해서는 한국의 근대화에 긍정적 역할을 한 것을 강조할 뿐 한반도가 피해를 입었다는 사실을 인정하지 않는 역사관을 말한다. 일본 국내 정치에서 역사수정주의 세력이 득세한 상황 하에서 과거사 현안에 대해서 반복하여 사과와 반성을 요구하는 한국을 비판하는 분위기가 혐한을 발생시켰다

둘째, 일본인이 한국에 대해서 갖게 된 피해의식이 강하게 형성된 것이 혐한을 발생시켰다고 봤다. 교토대학의 오구라(小倉紀藏) 교수에 따르면, 1990년대 이후 일본인에게 한국의 기업에 의해서 경제적으로 박탈되어 피해를 입는다는 인식이 생겼다고 한다. 90년대 초 이래 경제불황이 지속되는 가운데 일본인 20대, 30대들은 취직이 어려워졌는데, 그 이유로서 한국의 기업이 일본인의 일자리를 뺏었다는 인식이 생겼다는 것이다.

셋째, 보다 근본적인 원인으로 한일 간 진전되고 있는 국력전이(Power Transition 혹은 Power Shift) 현상이 일본 내 혐한 움직임의 배경이 되었다. 즉 한국과 일본간에 국력의 상대적 변화가 발생하여 한국 측이 외교를 포함한 기존에 형성했던 양국 간 기본 질서를 일방적으로 변화시키려고 하는 것에 대한 반감이 일본 내 혐한의 배경으로 지적된다.

넷째, 혐한의 배경이 되는 요소로는 인터넷과 SNS 등 디지털 기기의

발달을 지적했다. 디지털시대에서 일본의 관심있는 일반인은 한국 주요 신문을 인터넷을 통해서 바로 읽을 수 있다. 이전에는 전문가나 일반인들이 구독 등의 특별한 노력을 기울이거나 한국에 체재해야 한국 신문을 읽을 수 있었다. 하지만 지금은 한국의 주요 신문들이 일본어판을 인터넷에 게재하고 독자도 무료로 해당 사이트에 접속할 수 있다. 이에 따라 한국 신문의 일본 관련 기사에 실린 반일적인 정보가 일본 사회에 대량으로 전파되어 이러한 반일이 일본 내에 반한 및 혐한 현상이 발생하는 배경이 되었다. 즉, 인터넷의 발달로 인해 많은 일본 사회에는 한국의 기사내용은 일방적으로 반일이며 언제나 일본이 국가적으로 하려는 정책 혹은 국제적 행사에 훼방을 놓으며 일본의 좋은 점을 외면하고 있는 반일국가라는 인식이 퍼진 것이다. 또한 인터넷은 일본 내 혐한 세력들이 동조자들을 동원하는 수단으로 이용된다. 혐한세력이 일반적으로 취약한 조직적 기반에도 불구하고 비교적 많은 사람을 동원할 수 있는 것은 혐한 조직의 홈페이지를 통한 권유과정이 있었다고 한다. 커뮤니케이션 비용을 낮출 수 있는 인터넷의 특성이 조직 기능을 대체한다는 것이다.

이러한 혐한 발생의 배경에 관한 분석에 기초해서 저자 김호섭은 21세기 한일관계를 전망하면서 양국이 우호적인 관계로 발전할 것인가 아니면 반목과 대립이 악화될 것인가라는 질문을 던진다. 한일관계는 우호관계가 증대되는 가운데 반목과 갈등이 예외적으로 발생하는가, 아니면 반목과 갈등발생이 일상화되었고 화해와 신뢰가 예외적으로 발생되는 관계인가? 2019년 7월 아베(安倍)내각이 시행한 수출규제는 한일관계가 소원해진 것을 반영한 일본 정치 지도자들의 행동이며 앞으로도 반복해서 발생하여 한일 우호관계에 장애물이 될 것인가? 아니면 일본의 수출규제 같은 반한정책은 예외적인 정책으로 21세기 한일관계는 밀접해지며 우호가 깊어질 것인가? 역사인식 차이에서 오는 한국과 일본의 대립은 시간이 가면 갈수록 더욱 악화되고, 결국 한국과 일본은 화해할 수 없는 것인가? 한일관계의 미래는 대립할 것으로 정해졌으며 양국의 정치지도자는 아무런 역할을 할 수 없는가? 아니면 정치가 관여하지 않는다면 한일 국민들간 관계는 우호적이지만 정치지도자들이 우호관계 형성을 방해하고 있는가?

한일관계의 미래를 부정적으로 보는 견해는 한일 양국 간에 발생한 세력전이 현상, 한국의 강해지는 민족주의적 경향과 일본 사회의 보수화 및 우익들의 정치 영향력 확대 등을 한일관계의 미래를 결정할 중요한 요인으로 보고 양국 간에 대립과 반목이 확대될 것으로 예측한다. 특히 한일관계가 우호적으로 발전하는데 가장 지장을 초래하는 현안은 양국의 역사인식 차이로서, 일본의 군국주의 역사에 관한 해석 차이에서 기인하는 한국의 반일감정과 일본의 혐한(嫌韓) 현상이 전반적으로 한일관계의 우호적 발전에 부정적인 영향을 미칠 것으로 예견한다.

그에 반해 한일관계의 미래를 낙관적으로 보는 견해는 한국과 일본 양국이 여전히 미국의 영향력 하에 있으며, 자유민주적 가치와 민주주의라는 체제를 공유하며 양국 간 체제격차가 줄었다는 사실에 주목한다. 이 견해에 의하면 한일관계가 단기적으로는 악화될 수 있겠지만 장기적, 예를 들어 앞으로 50년 내지 100년 후의 한일관계는 정치적으로 경제적으로 체제가 수렴하여(converge) 반목이 없어질 것으로 예상한다.

이에 대해 저자는 한일관계의 전망을 이해서는 정치지도자의 역할이 중요하다고 강조한다. 즉, 21세기 한일관계를 우호적으로 전망하는 견해든, 비관적으로 전망하는 견해든 구조적인 변수를 중요시한다. 한일관계의 미래를 부정적으로 보는 견해는 냉전종결 이후 세계 시스템 및 양국관계의 구조적 변수에서 발생한 변화가 양국관계를 이완시키는 변수로 작용하고 있다고 주장한다. 한일관계를 긍정적으로 보는 견해도 한일의 강대국과 관계 및 양국 간에 발생한 체제수렴이라는 구조적인 현상을 중요시한다. 체제가 수렴되어 인식공유를 발생시키고 이러한 체제 및 인식 공유가 한일 양국의 미래를 우호적으로 발전시킬 것이라고 본다.

그러나 두 견해가 직접적으로 언급하지 않는 정치지도자의 역할은 과거사 현안을 양국의 외교분쟁 현안으로 만드는데 단기적으로 매우 중요한 역할을 한다. 즉, 정치 리더십이 합리적이라면 한일 양국을 둘러싼 구조적 변수의 변화를 국가이익에 맞게 반영하여 정치적 행동을 할 것이다. 그러나 정치적 리더십이 언제나 합리적인 것은 아니며, 특히 한일 정치지도자들은 역사문제에 관해서는 국익에 분명하게 마이너스가 되는 행동을 하는 경우가 많다.

한일 양국을 둘러싼 구조적, 질적 변화에 의해서 발생하는 한일관계의 성격 변화는, 결국 한일 양국의 정치가들이 정치 혹은 외교로 극복할 수 있는 수준 내의 변화인지가 문제가 될 것이다. 한일관계 미래를 낙관적으로 보는 견해가 한일 양국의 체제공유 혹은 자유민주적 가치의 공유 등을 지적하여 우호적으로 발전할 것으로 지적하지만 그것은 한일관계 우호발전의 필요조건일 뿐이며 충분조건이 되는 것은 아니다. 충분조건은 한일관계를 우호적 관계로 이끄는 정치지도자들의 역할이다. 마찬가지로 냉전구조의 붕괴 및 중국의 부상, 한일 양국 내 정치상황의 변화 등도 한일관계 악화의 필요조건에 지나지 않는다. 결론적으로 저자는 한일관계를 대립적으로 유도하는 구조적 요인 속에서도 한일 정치지도자들이 양국 관계를 우호적으로 형성하겠다는 의식적 노력 혹은 대립의 중심 주제인 과거사에 관한 역사인식 차이를 외교분쟁으로 확대시키지 않는 노력을 경주해야 함을 강조한다.

미주

1) *"Its fundamental causes are to be found in the ingrained conventions of Japanese culture: our reflexive obedience; out reluctance to question authority; our devotion to 'sticking with the program'; our groupism; and our insularity."* In the English translation of the National Diet of Japan Fukushima Nuclear Accident Independent Investigation Commission Report. (http://naiic.go.jp/en/)

2

임진왜란[壬辰戰爭]과
그에 대한 한일 양국의 기억

임진왜란[壬辰戰爭]과 그에 대한 한일 양국의 기억

김시덕 | 서울대학교 규장각한국학연구원 교수

1. 들어가며

임진왜란, 또는 임진전쟁에 대해서는 이제까지 적지 않은 연구가 이루어졌다. 그리고 이들 연구보다 훨씬 더 많은 수의 대중적인 컬럼과 저서들도 출판되었는데, 이들 컬럼과 저서들은 독자분들께서도 쉽게 입수하여 읽으실 수 있을 터이다. 따라서 여기서는 임진왜란에 대해 기존에 학계에서 이루어진 주요한 연구를 소개하면서, 필자가 생각하는 임진왜란 연구의 쟁점과 임진왜란에 대한 후대의 기록이 지니는 특성에 대해 적고자 한다.

임진왜란 또는 임진전쟁은 1592~98년의 7년간에 걸쳐 전투와 소강상태를 되풀이한 장기간의 전쟁이었다. 동시에 조선·일본·명의 삼국이 직접 전쟁을 치른데 더하여, 섬라(暹羅)·후금(後金)·포르투갈·에스파니아 등이 간접적으로 개입한 국제전쟁이었다. 이 7년에 걸친 국제전쟁에 대해서는 한국과 일본에서 주로 많은 연구가 이루어졌으며, 중화인민공화국 및 미국·영국·네덜란드 등에서도 적지 않은 연구가 이루어져 왔다. 이 가운데 한국 측의 연구는 주로 ① 특정 지역의 양반들이 임진왜란 시기에 벌인 활동 특히 의병 활동에 주목하고 이를 현창하며, ② 이순신·류성룡 등 주요 인물의 활동으로부터 현대 사회에서 활용할 수 있는 리더십을 추출하고, ③ 임진왜란 시기에 일어난 전쟁사적인 이벤트 이외의 일반적인 안건들을 다루어왔다고 정리할 수 있다. 필자의 입장에서는, 이들 연구는 임진왜란이라는 국제전쟁과 그 후의 파급 효과를 이해하는데 큰 도움은 되지 않는다고 생각된다.

이러한 흐름과는 달리 최근 십여 년 사이에, ① 임진왜란이라는 장기간의 국제전쟁이 지니는 군사·외교적 특성에 주목하고, ② 지난 400여 년간 과대 평가되어온 의병 활동을 비판적으로 재검토하며, ③ 전쟁이 끝난 뒤에 일본을 비롯한 외국에서 임진왜란이 기록으로 정리되고 국제적으로 유통되는 과정에 대한 주목할만한 연구가 나타나고 있다. 군사학 분야에서는 노영구·이민웅·김병륜·정해은·김진수 등, 외교사 분야에서는 허남린·한명기·김경태 등, 그리고 전쟁 이후에서 근대에 이르기까지 일본 및 명·청에서 제작된 임진왜란 관련 문헌에 대한 연구는 최관·김시덕·김준배 등의 논문과 저서를 참고하실 수 있다.

이 책의 특성상 이들 연구자의 개별 성과를 모두 소개하지는 않을 것이며, 아래에서 필요에 따라 몇몇 연구 성과를 인용하는데 그치려 한다.

2. 임진왜란 기간 중에 발생한 중요 사안들

임진왜란 7년의 전체 역사를 여기서 모두 소개할 필요는 없을 것이므로, 여기서는 필자가 생각하기에 특히 쟁점적인 사안 몇 가지를 언급하는

데 그치려 한다.

첫 번째 쟁점은 1592년에 도요토미 히데요시가 전쟁을 일으킨 원인이다. 이제까지 거론된 수많은 가설은 다음의 다섯 가지로 정리될 수 있다. ① 가도입명(假途入明) 즉 조선의 길을 거쳐서 명나라를 공격하거나 명나라로 조공하겠다는 일본측의 요구를 조선 측이 받아들이지 않았기 때문이라는 것으로, 류성룡의『징비록』및 명나라의『양조평양록(兩朝平攘錄)』등 여러 문헌에 이러한 언급이 보인다. ② 일본이 명나라로 가는 길을 빌리는 것은 핑계일 뿐이고 진짜 목표는 조선국을 정복하려는 것이었다는 주장으로, 조선시대 이래로 한반도 주민들이 일반적으로 믿고 있는 전쟁 발발 원인이다. 이 가설을 확대한 것이, 도요토미 히데요시가 조선의 도자기 장인을 비롯한 포로와 조선의 책 등을 약탈하기 위해서 전쟁을 일으켰다는 주장이다. ③ 도요토미 히데요시가 자신의 죽음 뒤에도 영원히 이어질 명성을 얻기 위해서 거대한 전쟁을 구상했다는 주장이 있다. 에도시대(江戸時代)에는 하야시 라잔(林羅山)과 같은 저명한 학자들이 이러한 주장을 펼쳤고, 최근에는 요네타니 히토시(米谷均)가『히데요시의 허상과 실상(秀吉の 虚像と實像)』(호리 신·이노우에 야스시(井上泰至) 편집, 笠間書院, 2016)에 수록한 글「임진전쟁의 원인-실상편(壬辰戰爭の原因·實像編)」에서 임진왜란의 원인에 대한 여러 주장을 정리한 뒤에 이 주장을 지지한 바 있다. ④ 조선을 점령한 뒤 일본까지 침공하려는 여진인의 수장인 아이신기오로 누르하치(Aisin Gioro Nurhaci, 愛新覺羅努爾哈赤)의 계획을 선제적으로 방어하기 위한 예방전쟁(preventive war)이었다는 주장으로, 19세기 전기 미토번의 유력한 학자인 아오야마 노부미쓰(青山延光)가『육웅팔장론 (六雄八將論)』(1848년 간행)에서 주장했다. 아오야마 노부미쓰의 주장은 다음과 같다.

무로마치 시대에 명나라는 우리 나라를 번국(蕃國)으로 간주하였고, 아시카가 막부는 명주(明主)를 주군으로 간주하였다. 천조(天朝) 일본의 존엄은 내팽개쳐졌으니, 존엄함이 쇠락한 것이 이 지경에 이르렀다. … 히데요시가 한번 화내자 명나라는 놀라 떨었으니, 조종(祖宗)의 수치를 설욕했다고 하지 않을 수 없다. 이에 황위(皇威)는 빛나고, 이 세계 끝까지 진동시켰다. 훗날, 아이신 기오로 가문(愛新覚羅氏)이 명나라를 병탄하니 그 위력과 해독(威毒)이 심했다. 그가 우리 나라를 노리지 않았을 리가 없었지만, 일본의 무위를 두려워하여 침략을 삼갔으니, 이는 히데요시의 힘에 의한 것이었다. 누가 〈정한역(征韓役)은 신국을 위해 이익이 되지 않았다〉라고 하겠는가? (김시덕 『일본의 대외전쟁』(열린책들, 2016) 293~294쪽에서 재인용)

한편 아오야마 노부미쓰가 주장한 임진왜란 예방전쟁론의 현대 버전이, 에스파니아·포르투갈의 이베리아 반도 세력이 유라시아 대륙의 동부 지역에 군사력을 확장하는 것에 대응하기 위해 도요토미 히데요시가 선제적으로 대륙을 공격한 것이라는 이베리아 임팩트론으로서, 후카야 가쓰미(深谷克己) 『동아시아 법 문명권 속의 일본사(東アジア法文明圏の中の日本史)』(박경수 옮김, 한울아카데미, 2016)에서 이러한 주장의 상세한 내용을 확인할 수 있다. ⑤ 도요토미 히데요시는 명나라 해안지방을 점령한 뒤에 일본의 덴노와 명나라의 천자 사이에서 중화황제(中華皇帝)라는 새로운 권력 중심으로서 존재하고 싶어했다는 주장으로, 최근 일본의 일본사학계와 동양사학계에서 제시되었다. 호리 신(堀新)의 『쇼쿠호기 왕권론(織豊期王権論)』(校倉書房, 2011) 등에서 중화황제론의 구체적인 주장을 확인할 수 있다. 여기까지 소개한 임진왜란의 원인에 대한 다섯가지 가설 가운데 필자는 이 주장을 따르고 있다.

두 번째 쟁점은, 임진왜란 연구의 중심에 놓이는 것이 무엇인가 하는 점이다. 임진왜란 7년을 개별 전투 특히 전투를 지휘한 장군·의병장 등의 개인에 주목하는 기존의 관점에서 탈피하여, 전쟁을 수행하는데 필요한 군사 정보의 유통 과정과 병참 문제에 주목하는 연구가 최근 활발히 이루어지고 있다. 전쟁은 소설 『삼국지연의(三國志演義)』에서 묘사되는 것처럼 장군들끼리 일합을 겨루어서 승패를 정하는 단순한 방식으로 이루어지지 않는다. 수십 만 명의 인원을 넓은 범위의 곳곳에서 동시에 움직이려면 정보와 병참을 관리하는 것이 필수적이다. 도요토미 히데요시는 일본을 통일하는 여러 전쟁을 수행할 때 직접 현장에서 진두지휘한 친정(親征) 방식을 택함으로써 일본을 통일할 수 있었는데, 임진왜란 때에는 조선으로 건너오지 못함으로써 군사 정보의 전달에 시차가 발생한 것이 일본측의 패배에 결정적인 영향을 미쳤을 것으로 추정된다. 1592년 5월에 히데요시가 조선 점령을 기정사실화하고 향후 정책 구상을 발표했을 즈음에, 조선 현지에서는 이미 일본측의 공세가 한풀 꺾이고 조선군의 반격이 시작되었으며 명나라도 참전을 준비하기 시작했다는 사실이 이러한 시차를 보여주는 대표적인 사례이다. 이케 스스무(池享) 편찬 『일본의 시대사 13 천하통일과 조선침략(日本の時代史 (13) 天下統一と朝鮮侵略)』(吉川弘文館, 2003)에 실린 이케 스스무 「천하통일과 조선침략(天下統一と朝鮮侵略)」, 이나바 쓰구하루(稻葉繼陽) 「병농분리와 침략동원(兵農分離と侵略動員)」, 나카노 히토시(中野等) 「"가라이리"와 병참보급체제(「唐入り」と兵站補給体制)」 등의 논문이 이 문제를 다루고 있다.

세 번째 쟁점으로서, 임진왜란을 정보와 병참이라는 군사학의 관점에서 바라보려는 시도는 16~17세기 유럽의 네덜란드·스웨덴 등이 주도한 군사혁명(Military Revolution)의 연장선상에서 임진왜란을 검토하는 움직임으로 확대될 수 있다. 네덜란드의 마우리츠 판 나사우(Maurits van Nassau)와 스웨덴의 구스타브 아돌프(Gustav II Adolf)가 주도

한 무기와 전략 전술의 혁신은 국가 체제의 재편을 촉발하며 이 두 나라를 한때 유럽의 최강국으로 끌어올렸다. 조총과 대포의 위력을 최대한으로 끌어올리기 위해 유럽에서 개발된 전략 전술은 명나라와 일본으로 파급되었으며, 이 두 아시아 국가의 군사혁명의 최신 성과가 조선에서 충돌한 것이 임진왜란이었다는 해석이 가능하다. 이에 대해서는 피터 로지(Peter A. Lorge) 『아시아의 군사혁명: 화약에서 폭탄까지(The Asian Military Revolution: From Gunpowder to the Bomb)』(Cambridge University Press, 2008)를 참조할 수 있다. 일본측의 연구로는 구바 다카시(久芳崇) 『동아시아의 병기혁명—16세기에 중국으로 건너간 일본의 조총(東アジアの兵器革命—十六世紀中國に渡った日本の鐵砲)』(吉川弘文館, 2010), 한국 측의 연구로는 노영구 「16~17세기 근세 일본의 전술과 조선과의 비교」『군사』 84 등을 참고할 수 있다.

네 번째 쟁점으로서, 임진왜란은 불교의 여러 종파간, 나아가 불교와 가톨릭이라는 서로 다른 종교들 사이의 종교전쟁적인 성격을 띠고 있기도 했다. 가톨릭을 믿는 장군이라는 뜻의 기리시탄 다이묘(キリシタン大名)였던 고니시 유키나가 이끄는 제1군과 불교 가운데에서도 특히 독특한 성격을 띤 니치렌슈(日蓮宗, 일연종)을 믿는 가토 기요마사가 이끄는 제2군이 별도로 편성된 것은, 도요토미 히데요시가 전쟁 수행에서 종교가 수행하는 기능을 중시하였음을 짐작하게 한다. 같은 시기 일본의 기리시탄 다이묘에 대해 필자가 다른 책에서 쓴 것을 인용한다.

히데요시는 1587년 시마즈 가문을 진압하기 위해 규슈 정복 전쟁을 시작할 당시 이 전쟁을 통해 얻을 것이 별로 없는 가모 우지사토와 같은 가톨릭 영주들의 의욕을 고취시키기 위해 가모 우지사토, 구로다 요시타카, 다카야마 우콘, 고니시 유키나가와 같은 가톨릭 다이묘들을 하나의 부대로 구성했습니다.

전국시대 일본사 연구자인 후지타 다쓰오는 불교도인 시마즈 가문으로부터 탄압받는 규슈의 가톨릭 신자를 해방시키기 위해 전쟁이라는 동기의식을 불어넣기 위한 히데요시의 조치였다고 추정합니다. 당시 루이스 프로이스는, 규슈로 출전하는 가톨릭 장병들이 십자가로 장식된 갑주를 차려입고 행진하는 모습을 보고 크게 감탄했다고 적고 있습니다. 「어떤 사람은 십자가를 투구에 장식하고, 어떤 사람은 깃발에 장식하고, 또 어떤 사람은 옷에 그려 넣었다. 그들은 이런 차림으로 무장한 채로 교회를 방문하여 신부들에게 작별 인사를 했는데, 노부나가의 자손인 오다 히데노부(산포시)는 상아로 만든 아름다운 로사리오를 목에 걸고 있었다.」임진왜란 당시 선봉대인 고니시 유키나가의 제1군에 가톨릭 다이묘들과 신자들을 집중 배치한 것도 이와 비슷한 동기가 있었으리라고 짐작할 수 있습니다. (김시덕, 『일본인 이야기 1』, 240~241쪽)

가토 기요마사의 제2군에 속한 여러 인물들이 남긴 기록에 따르면 가토 기요마사는 경주를 점령하고는 그곳의 사찰들을 불태우는데 거리낌이 없었다고 한다(김시덕, 「일본의 임진왜란 문헌 2~4 - 『기요마사 고려진 비망록』의 해제 및 번역 上-下」, 『문헌과 해석』, 53~55를 참고). 같은 불교라고 해도 종파 간의 충돌이 극심했던 같은 시기 일본의 상황을 고려한다면, 불교도인 가토 기요마사가 경주의 사찰들을 방화한 것은 특별히 이상한 일이 아니었다. 기독교든 불교든 이슬람교든 어떤 종교가 태생적으로 평화적이거나 호전적이라는 성격이 부여되어 있다는 믿음은 선입견이다. 중근세 유럽의 종교전쟁과 근대 일본의 호전적 불교, 현대 동남아시아·남아시아에서 이슬람교·힌두교와 충돌하는 불교를 생각하면 이를 쉽게 이해할 수 있을 것이다. 특히 근대 일본의 불교와 전쟁 간의 관계에 대해서는 소토슈(曹洞宗, 조동종) 승려 브라이언 다이젠 빅토리아(Brian Daizen Victoria)의 『전쟁과 선』(정혁현 옮김, 인간사랑, 2009)과 『불교 파시즘 : 선은 어떻게 살육의 무기가 되었나』(박광순 옮김, 교양인, 2013)를 참고할 수 있다.

다섯째 쟁점으로서, 거북선의 위력과 이순신의 영웅적 행적을 칭송하는 데에 그치지 않고, 거북선이 임진왜란에서 정말로 어떤 역할을 했고, 이순신의 전략이 실제로 전쟁에서 어떤 성과를 거두었는지를 냉철하게 검토해야 한다. 이순신의 해군이 전투를 치른 한국의 남해안 곳곳에는 오늘날 거북선이 전시되어 있는데, 이렇게 전시된 거북선의 숫자가 실제로 임진왜란 당시 존재했던 거북선보다 많으리라는 추정도 있을 정도로 거북선과 이순신은 현대 한국에서 국민적 신앙의 대상이 되어 있다. 그러나 임진왜란 당시에 실제로 거북선이 어떻게 실전에 이용되었고, 거북선의 내부 구조와 작동 원리가 어떠했는지에 대해서는 여전히 불분명한 점이 많다.

또한 거북선이 세계 최초의 철갑선이라느니 잠수함이라는 등의 근거 없는 주장도 여전히 뿌리깊게 남아 있으며, 이것을 검증하려고 하는 사람은 민족의 자부심을 훼손하려 하느냐는 인신 공격을 받고 침묵을 강요받고는 했다. "'거북선-잠항정'을 부인하는 것은 어렵지 않았을 것이다. 그러나 그 비합리성을 추적하고 분석하다 보면 발명왕 이순신의 신화를, 조선인의 비범한 과학성과 문화적 우수성이라는 역사적 전제 자체를 정면으로 대해야 했다. 많은 지식인들이 이 대목에서 회피하거나 침묵했던 것은 아닐까?" (이기훈, 「발명왕 이순신과 잠수함이 된 거북선 = 민족주의 신화의 형성과 확산」, 『역사비평』, 121).

최근에는 임진왜란 당시에 진주에서 이용되었다고 하는 전설속의 비거(飛車)를 역사적 사실로 단정하는 듯한 뉘앙스를 풍기며 거액을 들여 테마공원까지 만들려는 움직임이 있어서 현지에서 논란이 되고 있기도 하다(『경남일보』 2020년 6월 4일 「진주 비거테마공원 조성 '험난' 예고」). 거북선을 세계 최초의 철갑선·잠수함이라고 주장하거나 정말 있었는지도 알 수 없는 비거를 세계 최초의 비행기라고 주장하기에 앞서, 그 실체를 파악하고 정말 어느 정도 효용이 있었는지를 검토하는 작업이 이루어져야 한다.

한편 전쟁에는 상대편이 있는 법이므로, 조선·일본·명의 임진왜란 문헌에 보이는 기록을 맞추어 보아야 거북선의 운용 실제와 이순신의 전략 전술을 과장 없이 확인할 수 있다. 필자가 확인한 바로는 임진왜란 중에 작성된 일본측의 문헌 가운데 거북선의 활동을 가장 길게 전하는 것은 『고려해전기(高麗船戰記)』이다. 이 문헌의 한국어 번역을 학술지 『문헌과 해석』에 수록했는데, 일반 독자분들께서 이 학술지를 입수하시는 것이 쉽지 않기 때문에 아래에 해당 부분을 재인용한다. 아래의 인용문에 보이는 "장님배"가 거북선으로 짐작된다.

> 와키사카 님의 전투 소식을 들으신 구키·가토 님은 같은 달 6일에 부산포에서 그 해협 어귀로 출발하여 7일에 가덕도로 향하고 8일에는 고려에 있는 오도라는 곳의 항구에 들어가셨다.
> 9일 오전 8시 경(辰ノ刻)부터 적의 큰 배 58척, 작은 배 50척 가량이 공격해왔다. 큰 배 가운데 세 척은 장님배(目クラ船)로, 쇠로 방어를 하고 대포, 불화살, 끝이 둘로 갈라진 화살(大狩俣) 등을 쏘았다. 오전 8시 경부터 오후 9시 경(酉ノ刻)까지 번갈아 공격하여 (아군 배의) 고루(高樓)며 통로며 발을 보호해주는 방어시설까지 모두 부수었다. 그 대포는 약 150cm(5尺) 길이의 단단한 나무 끝을 철로 두르고 철로 된 날개도 삼면에 붙이고, 적으로 향하는 끝쪽에는 폭이 약 36cm(1尺 2~3寸) 되는 끝이 둘로 갈라진 화살을 붙인 무기이다. 불화살은 끝에 철을 둥글고 튼튼하게 붙인 것이다. 이런 화살을 약 6~10m (3~5間) 거리까지 다가와 쏘았다. (김시덕, 「일본의 임진왜란 문헌 5 - 『고려 해전기』」, 『문헌과 해석』, 57)

이순신에 대해서도 마찬가지의 문제를 지적할 수 있다. 이순신의 전략이 정말로 어떠했고, 이순신 부대의 활동이 정말로 임진왜란의 전황 전체에 어떤 영향을 미쳤는지를 사실적으로 검토하는 작업이 이루어져야 한

다. 거북선과 조선 수군 연구에 정통한 김병륜은 이 문제에 대해 다음과
같은 주장을 펼친다.

> 이순신이 임진왜란 해전에서 차지했던 위상이 컸던만큼, 이순신 위주로 임
> 진왜란 해전 전술을 이해하는 것은 불가피한 면이 있다. 하지만 임진왜란 해
> 전에 대한 이해를 좀 더 진전시키기 위해서는 어디까지가 조선 수군의 일반
> 적 전술이고, 어디부터가 이순신 개인의 전술인지 좀 더 세밀하게 살펴볼 필
> 요가 있다. (중략)
> 이 같은 임진왜란 시기 수군 무기 운용 전술의 상당 부분은 이미 임진왜란
> 이전에 출현하였다. 이순신의 전술 중 무기 운용상의 주요 특징은 그 같은 조
> 선 수군 전술발전의 연장선상에서 이해할 필요가 있다. (「임진왜란기 조선
> 수군의 전술」, 『이순신연구논총』 31)

여섯째 쟁점으로서, 임진왜란 당시 조선군과 의병의 활동에 대해 신격
화와 칭송 일변도에서 벗어나 실제 활동 양상을 검토해야 한다는 관점은,
의병에 대한 과대평가와 정부군에 대한 폄하, 그리고 통속적인 선악구도
로 역사를 이해하려는 경향을 재검토하는 작업으로 이어지게 된다. 역사
를 선악구도로 이해하려는 통속적인 역사관이 실제의 임진왜란 전황을 방
해했음을 잘 보여주는 사례가, 함경도에서 활동한 관찰사 윤탁연과 의병
장 정문부에 대한 논란이다. 일본의 경우에는, 강경파·무단파(武斷派) 가
토 기요마사를 칭송하고 온건파·협상파 고니시 유키나가를 비난하는 세
간의 평가가 이에 해당한다

> 윤탁연은 임진왜란 때 왕자 임해군을 수행하고, 함경도 관찰사로서 전쟁
> 수행에 커다란 역할을 담당했던 인물이다. 그러나 그에 대한 평가는 비교적
> 낮게 이루어지고 있는 경향을 볼 수 있다. 함경도 지역에서 활동한 의병장 정
> 문부가 높이 평가를 받고 중고등학교 교과서에도 서술되고 있는 데 비하여

윤탁연은 정문부를 시기하고 모략한 인물로 묘사되었던 것이다. (중략)

윤탁연은 조선 정부의 명에 의하여 맡은 바 소임을 다한 인물이다. 함경도 관찰사로서 일본군의 동태를 파악하고 정부와 긴밀히 연락하면서 방비책을 세우는 한편, 민심 안정을 위해 동분서주하였던 것이다. 그리하여 선조대 당시의 윤탁연에 대한 평가는 그다지 비판적이지 않았던 것으로 보인다. 그런데 충효와 절의 정신의 고양과 함께 의병은 그 표상으로서 주목을 받게 되고, 조선 정부군의 공로에 대해서는 거의 인정해주지 않게 된다. 윤탁연 또한 거기에서 예외적일 수 없었다. (류주희 「임진왜란을 전후한 윤탁연의 활동 —「북관일기」를 중심으로 —」『한국사상과문화』28)

조선시대 후기부터 현대 한국에 이르기까지 의병에 대한 과대 평가가 지속되어 왔다. 이러한 과대 평가는 특정 지역이나 특정 문중이 주도해온 경향이 있으며, 의병들의 후손이 여전히 세력을 지니고 있는 지역에서는 이러한 과대 평가를 비판하기가 쉽지 않다. 어떤 연구자들은 이러한 경향을 "문중사관(門中史觀)"으로 명명하기도 한다. 이러한 문중사관적 임진왜란관이 전쟁 당시 관군의 활동을 역사적 사실과는 다르게 폄하하고 있음을, 김진수는 다음과 같이 지적한다.

광복 이후 1990년대까지의 임진왜란 연구는 의병에 관한 성과가 풍부하지만, 전쟁 극복의 주요한 주체 중의 하나인 관군에 대한 연구가 부진했다. 이는 전쟁 당시 관군의 허약성과 조선 정부의 무능력한 전쟁 대응 능력을 보여주는 부정적인 시각으로 나타났다. 그러나 2000년대에 들어 임진왜란에 대한 기존 인식의 재검토를 제기한 성과를 시작으로 관군의 전쟁 대응에 대한 새로운 관점의 연구가 활빌히 이루어지고 있다. (중략)

개전 이후 2~3개월이 지난 후에는 관군이 일본군에 대해 우위를 나타내고 있었다. 이는 임진왜란 당시 육상에서의 조선 관군의 대응이 거의 무기력하였으며, 결국 의병이 이를 대신하여 전투를 주도할 수밖에 없었다는 그간의 인식과는 다른 것이다. 이와 같은 사실은 관군의 전투력과 일본군에 대한 자신감이 급속히 회복되었음을 의미한다. 나아가 조선 왕조가 유지해온 강력한 행정력과 자기 방어의 경험이 있었기 때문에 가능했다. 이상과 같이 관군의 전쟁수행에 대해서는, 임진왜란 전쟁사에 대한 전반적인 이해를 바탕으로 정확한 평가가 이루어져야 할 것이다. (김진수, 「임진왜란 초 관군의 재편과 성격에 대한 재인식」, 『한일관계사연구』 63)

임진왜란 당시 국가=관군은 무능했고 양반집안=의병이 조선을 지켰다는 식의 통속적인 역사관은 현대 한국에까지 큰 영향을 미치고 있다. 1997년 외환 위기 때의 "금모으기 운동"은 이러한 문중사관적 임진왜란관에 의한 것이라 할 수 있다. "경제 의병운동으로서 금모으기 운동은 그다지 큰 성과가 없었"(한겨레 2009년 3월 3일자 「'금 모으기'의 추억」)으며, "이 금 모으기 운동이 경제 범죄에 활용됐"(CBS 김현정의 뉴스쇼 2018년 12월 13일자 「IMF 금 모으기… 그 많던 금은 다 어디 갔나」)다는 사실은, 실제의 역사적 사실과 차이가 나는 역사관이 현대 시민들의 판단에까지 잘못된 영향을 미칠 수 있음을 보여준다. 이러한 통속적인 임진왜란관·의병관을 시정하고자 하는 연구로는 위에서 인용한 김진수를 비롯하여 노영구의 「임진왜란 의병(義兵)에 대한 이해의 과정과 새로운 이해의 방향」『한일군사문화연구』 13, 계승범의 「임진왜란 초기 창의 명분과 조선왕조의 정체성」『서강인문논총』 47, 주채영의 「임진전쟁과 한국 민족담론의 출현」『한국사학사학보』 35 등을 참고하시면 좋겠다.

3. 정유재란 발발 원인 및 이 시기의 특징적인 사안

조선시대로부터 현대 한국에 이르기까지 한반도 주민들이 1592~93년
의 임진왜란과 1597~98년의 정유재란 사이의 4년간에 대해 품고 있는 이
미지는 다소 막연하다. 이 시기에는 명나라와 일본 사이에 한반도 분할을
둘러싼 협상이 진행되었고, 조선은 이 협상에서 소외되어 있었기 때문에
협상의 구체적인 내용이 잘 알려지지 않은 탓이었다. 류성룡의『징비록』에
서도 이 4년간에 대해서는 거의 언급이 없다.

고려시대 이후 한반도가 다시 분단될 수도 있었던 이 시기의 위기적
상황에 대해서는 약간의 선행 연구가 존재하고, 최근에는 김경태의「임진
전쟁기 강화교섭의 결렬 원인에 대한 연구」『대동문화연구』 87,「정유재
란 직전 조선의 정보수집과 재침 대응책」『한일관계사연구』 59,「임진전쟁
기(1594년) 조선군과 일본군의 이면교섭 연구 -『다이초인문서(泰長院文
書)』수록 양군(兩軍) 서장(書狀)을 중심으로 -」『한일관계사연구』 61 등이
주목된다. 이 가운데 김경태의 2014년 논문「임진전쟁기 강화교섭의 결렬
원인에 대한 연구」는 강화 시기에 어떤 논란이 있었기에 결과적으로 정유
재란이 발생했는지를 요령있게 제시하고 있다.

　　강화교섭을 통해 도요토미 히데요시는 조선의 영토를 할양받으려는 의사
　를 접었다. 그리고 다만 조선의 왕자를 인질로서 받아들여 전쟁을 승리로 포
　장하고자 했다. 조선이 일본에 파견한 통신사는 일본의 강화교섭 담당자들이
　히데요시가 제시한 조선 왕자라는 조건을 히데요시의 양해하에 대체한 것이
　었다.
　　그러나 히데요시는 파견된 통신사의 형태를 포함하여 책봉사와 통신사 파
　견 과정에서 발생한 일련의 사건에 대해 불만을 가졌다. 히데요시는 전쟁을
　승리로 마무리 지으려 했던 계획이 실패했다고 판단했다. 히데요시는 교섭
　결렬을 선언했다. 그러나 즉시 전쟁이 시작되지는 않았다. 히데요시는 다시

조선 왕자를 인질로 보내라는 조건을 내세운 협상을 시도했다. 교섭과정에서 일본이 제시한 요구조건이 전적으로 조선 왕자였다는 점을 감안하자면 조선 영토의 할양 문제는 강화교섭의 결렬 원인이 아니라는 점을 알 수 있다. 전쟁을 막고자 하는 의지가 강했던 조선과 명은 사절을 파견하라는 조건에는 긍정적인 반응을 보였다. 그러나 히데요시는 조선의 대응이 적극적이지 않다고 판단하였고 재침을 결정했다.

결렬선언부터 재침결정에 이르는 교섭과정, 그리고 재침시의 전투지침을 살펴볼 때 재침의 성격은 임진전쟁개전 당초와 달리 대륙 침략이나 영토 분할을 목적으로 한 대규모 전쟁이 아니라, 원하는 전리품을 얻기 위한 무력 도발에 가까웠다.

위의 글에서도 설명되고 있듯이, 도요토미 히데요시는 조선의 왕자가 일본에 인질로 올 것을 요구했다. 청나라 초기인 1658년에 편찬된 『명사기사본말(明史紀事本末)』에서도, 조선 조정이 광해군을 일본에 보내는 데 동의했으나 마지막에 이덕형이 이에 반대하는 바람에 정유재란이 일어났다고 주장하며 조선 측을 비난하고 있다(김시덕, 『일본의 대외전쟁』 참고). 한편 명나라로 진격하는 등의 세계 정복 구상이 좌절된 도요토미 히데요시는, 한반도 분할 협상 전까지 일본군이 점령하고 있다고 상상한 한반도 남부 4개도에 대한 실효 지배를 국제적으로 공인받을 목적으로 정유재란을 일으킨 것으로 추정된다. 전쟁의 목적이 그러했기 때문에, 이미 조선 국왕이 자신에게 항복 사절(1590~91년의 황윤길·김성일 사절단)을 파견함으로써 조선이 일본의 지배 영역이자 명나라 공격을 위한 전초기지가 되었다고 간주했던 임진왜란 때와 비교하여, 조선 남부 지역에 대한 실효 지배를 기정 사실로 만들겠다는 목적으로 도요토미 히데요시가 일으킨 정유재란 때는 일본군의 잔학함이 상대적으로 더했다. 일본 각지에 현존하는 코무덤·귀무덤들은 이 시기에 만들어진 것으로 추정된다.

한편 1597년 1월의 정유재란 발발 직전에 고니시 유키나가 측이 이순신에게 가토 기요마사에 대한 정보를 제공했음에도 불구하고 이순신이 이 정보를 불신해서 출진하지 않은 사건은, 이순신이라는 인물을 영웅신화의 주인공으로 만든 사건으로서 오늘날까지도 인구에 회자된다. 고니시 유키나가가 이때 제공한 정보가 거짓이었는가, 아니면 조선에 대한 적개심보다 정적(政敵) 가토 기요마사에 대한 증오가 더 컸던 고니시 유키나가가 정확한 정보를 제공했던가 하는 문제에 대해서는, 여러 권의 한국 소설을 일본어로 번역·출판했으며 가수 김경호의 일본 팬클럽 회장으로 더 유명한 연구자 사지마 아키코(佐島顕子)가 『조선왕조실록』에 실린 일본 인명을 통해 보는 도요토미 정권(「朝鮮王朝實錄」收載日本人名に見る豊臣政權」)(야마모토 히로부미(山本博文) 편찬 『법령·인사로 본 근세 정책 결정 시스템 연구(法令·人事から見た近世政策決定システムの研究)』에 수록되어 있음)에서 새로운 해석을 시도하고 있어서 주목된다. 이 문제는 아직 충분히 재검토되지 않았으므로 여기서 결론을 내릴 수는 없으나, 수 백년간 이어져온 통설에 대해 민족주의적 전제를 배제하고 재검토하는 것이 금지되어서는 안된다는 말을 여기에 해두고 싶다.

4. 임진왜란 이후의 상황에 대한 몇 가지 쟁점

한국의 논문 검색 사이트에서 "임진왜란"이라는 키워드로 검색을 하면 나오는 결과물의 상당수는 임진왜란 이후의 왜관, 조선이 파견한 통신사, 임진왜란에 대한 조선시대 후기 사람들의 기억과 같이 임진왜란 이후의 상황에 대한 것들이다. 그러나 임진왜란은 7년이라는 긴 시간동안 펼쳐진 국제전쟁이었고, 참전국과 그 주변 국가들에 적지 않은 영향을 미쳤다. 왜관·통신사, 그리고 조선시대 후기의 임진왜란 소설군(小說群)인『임진록』
등에 대한 연구는 무수히 많으므로, 여기서는 필자가 임진왜란 이후의 국
제적 상황에서 주목하는 몇 가지 사안을 아래에서 소개하는데 그친다.

첫째, 오늘날의 부산시 남부에 설치된 왜관(倭館)에 대해서는 조선과 일
본 양 정부 및 지배집단 사이에 견해가 엇갈렸다. 조선 측은 일본측이 침략
을 하고는 뻔뻔하게도 또 다시 무역을 하자고 집요하게 요구하는 것을 제
한적으로 받아들여서 왜관을 설치해주었다는 입장을 취했다. 조선시대 초
기부터 왜관을 설치한 전례가 있고, 북쪽 국경 지역에서도 여진족을 정착
시키고 그들을 번호(藩胡)라 부른 사례가 있음을 아울러 고려했을 터이다.

한편 에도시대 일본에서는 왜관에 대한 관점이 도쿠가와 막부, 각 지
역의 다이묘, 쓰시마, 일반 백성들 사이에 서로 달랐다. 이 가운데 지식인
집단 일부에서는, 왜관을 일본이 임진왜란 승전의 댓가로 조선에 설치한
식민지로 이해하는 경향이 있었다. 오늘날에도 왜관의 성격 규정을 둘러
싸고 한일 양국의 관련 학자들이 논쟁을 계속하고 있지만, 왜관과 비슷하
게 외국인들을 거주시키면서 무역 관계를 유지한 에도시대 일본의 나가사
키나 청나라의 광둥과 비교하면서 이 문제를 국제적 관점에서 검토할 필
요가 있다.

둘째, 왜관을 둘러싼 조선과 일본 간의 견해 차이와 마찬가지로, 조선
이 도쿠가와 일본에 파견한 통신사를 어떻게 바라볼 것인가에 대해서도 양
측의 견해가 달랐다. 조선 측은 일본의 정세를 탐지하고 주자학을 지도하
는 임무를 통신사에 부여한 한편, 일본의 지식인 집단에서는 유구(琉球)·
아이누·네덜란드 동인도회사가 일본측에 파견한 사절단에 대해서와 마찬
가지로 조선이 파견한 통신사를 조공 사절로 이해하는 경향이 강했다.

셋째, 임진왜란으로 인해 자의적으로든 타의적으로든 상대국에 건너가

게 된 조선인과 일본의 행적을 연구할 필요가 있다. 임진왜란 당시 조선에 귀화한 김충선 등의 항왜(降倭), 손문욱·강항과 같이 자의에서든 타의에서든 일본측 진영에 있다가 조선 측으로 돌아온 인물들, 김광·이문장과 같이 적극적으로 조선으로의 귀환을 거부한 인물들, 홍호연·여대남·김여철(일본 이름은 와키타 나오카타[脇田直賢]) 등의 조선인 소년 포로, 이삼평·심수관 및 김해(金海)·신카이(深海) 등으로 불리던 경상도 김해 출신 도자기 장인들(가타야마 마비, 「조선 시대 김해 도자기로 본 한일관계」, 『한국예다학』 6을 참고), 오타 주리아 및 비센테 권과 같은 조선인 포로 출신 가톨릭 교도(도리즈 료지(鳥津亮二), 「주리아 오타의 생애(ジュリア「おたあ」の生涯)」, 『우토학연구(うと學研究)』 35를 참고) 등 그 사례는 수없이 많다.

넷째, 임진왜란 당시 명나라 군대가 조선에 소개한 관우 신앙은, 오늘날 서울의 동묘·남묘·성제묘·관성묘를 비롯한 한국 각지의 관제묘에서 보듯이 한반도의 토착신앙으로서 정착했으며, 이는 동부 유라시아의 각지에서 널리 확인되는 관우 신앙의 일환으로서 이해된다. 관우에 대한 신앙은 특히 구한말에서 식민지 시기에 세력을 확장했으며, 『관제영첨(關帝靈籤)』과 같은 실용 점술서도 제작되었다. 한반도의 관우 신앙에 대해서는 김탁 『한국의 관제 신앙』 (선학사, 2004)에 망라적으로 소개되어 있으므로 참고해주시기 바란다.

다섯째, 처음부터 군신(軍神)으로서 조선에 소개된 관우와는 달리, 이순신이 오늘날과 같이 성웅(聖雄)으로서 자리매김하기까지는 우여곡절이 있었다. 정해은이 「조선후기 선조(宣祖)에 대한 현창과 그 의미」 『조선시대사학보』 66 (조선시대사학회, 2013)에서 검토하고 있듯이, 임진왜란 이후 선조와 그 이후의 국왕들은 임진왜란의 승리가 조선인의 자체적인 노력보다는 명군의 활약에 의한 것이라고 주장했다. 이 주장에 따라 조선의 지배층에서 이순신은 군신이나 성웅이 아닌 명나라 군대의 보조적인 존재로서 기억되는 경향이 있었다.

> 조선왕조라는 전체의 틀에서 볼 때 이순신을 추모하려는 국가적 노력은 매우 한정된 범위 속에서 이루어졌다. 소위 민족적 영웅으로서 이순신을 국민적 혹은 국가적 상징으로 드러내려는 적극적인 노력을 기울이지는 않았다. (중략)
> 이순신에 대한 추모는 국왕에 대한 충성심을 고양하는 기제로서 해석될 수 있으나, 조선을 침략한 왜적 혹은 일본에 대한 적개심을 북돋우기 위한 수단으로 이용된 적은 한 번도 없었다. 일본의 침략이 강조되고 그에 대한 국민적 적개심이 강조된다는 것은 그런 위기에 제대로 대응하지 못한 국왕과 왕조 체제에 대한 비판을 야기하게 될 것이기 때문이었다. 당시 국민이라는 개념이 성립한 때도 아니지만, 이순신이 어떤 민중적 각성을 촉구하게 만드는 것은 왕조체제로서는 결코 바람직한 일이 아니었다. 때문에 그러한 국난에도 불구하고 몸을 던져 왕에 충절을 바친 이순신으로 기억하도록 만드는 것이 왕조의 목적에 맞는 일이었다. (정두희 「이순신에 대한 기억의 역사와 역사화」 『한국사학사학보』 14)

이렇듯 오늘날과는 현격한 차이를 보이던 이순신의 이미지가, 정조대인 18세기 후반부터 그 성격을 바꾸기 시작했다. "정조의 이순신 현창사업과 그에 따른 이충무공전서 편찬은 이순신에 대한 기억의 역사에서 중요한 지점"(민장원, 「정조의 '충신' 현창사업과 이순신에 대한 기억의 재구성」, 『조선시대사학보』 89)이었으며, 조선왕조의 멸망이 가시화된 구한말에는 이순신이 난세의 영웅으로서 자리매김하였다.

> 오늘날과 같이 민족 영웅으로서의 이순신 장군에 대한 이미지가 형성되기 시작한 것은 사실상 한말 이후부터이다. 또한 문인 중심 사회에서 그의 군공(軍功)은 상대적으로 높이 기억될 만한 것이 아니었다. 조선후기의 이순신 장

군 관련 의례는 조정과 국왕의 정치적 입장에 따라서 설행되었다가도 잊혀지기를 반복했다. 이는 이순신 장군에 대한 기억의 다양성을 보여주는 것이다. 그러다가 한말의 위기 속에 위인과 민족 영웅에 대한 열기가 고조되면서 이순신 장군은 민족의 영웅으로 새롭게 떠올랐다. (이진욱, 「한말 식민지기 통영 충렬사와 이순신 장군에 대한 새로운 추모의례 조직」, 『사회와 역사』 121)

그리고 독자분들께서도 잘 아시다시피 박정희 대통령 때에는 이순신의 위상이 현대 한국의 국민적 영웅으로서 최종적으로 확립되었다. 박정희 정권 초기에는 이은상이 『이충무공전서』를 한문 즉 고전 중국어에서 한국어로 번역했고, 현충사도 오늘날과 같이 정비되었으며, 1973년에는 이순신의 표준영정이 제작되었다(경향신문 2020년 7월 18일 『'친일파끼리 싸움'이었던 1973년 이순신 표준영정 지정』). 박정희 정권 때에는 역대 한반도의 전쟁을 회화로 제작하는 일련의 민족기록화 제작 작업이 이루어졌고 (조기쁨, 「전쟁 주제의 민족기록화 특성 연구」, 서울대학교 대학원 미술대학 협동과정미술경영 석사학위논문, 2019. 2), 권율 부대가 한양 서북부에서 일본군의 진군을 저지한 행주전투의 무대인 행주산성을 정비하는 등의 작업이 이루어졌다. 이순신에 대한 현창 작업도 이러한 흐름 속에서 이루어진 것으로 이해할 수 있는데, 이러한 흐름 속에서도 이순신에 대해서는 특히 큰 관심이 주어졌다.

이순신이 신격화되면서 그를 둘러싸고 확인되지 않은 도시전설도 많이 만들어졌다. 그 가운데 한 가지가 1905년 5월 27~28일 사이에 발생한 쓰시마 해전에서 승리한 도고 헤이하치로가 이순신을 극찬했다는 것이다. 이 전설이 사실이 아닌 것 같다는 주장은 그간에도 제기되었는데, 최근 김준배가 「근대 일본 이순신·넬슨 비교 담론의 등장과 변화」 『일본언어문화』 38에서 이 논란을 끝내고, 나아가 이 전설이 왜 생겨났는지를 검토하고 있다.

러일전쟁 당시 일본을 승리로 이끌었던 해군제독 도고 헤이하치로는 전쟁 직후의 만찬에서 다음과 같은 말을 했다고 한다. '나는 넬슨과는 비교할 수 있을지 모르나 이순신에 비하면 하사관에 불과하다.' 아직도 인터넷이나 초창기 연구논문, 책들에 인용이 되는 이 발언은, 현재는 많은 연구자들에 의해 논증되었듯 명확한 근거가 부족한 것으로 결론이 났다. 그렇다면 과연 도고가 자신의 무용을 자평할 때 조선의 이순신, 영국의 넬슨을 언급한 이유는 무엇인가. 근대 일본에서 이순신과 넬슨의 비교는 이미 존재해왔던 것인가. 위 발언의 사실여부를 떠나, 당시(1905년) 도고가 저 정도의 언급을 할 만큼 이순신과 넬슨은 명성을 얻고 있었던 것인가.

5. 일본에서의 임진왜란 관련 문헌의 형성과 최근 몇 가지 발견에 대하여

임진왜란은 전쟁이 일어난 직후부터 오늘날 우리가 알고 있는 방식으로 전승된 것이 아니라, 수백 년에 걸쳐 전쟁에 대한 이야기가 기록되고 베껴지고 다른 나라로 전해지는 과정을 통해 오늘날과 같은 형태를 갖추었다. 이를 필자는 임진왜란 담론의 형성 과정이라고 부른다. 필자의 연구에 따르면 임진왜란 담론이 오늘날과 같은 형태를 띠게 된 때와 장소는 1705년 일본 교토였으며, 이 때 일본에서 정리된 임진왜란 담론이 조선과 청나라에 전해지면서 세 나라는 임진왜란에 대한 공통적인 이해를 갖게 되었다. 필자가 정리한 임진왜란 담론의 형성 과정은 다음과 같다. 자세한 사항은 『일본의 대외전쟁』(열린책들, 2016)과 『전쟁의 문헌학』(열린책들, 2017)을 참고해주시기 바란다.

【제1기】 임진왜란 ~ 『다이코기(太閤記)』(1637년 3월 이전에 간행) 성립까지
　　　　： 전쟁의 상대국이었던 중국 명조와 조선의 문헌이 들어오기 이전 단

계. 일본측의 문헌들에만 의거하여 전쟁의 기억이 1차로 형성되었다.

【제2기】『다이코기』이후 ~ 『조선정벌기(朝鮮征伐記)』(1659년 간행), 『도요
토미 히데요시보(豊臣秀吉譜)』(1658년 간행) 성립까지 : 중국 명조
(明朝)의 『양조평양록』(1606년 서문), 『무비지(武備志)』(1607년 기
고(起稿), 1621년 완성) 등이 17세기 전기에 유입되면서, 이들 문헌
에 실린 중국측의 전쟁 기억이 일본측의 담론에 영향을 미쳤다.

【제3기】『조선정벌기』, 『도요토미 히데요시보』이후 ~ 『조선군기대전(朝鮮軍
記大全)』, 『조선태평기(朝鮮太平記)』(둘 다 1705년 간행) 성립까지
: 류성룡의 『징비록』(1642년 간행), 『서애선생문집(西厓先生文集)』
(1632년 간행) 등이 17세기 후기에 일본에 유입되면서, 한중일 삼국
의 임진전쟁 담론이 일본에서 집대성되었다.

【제4기】『조선군기대전』, 『조선태평기』이후 ~ 『에혼 다이코기(繪本太閤記)』
(1797~1802년 간행), 『에혼 조선군기(繪本朝鮮軍記)』(1800년 간행)
까지 : 한중일 삼국의 임진왜란 담론이 집대성된 뒤에 역사 · 문예 등
각 분야에서 다루어지면서 일본 사회에서 확산되다가, 에도시대 후
기에 번성한 역사소설 장르인 요미혼(読本) 장르의 두 문헌에 의해
결정적으로 대중화된 시기. 이 시기까지 형성된 일본의 임진왜란 담
론이 『이칭일본전』, 『화한삼재도회』등에 수록되어 조선에 들어와, 남
인계 실학자들에게 영향을 미쳤다.

【제5기】『에혼 다이코기』, 『에혼 조선군기』이후 ~ 19세기 말까지.

필자가 『일본의 대외전쟁』과 『전쟁의 문헌학』을 집필한 후, 에도시대
일본의 임진왜란 담론 형성 과정에서 그간 확인하지 못했던 미싱 링크
(missing link) 두 가지가 새로이 확인되었다. 그 가운데 류성룡의 『징비
록』을 18세기 후반에 일본어로 번역한 『통속 징비록』은 그 동안 히로시마
원자폭탄 투하로 인해 소실된 것으로 알려져 있던 것이어서 놀랍다. 이 문
헌의 중요성에 대해 필자가 검토한 논문 가운데 결론 부분을 인용한다.

1783년에 제작된 뒤 1945년 8월 6일의 히로시마 원자폭탄 투하 이후 사라

졌다가 2015년에 다시 모습을 드러낸 (중략)『통속 징비록』은 류성룡의『징비록』이 초본, 16권본, 목활자본, 2권본의 단계를 거친 뒤 2권본이 일본으로 건너가서 다시 4권본·훈점본과 8권본·번역본으로 전개되는 마지막 단계에 해당하는 문헌이다. 이는 일본에 유입된 중국의 고전 문헌이 훈점본의 단계를 거쳐 번역본이 제작되면서 일본 사회에 고전으로서 정착하는 과정과 동일하다. 이는 임진왜란과 조선에 대한 에도시대 일본인들의 인식이 이 시기에 이르러 가일층 심화되었음을 보여준다. 또한 1783년에 제작된『통속 징비록』은 19세기 말~20세기 초에 제작된 것으로 추정되는 고전 한국어 번역본『광명번역 징비록』보다 100년 정도 앞서므로, 고전 중국어로 기록된『징비록』을 그 이외의 언어로 번역한 최초의 번역본임을 강조하고 싶다. (김시덕,「히로시마 시립 중앙도서관본『통속 징비록』에 대하여 – 1945년 8월 6일의 원자폭탄 투하에서 살아남은, 세계 최초의『징비록』번역본 –」『일어일문학연구』112)

한편, 기리시탄 다이묘로서 1600년의 세키가하라 전투에서 도쿠가와 이에야스 측에 패한 뒤 처형된 고니시 유키나가는, 도쿠가와 측에 맞선 존재이자 가톨릭교도였기 때문에 에도시대에 언급이 금지된 존재였다. 그러나 그러한 그를 전면에 내세운『고니시 잇코키(小西一行記)』라는 문헌이 에도시대에 제작되어 비밀리에 베껴져 읽혔다.『고니시 잇코키』에 대해서는 그 선본(善本)을 구마모토의 고서점에서 발견한 도리즈 료지가 박물관 전시용으로 간략한 보고서를 쓴 이외에는 그간 연구 결과가 발표되지 않았으나, 필자가 지난 2020년 말에「완본(完本)『고니시 일행기(小西一行記)』의 발견이 임진왜란 문헌군 연구에서 지니는 의의에 대하여」(『일본어문학』91)를 발표하면서 이 작품의 전모가 밝혀졌다.

6. 전근대 일본에서 제작된 임진왜란 관련 회화

전근대 조선과 일본에서 임진왜란에 대한 기억은 글자로서만이 아니라 그림으로서도 제작되어 유통되고 전승되었다. 단 그림에 대한 조선과 일본 사회에서의 인식에는 현격한 차이가 있어서, 조선에서는 소수의 기록화가 제작된 반면, 일본에서는 고급스러운 작품에서부터 서민들이 보는 싸구려 그림책에 이르기까지 방대한 양의 임진왜란 관련 회화가 제작되었다. 따라서 임진왜란 관련 회화가 많이 남아 있는 전근대 일본측의 상황을 우선 살피고 나서 조선 측의 상황을 뒤따라 설명한다.

에도시대 일본에서 제작된 임진왜란 관련 회화에 대해서는 「17~19세기 일본의 임진왜란 문헌에 수록된 삽화의 계통과 특성」(『이화사학연구』47호)에서 자세히 살핀 바 있다. 이 논문은 일본어로 번역되어 다나카 유코(田中優子) 편집『일본인은 일본을 어떻게 생각해왔는가 - 에도로부터 본 자의식의 변천(日本人は日本をどうみてきたか - 江戸から見る自意識の變遷)』(笠間書院, 2015)에 수록한 바 있으나, 필자의 한국어 저서에 포함시켜 출판한 적은 없다. 따라서 이 문제에 관심을 가지고 있지만 학술지에 수록된 논문에 접근하는 것이 어려운 일반 독자분들을 위하여, 해당 논문의 전반부를 발췌하되 일부 문장을 첨삭하여 소개하고자 한다. 해당 논문의 후반부는 임진왜란에 대한 에도시대 회화 작품의 유형적 특징을 분석한 것이어서, 일본에서 임진왜란이 정리·전승되는 과정을 확인하고자 하는 이 글의 목표와는 다소 거리가 있으므로 할애한다.

임진왜란에 대한 정보를 담은 일본측의 문헌은 전쟁 첫 해인 1592년부터 제작되기 시작했다. 그러나 임진왜란을 소재로 한 그림이 임진왜란 문헌 속에 삽화의 형태로 포함되거나, 우키요에나 병풍과 같은 단독 회화 작품으로서 나타나기 시작한 것은 이보다 수십년 늦은 1650년대부터이다. 문자 자료와 회화 자료 사이에 수 십 년의 시차(時差)가 존재하는 것이다.

이러한 그림을 수록한 문헌으로는, 에도시대 일본에서 처음으로 임진왜란 7년을 통사(通史)로서 제시한 오제 호안의『다이코기』가운데 일부를 발췌한『신판 에이리 다이코기 군기(新板繪入太閤軍記)』(1654년 간행),『다이코기』전체에 삽화를 배치한『에이리 다이코기(繪入太閤記)』(1710년 간행), 에도시대 초기의 저명한 성리학자인 호리 교안(堀杏庵)이 일본과 명나라의 문헌에 보이는 내용을 집성한『조선정벌기』(1633~35년 사이에 성립한 저자 자필본이 1659년에 간행되었다), 하야시 라잔이 한문으로 기록한『도요토미 히데요시 보』를 승려·저술가였던 아사이 료이(浅井了意)가 일본어로 번역한『장군기(將軍記)』(17세기 후기 간행) 등이 있다.[삽화 1]

이들 문헌에는, 전쟁 중에 도요토미 히데요시가 직접 노(能) 연극을 공연했다는 이야기[삽화 2,3], 조선에 건너와 있는 세가와 우네메노조(瀬川采女丞)를 일본에 남은 아내가 그리워하여 바다에 편지를 띄웠다는 일화[삽화 4,5] 등 임진왜란 중에 일어난 일이기는 하지만 전쟁 그 자체보다는 중세 일본의 예술 생활을 그린 것 같은 삽화가 실려 있다. 아직 국제 전쟁을 그리는 방법이 확립되지 않았던 것과, 중세 문화의 영향력이 이 시기까지 강하게 남아 있던 것이 그 이유로 생각된다. 이들 소재는 그 이후 시기의 임진왜란 문헌군에는 거의 나타나지 않는다.

한편,『조선정벌기』권5에는 일본군이 정유재란 직전에 조선으로 쌀가마니를 운반한다는 내용의 삽화가 실려 있다[삽화 6]. 이 삽화는『조선정벌기』로부터 150여 년 뒤에 간행된『에혼 다이코기』제6편 권2에 보이는, 일본군이 임진왜란 발발 전에 조선으로 쌀가마니를 운반해서 전쟁 중의 식량을 미리 준비하였다는 기사(記事)의 삽화와 비슷하다[삽화 7]. 또한,

『조선정벌기』의 이 쌀가마니 운반 삽화는 『에혼 조선정벌기(繪本朝鮮征伐記)』 권2에서 백제를 부흥시키기 위해 한반도로 떠나는 일본군이 군량미를 운반하는 모습을 그린 삽화와도 일맥상통한다[삽화 8]. 17세기 중기의 『조선정벌기』에 수록된 삽화가 19세기 중기의 삽화에까지 희미하게 영향력을 미치고 있었다는 사실이 주목된다.

17세기 말~18세기 초에 간행된 『조선징비록』(1695년), 『조선군기대전』(1705년), 『조선태평기』(1705년)는 조선 지도를 담고 있지만 회화는 수록하고 있지 않다. 18세기의 임진왜란 문헌 가운데 삽화를 포함한 문헌은 『에혼 조선군기』(1776년 간행, 오에 분파(大江文坡) 글, 시모코베 슈스이(下河邊拾水) 그림)와 『에혼 무용 다이코기(繪本武勇大功記)』(1789년 간행, 데라사와 마사쓰구(寺澤昌次) 그림)의 두 점이다. 앞 시대의 문헌들과 달리 이들 문헌의 경우에는 삽화가의 이름이 알려져 있는 점이 특기할만하다. 이들은 모두 당시의 풍속화인 우키요에(浮世繪)를 그린 화가로 활동했다.

이들 문헌에 실린 삽화에서는 앞 시대에 비하여 전투 장면이 늘어난다. 이들 문헌의 삽화에서 인물은 가부키 배우들의 연기를 묘사한 것 같으며[삽화 9], 장군이 지옥문을 부순다는 중세 일본 문예의 유명한 소재도 등장한다. 이 소재는 후대의 임진왜란 문헌에서도 원형 그대로(『에혼 무용 다이코기』[삽화 10], 『다이코 현명집(太閤顯名集)』[삽화 11]) 또는 표현을 바꾸어가며(『에혼 조선군기』(1776)[삽화 12], 『에혼 조선정벌기』[삽화 13]) 등장한다. 한편, 이 시기부터 일본군이 한반도에서 호랑이를 사냥하는 삽화가 등장한다(『에혼 다이코기』 제6편 권9[삽화 14]). 호랑이 사냥에 대한 문자 기록은 앞시대의 문헌에도 보이지만, 삽화로서 그려지지는 않았다. 전통적 소재를 그리는데 익숙한 당시 화가들이 이러한 거친 소재를 받아들이는 것을 거부했거나, 호랑이 사냥 장면을 표현하는 것을 어려워했을 가능성이 있다.

18세기 초기에 일본에서 집대성된 한·중·일 삼국 임진왜란 문헌의 내용은 19세기 전기에 이르러 비로소 삽화에 반영되기 시작한다. 특히 일본 측이 임진왜란 당시 조선 측의 정보를 얻기 위해 가장 많이 이용한 문헌인 류성룡『징비록』이 일본측 회화 작품에 영향을 미치기 시작하며, 특히 이순신과 거북선의 표현이 빈번하게 등장하게 된다.

1800년에 간행된『에혼 조선군기』의 저자인 아키자토 리토(秋里籬島)는 1780년에『교토 명소도회(都名所圖會)』라는 교토 명소 여행 안내기를 출판한 베스트셀러 작가가 되었다. 이 책의 성공에 고무된 그는 기존의 군담 내용을 쉽게 고쳐 쓰고 명소도회풍의 삽화를 많이 배치한『겐페이 성쇠기 도회(源平盛衰記圖會)』(1794),『에혼 조선군기』(1800),『호겐 헤이지 전투 도회(保元平治鬪圖會)』(1801) 등 3종의 삽화 군담을 간행하였다.『에혼 조선군기』는 임진왜란과 관련된 삽화를 대량으로 수록한 최초의 문헌이자, 조감도적인 표현이 보이는 첫 사례이다. 압록강을 건너 조선으로 진입하는 이여송의 명나라 군대를 그린『에혼 조선군기』권9의 삽화가 대표적인 명소도회풍 회화 작품이다[삽화15]

한편 도요토미 히데요시의 일대기를 대량의 삽화와 쉬운 글로 표현하여 에도시대 최대의 베스트셀러라는 평가를 받는『에혼 다이코기』(1797~1802년의 5년간 간행) 전7권 가운데 임진왜란 부분을 수록한 제6·7편이,『에혼 조선군기』의 출판을 전후한 시기인 1801·2년에 간행되었다. 이 문헌의 본문을 쓴 저자인 다케우치 가쿠사이(武內確齋)는 고스트라이터로서 책에 이름을 드러내지 않고 있다. 책에는 당시 최고급의 기량을 발휘한 것으로 유명한 오카다 교쿠잔(岡田玉山)이라는 화가의 이름만 저자로서 거론되고 있다.

『에혼 다이코기』의 삽화는『에혼 조선군기』보다 한층 더 원근감이 잘 표현된 조감 세밀화 기법으로 그려져 있다. 정적인 산수화 속에 동적이고 비극적인 전투 장면을 숨겨두는 듯한 표현 방식(제6편 권10[삽화 16]), 조선·명의 이국적 풍물을 충실히 재현하려는 실증적 자세(제6편 권12 발문[삽화 17]), 옅은 검정색을 표현하기 위한 우스즈미(薄墨)의 활용(제7편 권8[삽화 18]) 등이 그 특징이다. 이렇듯 질적 양적으로 큰 성취를 거둔『에혼 다이코기』의 삽화는 당대 및 후대의 회화 작품에 큰 영향을 미쳤다.

오카다 교쿠잔은『에혼 다이코기』에 수록한 삽화에서, 삽화의 구도를 통해 본문 내용을 효과적으로 전달하고자 노력한다. 전근대 회화 작품은 오른쪽에서 왼쪽으로 해독했으므로, 삽화가 담긴 페이지를 펼치는 독자의 눈은 화면의 오른쪽 위를 가장 먼저 보게된다. 그래서 오카다 교쿠잔은 조선 수군이 이기고 있음을 강조할 때는 조선 수군을 화면 오른쪽(제6편 권6[삽화 19]), 일본 수군이 우세임을 보여주고자 할 때에는 일본 수군을 화면 오른쪽(제7편 권8[삽화 20])에 배치하는 방식으로 본문의 내용을 삽화에 구현했다.

이와 같이 그림의 구도를 통해 본문의 내용을 표현하는 방식은『에혼 조선정벌기』권17에서도 확인되지만, 조·일 양국 수군의 전투 장면을 묘사한『에혼 조선정벌기』의 해당 삽화를 보면, 설명문에는 이순신 군이라고 설명하면서 삽화 속의 깃발에는 "대명"이라는 글자가 적혀 있다[삽화 21]. 이는 이 책을 제작한 사람들이 조선과 명나라를 구분하지 않았음을 보여준다. 이러한 태도는, 쓰시마를 통해 조선의 민화를 입수히는데 싱공함으로써 조선과 명을 엄밀하게 구분하는데 성공한『에혼 다이코기』의 삽화와는 구분된다. 동시에『에혼 다이코기』의 해전 묘사와 비교하면,『에혼 조선군기』권6에서의 전투 묘사는 상대적으로 단순하고 평면적이다[삽화 22].

또한, 1593년 1월의 2차 평양성 전투에서 패하여 한양으로 후퇴하는 일본군을 그린 삽화를 비교해보면, 『에혼 조선군기』권6의 삽화는 전체적인 비율에 문제가 있는 반면[삽화 23], 『에혼 다이코기』제6편 권8의 삽화는 부대원 개개인의 표정까지 살리는 한편으로 화면 오른쪽을 탁 트이게 하여 겨울의 싸늘한 느낌을 전달하고자 하였다[삽화 24]. 『에혼 조선정벌기』권11의 삽화는 얼음이 언 강을 건넌다는 느낌을 잘 전하고 있기는 하지만, 병사 개개인에 대한 묘사는 단순하다[삽화 25].

『에혼 다이코기』가 1804년에 정치적인 불온 서적으로서 절판(絶版)을 명받은 이후, 19세기 전기의 일본 화단에서는 도요토미 히데요시를 비롯한 전국시대 장군들의 묘사가 금기시된다. 임진왜란 시기는 전국시대의 말기에 해당하기 때문에, 자연히 임진왜란에 대한 회화 작품도 창작이 제한되는 결과를 낳았다. 그 대신 『수호전』과 같은 중화권 문학에 등장하는 무사들을 그린 무샤에(武者繪)가 인기있는 소재가 된다(이 문제에 대해서는 기무라 야에코(木村八重子)의 「무사 회화의 특성 -『에혼 다이코기』의 투영(武者繪の側面─『繪本太閤記』の投影)」(東京都立中央圖書館, 『연구기요(研究紀要)』13)을 참고). 그러다가 19세기 중기가 되어 막부의 출판 통제가 느슨해지면서 임진왜란이 다시 공공연한 출판의 소재로 떠오른다. 『에혼 다이코기』이 다시 출판되고, 완숙한 우키요에 기법의 삽화가 대량으로 수록된『에혼 조선정벌기』(1853~4년)도 간행된다.

『에혼 조선정벌기』에는 『에혼 다이코기』와는 다른 방식에서 세밀하지만 다소 평면적인 느낌의 조감도들이 실려 있으며, 당시의 우키요에 기법과 상통하는 피비린내 나고(권20[삽화 26]) 박진감 넘치며(권18[삽화 27]) 밀집적인(권11 권두삽화[삽화 28]) 묘사가 두드러진다. 한편 조선과 명나라를 구분하여 묘사함으로써 이국 취향을 드러내려 한 『에혼 다이코기』와는 달리, 중화권의 군담 소설을 소재로 한 우키요에가 인기를 끈 19세기 전기의 경향을 반영한 삽화들이 확인된다. 예를 들어 1597년의 황석산성 전투에서 활약한 조선 장군 곽준은 손오공처럼 그려져 있다(권17[삽화 29]). 고니시 유키나가와 심유경이 회담하는 장면의 경우에는 당시 유행하던 유럽·청나라식 연회풍으로 그려져 있어서 이국(異國) 취향을 확인할 수 있다(권1 권두삽화[삽화 30]). 또한, 『에혼 다이코기』가 우스즈미라는 기법을 도입하여 흑백톤 삽화의 단조로움을 탈피하려 한 것과는 달리, 『에혼조선정벌기』에는 화려한 채색화가 실려 있다(권1 권두삽화[삽화 31]). 사치스러운 출판을 금지하는 막부의 통제령이 실효를 발휘하지 못하게 된 시대 상황을 반영한 것이다. 마지막으로 기존의 문헌에서는 한반도의 역사와 관련하여 이른바 진구코고(神功皇后)의 삼한 정벌 전설 등 제한적인 소재만이 시각화되어 왔으나, 『에혼조선정벌기』에서는 기자(箕子) 전설이나 일본의 백제 구원 전쟁과 같은 내용까지 삽화로 그려지는 등 소재의 확장이 이루어졌다.

한편, 19세기 중후기가 되면 『에혼 다이코기』, 『에혼 조선정벌기』와 같은 장편 소설의 본문과 삽화를 간략화한 기리쓰케본(切附本)과 같은 그림책이 대량으로 간행된다. 이러한 출판물은 목판 인쇄가 활자 인쇄에 최종적으로 밀려서 소멸되는 19세기 말까지 나타난다. 이 시기의 기리쓰케본과 우키요에에서는 『에혼 다이코기』 못지 않게 『에혼 조선정벌기』의 영향도 짙게 확인된다. 예를 들어 쓰키오카 요시토시(月岡芳年)가 그린 우키요에 「도요토미 삼한정벌지도(豊臣三韓征伐之圖)」(1866)[삽화 32]에는 히다 마고베(比田孫兵衛)가 보쿠보쿠시(穆々子)라는 오랑캐 무사와 싸우는 장면이 그려져 있다. 기존의 임진왜란 문헌군에는 보쿠보쿠시라는 인물이 등장하지 않으며, 이와 가장 비슷한 이름은 『에혼 조선정벌기』 권8에서 이다 가쿠베(飯田角兵衛)와 싸우는 고쿠코쿠리(穀々理)이다[삽화 33]. 히다

마고베는 이다 가쿠베와 함께 가토 기요마사의 측근이었던 기다 마고베(喜田孫兵衛)의 첫 발음 "ki(き)"를 "hi(ひ)"로 바꾼 것이다. 고쿠코쿠리의 "ko(こ)" 역시 "hi(ひ)"와 같은 하단(は段)에 속하는 "ho(ほ)"로 바뀌어 있어서 상통한다.

한편, 미야자와 긴타이(宮澤錦苔)라는 사람이 이 시기에 출판한 그림책 『조선어정벌(朝鮮御征伐)』 제2편에는, 조선에 주둔하고 있던 일본의 장병들을 감독하기 위해 파견된 이시다 미쓰나리가 방문했음에도 불구하고, 구로다 요시타카(黒田孝高)와 아사노 나가마사(淺野長政)가 바둑만 두면서 이시다를 무시했다는 내용을 표현한 삽화가 보인다[삽화 34]. 이 삽화의 구도 역시 『에혼 조선군기』 권8[삽화 35]이나 『에혼 다이코기』 제6편 권10[삽화 36]보다는 『에혼 조선정벌기』 권14[삽화 37]에 가깝다. 그런데, 『조선어정벌』에서는 해당 삽화에 「가토 기요마사가 조선의 두 장군을 생포하다(加藤淸正兩王子を生とる圖)」라는 설명을 붙이고 있어서 의아한 느낌을 준다. 즉 『조선어정벌』의 삽화가는 바둑을 두는 구로다 요시타카와 아사노 나가마사를 함경도로 피신해 있던 조선의 왕자인 임해군·순화군으로 바꾸고, 원래는 이시다 미쓰나리여야 할 인물을 가토 기요마사로 바꾼 것이다. 바둑을 두는 두 사람의 얼굴에 턱수염을 그리고, 이 모습을 바라보는 인물에 자노메(蛇の目) 문양의 투구를 씌움으로써 이러한 변화를 시각화하고 있다. 임진왜란을 비롯한 국제 전쟁에 관한 에도시대 일본의 회화에서는 턱수염이 있으면 외국인이고 턱수염이 없으면 일본인이라는 표현 양식이 확인되며, 자노메 문양은 가토 기요마사의 가장 두드러진 특징이다.

여기까지 에도시대의 임진왜란 삽화를 살핀 결과 확인된 사항은 다음과 같다. 우선, 임진왜란 문헌에 수록된 삽화는 임진왜란 문헌의 본문보다 보수적이다. 17세기 후기에서 18세기 초에 간행된 문헌의 삽화에서는 전쟁 장면 이상으로 연애담이나 노 상연 모습과 같은 중세 이래의 전통적인 내용이 즐겨 그려졌다. 또한 한중일 삼국의 임진왜란 문헌이 일본에서 집대성되는 것은 17세기 말~18세기 초였으나, 그 내용이 삽화에 반영되는 것은 100년 뒤인 19세기 전기의『에혼 조선군기』『에혼 다이코기』에 이르러서였다. 임진왜란을 묘사하는 문자 자료와 회화 자료 사이에는 수십년에서 백년에 이르는 시차(時差)가 존재하는 것이다. 한편, 기존 연구에서는『에혼 다이코기』에 수록된 삽화의 영향력이 강조되었지만,『에혼 다이코기』이외에『조선정벌기』와『에혼 조선정벌기』도 후대의 임진왜란 회화에 영향을 미쳤다. 특히 19세기 중후기의 기리쓰케본·우키요에·그림책에 대하여는『에혼 다이코기』이상으로『에혼 조선정벌기』에 수록된 삽화의 영향력이 컸다.

7. 전근대 한국에서 제작된 임진왜란 관련 회화

이상과 같이 방대한 양의 회화가 에도시대 일본에서 제작된데 반하여, 조선에서 제작된 회화의 수는 10점 내외이다. 이들 회화의 대부분이 출판된 판본이 아닌 손으로 그려지는 육필본이다보니 각각의 작품을 베껴 그리는 과정에서 발생한 이본(異本)들이 존재한다. 하지만 이들 이본을 포함하더라도 조선시대에 제작된 임진왜란 관련 회화의 수는 수 십 점 정도를 넘지 않는다고 할 수 있다. 이연수의「임진왜란과 정유재란의 전투기록화 연구」(홍익대학교 미술사학과 석사학위논문, 2016. 8)는 이 문제에 대하여 현재까지 가장 방대하게 조사한 결과를 담은 논문이다. 개별 그림 및 그 그림들을 수록한 문헌에 대해서는 여전히 문헌학적·회화사적인 검토가 끝나지 않은 상태이다.

조선시대의 임진왜란 관련 회화 가운데 시기적으로 가장 이른 것으로 생각되는 작품은『월간창석형제급난도(月澗蒼石兄弟急亂圖)』[삽화 38]로서, 1604년에 제작되었다. 임진왜란 당시 월간 이전과 창석 이준 형제가 서로 도와서 난리를 피했다는 내용을 담고 있으며, 이준이 명나라에 방문해서 이 이야기를 전하자, 그곳의 화가가 이를 그림으로 표현한 것이다. 임진왜란 당시의 상황을 담은 작품으로서는 한반도에 남아 있는 가장 오래된 작품이면서 명나라 화가가 그렸다는 점에서 독특하다.『월간창석형제급난도』로부터 13년 뒤인 1617년에 출판된『동국신속삼강행실도(東国新續三綱行實圖)』에 수록된 삽화들이 그 다음으로 오래된 것들이다[삽화 39].『동국신속삼강행실도』는 조선시대 전기에 제작된『삼강행실도』(1434년 간행)와 『속삼강행실도』(1514년 간행)에 이어 제작된 것으로서, 임진왜란 당시에 탄생한 충신, 효자, 열녀(列女)들의 행적을 다수 추가하였다.

『동국신속삼강행실도』로부터 100여 년 뒤인 1709년에는 유명한「부산진순절도(釜山鎭殉節圖)」[삽화 40]와「동래부순절도(東萊府殉節圖)」[삽화 41]가 제작되었다. 이때 제작된 원본은 화재로 사라졌고, 동래부(東萊府)의 화가 변박(卞璞)이 1760년에 다시 그린 작품이 육군사관학교 박물관에 소장되어 있다. 임진왜란 개전 초기인 1592년 4월 13일(일본측 달력으로는 4월 12일)에 벌어진 부산 전투와 동래 전투의 양상을 그린 상상화이다. 임진왜란 당시 일본군은 조총을 주력 무기로 사용했지만 이들 작품에서는 일본 병사들이 칼을 들고 있는 것으로 묘사되어 있는 점이 특징적이다. 한편 일본 와카야마현립박물관(和歌山縣立博物館)에 소장되어 있는「임진왜란도병풍(壬辰倭亂圖屛風)」은 언제 제작되었는지를 정확히 알 수는 없지만,「동래부순절도」와 비슷한 구도를 띠고 있으므로「동래부순절도」보다 늦게 제작된 것으로 추정된다. 이 회화에 대해서는 노영구「임진왜란 초기 양상에 대한 기존 인식의 재검토 - 화가산현립박물관 소장「임진왜란도병풍」에 대한 새로운 이해를 바탕으로」『한국문화』 31에서 자세히 검토되고 있다.

18세기에 제작된 것으로 추정되는 「평양성탈환도(平壤城奪還圖)」[삽화 42]는 1593년 1월 6~7일에 일어난 평양성 전투를 민화풍으로 그리고 있다. 일본군은 물론 조선군의 활동도 실제보다 축소해서 그려져 있는 반면, 명나라군의 활동은 과장되어 있어서 명에 대한 숭앙 의식을 확인할 수 있다. 1799년에 국왕 정조의 명으로 간행된 『양대사마실기(梁大司馬實記)』는 임진왜란 당시 의병을 이끈 양대박(梁大樸)에 대한 기록인데, 이 책의 권1에 「운암파왜도(雲巖破倭圖)」[삽화 43]가 실려 있다. 마찬가지로 18세기에는 고려시대부터 임진왜란 때까지 한반도 국가들이 북쪽 국경 지역(북관, 北關)에서 수행한 전쟁·전투를 기록한 『북관유적도첩(北關遺蹟圖帖)』이 제작되었는데, 이 가운데 「창의토왜(倡義討倭)」[삽화 44]가 임진왜란 당시의 전투를 소재로 하고 있다. 이는 의병장 정문부(鄭文孚)가 1592년에 북관에서 가토 기요마사 군을 물리친 전투를 그린 것이다.

1834년에는 동래부의 화가 이시눌(李時訥)이 「임진전란도(壬辰戰亂圖)」[삽화 45]를 그렸다. 화기(畵記)에는 「만력 임진년후 243년째인 갑오 6월에 화가인 본부 군기감관 이시눌(万曆壬辰後二百四十三年甲午六月日畵師本府軍器監官李時訥)」이라고 적혀 있어서 정확한 제작 연도를 알 수 있다. 임진왜란 당시 이 지역에서 발생한 부산진 전투와 다대포진 전투를 그리고 있는데, 그림의 구도를 보면 「부산진 순절도」와 「동래부 순절도」를 참고했음을 알 수 있다. 한편 「임진전란도(壬辰戰亂圖)」로부터 50여 년 뒤인 1885년 무렵에 제작된 것으로 추정되는 『세전서화첩(世傳書畵帖)』에는 임진왜란 이후 명나라군이 귀국하는 모습을 그린 「천조장사전별도(天朝將士餞別圖)」[삽화 46]가 실려 있다. 안동 지역에서 5백여 년 동안 거주한

풍산김씨(豊山金氏) 집안에서 조상의 행적을 그림으로 그린 이 서화첩에 임진왜란 관련 회화가 실린 이유는, 이 집안의 김대현(金大賢)이 명나라군의 전별 행사에 참석했기 때문이다. 이 회화에는 원숭이 부대가 그려져 있어서 일찍이 관심을 끌었다. 2018년에 한문학자 안대회는 「소사전투에서 활약한 원숭이 기병대의 실체」(『역사비평』 124)에서, 중화권의 여러 자료에 원숭이 부대가 활동한 양상이 실려 있는 것으로 보아, 이 「천조장사전별도」 속의 원숭이들도 무언가의 비유가 아니라 실제로 임진왜란 때 활동한 원숭이 부대를 그린 것으로 보아야한다는 견해를 밝혔다.

이상의 회화들이 임진왜란 당시의 전투 및 부대를 그린 조선시대 회화의 거의 전부인데, 이들 작품과는 별도로 임진왜란 당시의 상황을 파악하는데 간접적으로 도움이 되는 회화를 몇 점 소개한다. 우선 거북선의 내부 구조를 전하는 유일한 회화 자료로 알려진 것이 이덕홍(李德弘)의 문집인 『간재집(艮齋集)』 권2 「상행재소병도(上行在疏竝圖)」에 수록된 「귀갑선도(龜甲船圖)」[삽화 47]이다. 『간재집』의 본집과 속집은 1666년에 간행되었고 1754년과 1766년에 재간되었다. 이 문집 속에서 전술(戰術)을 논하고 있는 「상행재소병도」 속에 거북선의 내부가 간략하게 그려져 있는 것이다. 또한 1795년에 국왕 정조의 명으로 간행된 이순신의 문집 『이충무공전서(李忠武公全書)』 가운데 「권수·도설(卷首·圖説)」 속에 「귀주(龜舟)」[삽화 48]라는 제목으로 거북선의 외관을 그린 그림이 두 장 실려 있다. 이들 거북선 그림에 대해서는 장학근의 「군선으로서 거북선의 역할과 기본구조」 『순천향대학교 이순신연구소 2010년도 이순신 학술세미나』 및 이재곤 「간재 이덕홍의 주석서 찬술과 임란 극복의식」(안동대학교 교육대학원 한문교육전공 석사학위논문, 2000. 8) 등을 참고할 수 있다.

마지막으로 조선시대 후기에 수군(水軍)의 훈련 장면을 그린 「수군조련도(水軍調練圖)」[삽화 49] 역시 임진왜란 당시의 해전 상황을 간접적으로 유추할 수 있는 자료로서 이용가능하다. 「수군조련도」는 현재 20점이 확인되어 있으며, 유미나의 「조선후반기의 통제영 수군조련도 연구 – 국립진주박물관 소장 ≪통제영 수군조련도≫ 병풍을 중심으로」(『미술사학연구』281)에 상세한 설명이 실려 있다.

8. 나가며

마지막으로, 에도시대부터 현대에 이르는 일본 사회에서 임진왜란과 관련되어 눈에 띄는 한 가지 중요한 사실을 확인하고, 앞으로 이루어져야 할 과제를 제시하면서 이 글을 마치려 한다.

에도시대에서 현대에 이르기까지, 지난 400년에 걸쳐 도요토미 히데요시에 대한 일본인의 인식은 크게 바뀌어 왔다. 특히 에도시대에는 임진왜란에 대한 일본인들의 인식이 계급별로 크게 차이를 보였음이 확인된다. 필자가 조사한 바로는, 에도시대에 출간된 도요토미 히데요시 관련 문헌의 절대 다수는 임진왜란을 다루지 않는다. 특히 소설과 같이 여러 계급의 사람들이 읽는 문헌에서는 도요토미 히데요시를 하층으로부터 고위급까지 출세한 인물로서 강조할 뿐, 외국을 침략해서 일본의 국위를 선양했다는 식의 서술은 거의 보이지 않는다(김시덕, 이노우에 야스시 공저 『히데요시의 대외전쟁 : 변화하는 담론과 이미지 – 전근대 조선·일본의 담론 공간(秀吉の対外戰爭：1容する語りとイメージ−前近代日朝の言説空間)』(笠間書院, 2011) 참고).

다이묘나 지식인 집단은 대외 전쟁을 통해 일본의 국위를 선양했다는 식의 히데요시 인식을 명확히 드러냈지만, 이러한 인식이 일본 국민 사이에 널리 퍼진 것은 메이지 유신 이후이다. 그리고 1945년 8월 15일의 패전 이후에 히데요시에 대한 인식은 또 한 번 바뀌어서, 그는 이베리아 반도와 교섭하며 서구의 첨단 문화를 도입한 인물로서 주목받는다. 이에 반해 태평양전쟁에 대한 반성으로부터, 대외 침략을 일으킨 히데요시에 대한 언급은 주로 비판적인 맥락에서만 이루어진다.

이처럼 특정한 인물이나 역사적 사건에 대한 어떤 지역에서의 인식은 시대에 따라 크게 바뀌며, 이는 한반도에서도 마찬가지였다. 그래서 어떤 인물이나 역사적 사건에 대해서는, 그의 삶과 사건의 전개 과정 그 자체를 연구하는 이상으로, 그 인물과 사건이 어떻게 이야기되고 기록되어왔는가를 검토하는 작업이 중요한 것이다. 지난 4백 년간 일본 사회에서 히데요시에 대한 인식이 단일하지 않았으며, 그 변화를 추적함으로써 임진왜란에 대한 일본 사회의 인식 변화와 현재적 의미를 추적할 수 있다.

한편, 근대 이후 임진왜란에 대한 역사학적인 연구는 이케우치 히로시(池內宏)의『분로쿠 게이초노 에키 정편 제1(文禄慶長の役 正編第一)』(南滿洲鐵道, 1914)과『분로쿠 게이초노 에키 별편 제1(文禄慶長の役 別編第一)』(東洋文庫, 1936)에 의거하는 바가 크다. 이케우치 히로시의 연구를 이어받아 나카무라 히데타카(中村榮孝)의『일선관계사 연구(日鮮關係史の研究 上·中·下)』(吉川弘文館, 1965~69) 및 기타지마 만지(北島萬次)의『도요토미 정권의 대외인식과 조선침략(豊臣政権の対外認識と朝鮮侵略)』(校倉書房, 1990)과 같은 일련의 연구가 나타났다.

현재 기타지마 만지의 저서는 일부 한국어 번역이 이루어졌으나, 기타지마 만지의 앞세대헤 해당하는 연구자들의 저서는 대부분 번역되어 있지 않은 상태이다. 기타지마 만지는 일본 학계에서 보았을 때 친한적(親韓的) 성격이 두드러지기 때문에 그의 저서들이 우선적으로 번역된 것으로 보인다. 하지만 친한적 성격이 강하지 않고 한국 시민들이 보기에 거북하거나 문제시되는 부분들이 있다고 하더라도, 기타지마 만지의 앞세대에 해당하는 연구자들의 저서 역시 근대 일본의 임진왜란 연구 성과로서 진지하게 검토되어야 한다. 특히 근대 일본 역사학계에서 임진왜란 연구의 기반을 닦은 이케우치 히로시의 연구서들은 시급히 번역될 필요가 있다. 이케우치 히로시의 연구서는 시대가 다소 오래되었기 때문에 지금의 관점에서는 낡아보이는 부분들이 눈에 띄고, 『분로쿠 게이초노 에키 정편 제1』이 남만주철도 주식회사에서 출간되었다는 점에서는 만선사관(滿鮮史觀)의 입장에 서있음을 쉽게 짐작할 수 있다. 또한 관련 문헌을 원문 그대로 인용하고 있기 때문에 번역에 어려움이 크지만, 기타지마 만지가 만년에 편찬한 『도요토미 히데요시 조선침략 관계사료집성(豊臣秀吉朝鮮侵略關係史料集成)』(平凡社, 2017)을 함께 참고한다면 번역상의 어려움을 극복할 수 있을 것이다. 어떤 연구자의 저서가 한국 시민 보기에 기분이 나쁘다고 해서, 그 저서의 학술사적 위치와 중요성까지 무시될 수 있는 것은 아니다.

이 글에서는 임진왜란의 발발 원인부터 현대의 기억과 연구에 이르는 방대한 주제에 대해 대단히 간략하게 논점을 정리하고 필자의 견해를 짧게 덧붙이는데 그쳤다. 독자분들께서 이 글에 언급된 연구자들의 논문과 저서 가운데 몇 개라도 직접 찾아 읽으신다면, 시중에 무수하게 나와 있는 임진왜란 관련 서적의 옥석을 가릴 수 있는 안목을 얻으시리라 확신한다.

[삽화 1] 『에이리요미혼 다이코기 대전』

[삽화 2] 『조선정벌기』 권2

[삽화 3] 『에이리다이코기』 권14

[삽화 4] 『에이리다이코기』 권14

2·임진왜란[壬辰戰爭]과 그에 대한 한일 양국의 기억 77

[삽화 5] 『장군기』 권 하1   [삽화 6] 『조선정벌기』 권5

[삽화 7] 『에혼 다이코기』 6편 권2

[삽화 8] 『에혼 조선정벌기』 권2

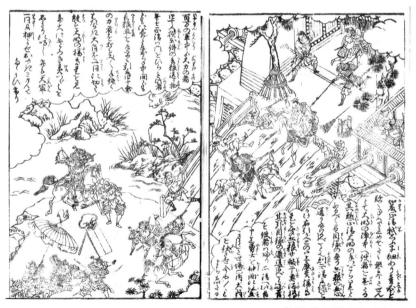

[삽화 9] 『에혼 무용 다이코기』

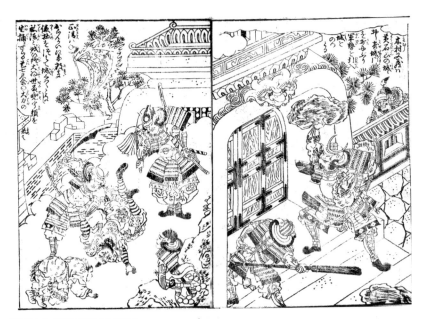

[삽화 10] 『에혼 무용 다이코기』

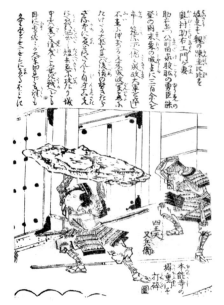

[삽화 11] 『다이코 현명집』

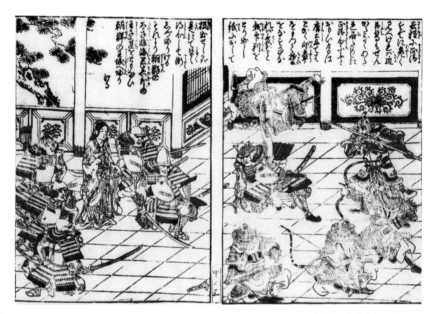

[삽화 12] 『에혼 조선군기』

[삽화 13] 『에혼 조선정벌기』 권6

[삽화 14] 『에혼 다이코기』 6편 권9

[삽화 15] 『에혼 조선군기』 권9 ①

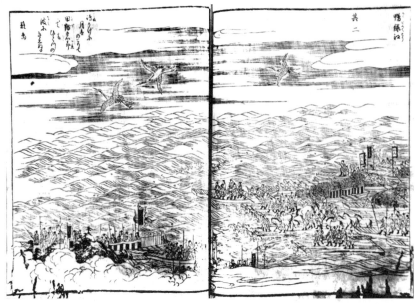

『에혼 조선군기』권9 ②

『에혼 조선군기』권9 ③

[삽화 16] 『에혼 다이코기』 6편 권10

[삽화 17] 『에혼 다이코기』 6편 권12

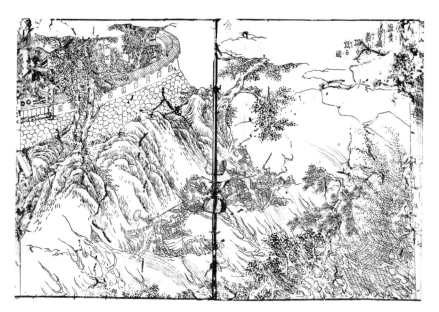

[삽화 18] 『에혼 다이코기』 7편 권8

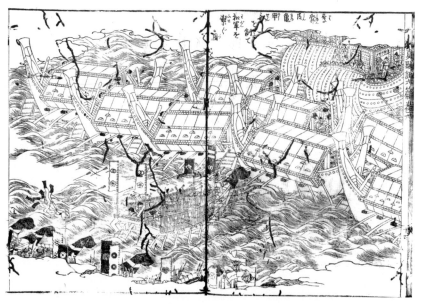

[삽화 19] 『에혼 다이코기』 6편 권6

2·임진왜란[壬辰戰爭]과 그에 대한 한일 양국의 기억　85

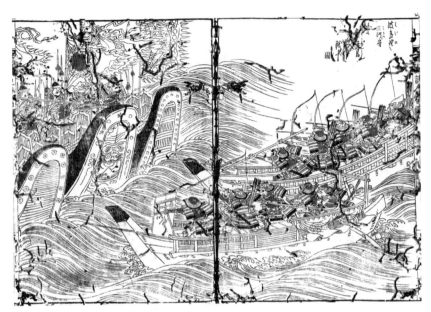

[삽화 20] 『에혼 다이코기』 7편 권8

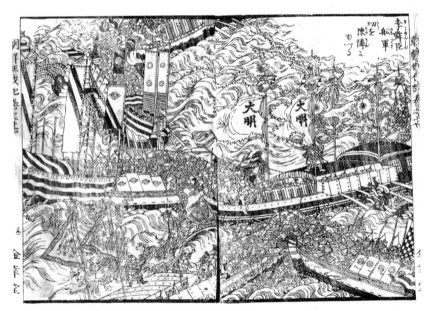

[삽화 21] 『에혼 조선정벌기』 권17

[삽화 22] 『에혼 조선군기』 권6

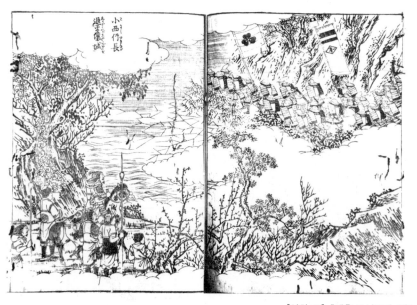

[삽화 23] 『에혼 조선군기』 권6

[삽화 24] 『에혼 다이코기』 6편 권8

[삽화 26] 『에혼 조선정벌기』 권11

[삽화 26] 『에혼 조선정벌기』 권20

[삽화 27] 『에혼 조선정벌기』 권18

2 · 임진왜란[壬辰戰爭]과 그에 대한 한일 양국의 기억　89

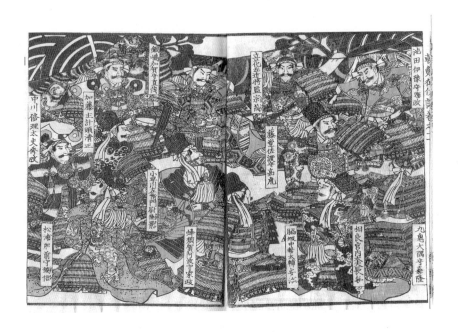

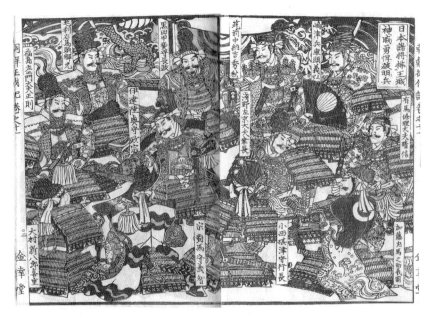

[삽화 28] 『에혼 조선정벌기』 권11

[삽화 29] 『에혼 조선정벌기』권17

[삽화 30] 『에혼 조선정벌기』권1

2·임진왜란[壬辰戰爭]과 그에 대한 한일 양국의 기억　91

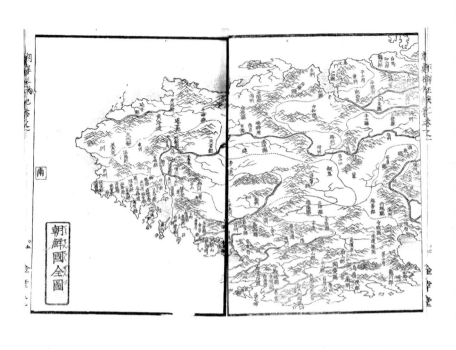

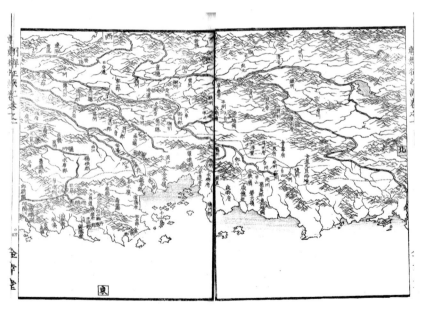

[삽화 31] 『에혼 조선정벌기』 권1

[삽화 32] 『도요토미 삼한정벌지도』

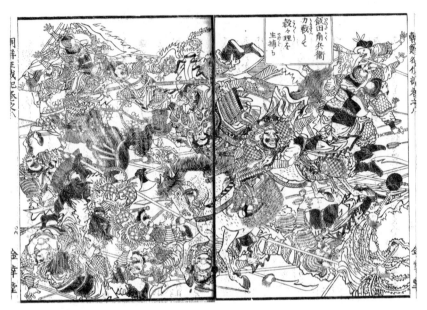

[삽화 33] 『에혼 조선정벌기』 권8

[삽화 34] 『조선어정벌』 2

[삽화 35] 『에혼 조선군기』 권8

[삽화 36] 『에혼 다이코기』 6편 권10

[삽화 37] 『에혼 조선정벌기』 권14

[삽화 38] 『월간창석형제급난도(月澗蒼石兄弟急亂圖)』(1604)

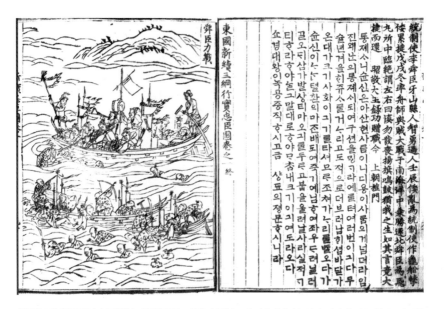

[삽화 39] 『동국신속삼강행실도(東國新續三綱行實圖)』(1617) 가운데 "이순신이 열심히 싸우다(舜臣力戰)"

[삽화 40] 「부산진 순절도(釜山鎭殉節圖)」(1709)　　　[삽화 41] 「동래부순절도(東萊府殉節圖)」(1709)

[삽화 42] 「평양성탈환도(平壤城奪還圖)」(18세기)

일본, 한국을 상상하다

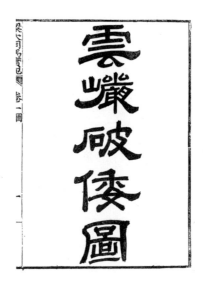

[삽화 43] 『양대사마실기(梁大司馬實記)』 수록 「운암파왜도(雲巖破倭圖)」(1799)

[삽화 44] 『북관유적도첩(北關遺蹟圖帖)』수록 「창의토왜(倡義討倭)」(18세기) ①

倡義討倭

宣祖壬辰倭賊長驅入北道內叛民爭縛官吏〻與賊鏡城守奴

鞠世必受倭署官聲勢尤張北評事鄭文孚陷賊中脫身

逃走至迨郎里李鵬壽家鵬壽與崔配天池達源等推文

孚爲倡義大将誘呂散亡得三百餘人至府城誘賀世必引

兵入城未幾倭賊撩至城南文孚開門撃走之建大将旗于

南門橋正位而坐諸将官皆入鞠躬行禮世必継入使姜文佑

寺執之並其黨十餘人數其罪斬之懸首旆令於是軍聲

遂震

[삽화 44] 『북관유적도첩(北關遺蹟圖帖)』수록 「창의토왜(倡義討倭)」(18세기) ②

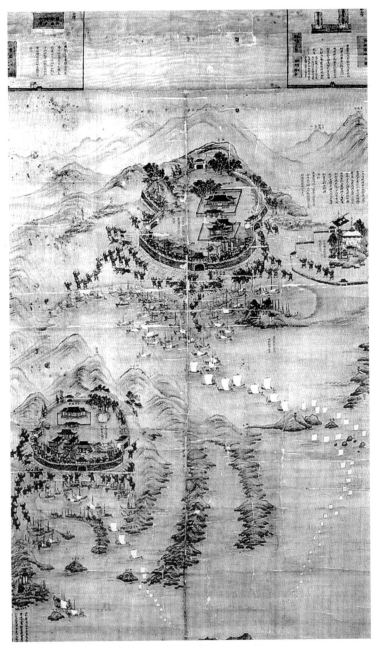

[삽화 45] 「임진전란도(壬辰戰亂圖)」(1834)

일본, 한국을 상상하다

[삽화 46] 『세전서화첩(世傳書畵帖)』 수록「천조장사전별도(天朝將士餞別圖)(1885?)

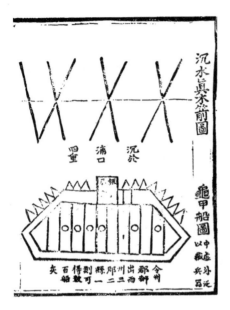

[삽화 47] 『간재집(艮齋集)』 수록 「귀갑선도(龜甲船圖)」(1666)

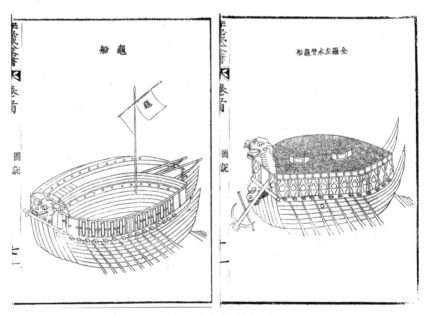

[삽화 48] 『이충무공전서 (李忠武公全書)』 수록 「귀주(龜舟)」(1795)

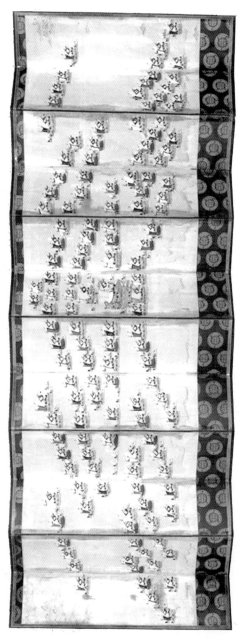

[삽화 49] 「수군조련도(水軍調練圖)」(조선시대 후기)

3

'왜' 메이지 유신은
성공하였는가?

: 근세말~근대초기 일본 지식인
사회의 세계관 전환 동향

'왜' 메이지 유신은 성공하였는가?

: 근세말~근대초기 일본 지식인 사회의 세계관 전환 동향

신상목 | (주)기리야마 대표이사

1. 메이지유신은 일본 근대화의 원점인가?

(1) 일본은 왜 근대화에 적극적이었는가?

미일화친조약 체결이 1854년이고 조일수호조규 체결이 1876년이니 일본의 개항은 조선에 비해 불과 20년 남짓 앞선 셈이다. 개항 후 수십 년 만에 일본은 구주 열강과 어깨를 나란히 하는 강대국이 되었으나, 조선은 강대국이 된 일본의 위협 앞에서 국가 존립을 걱정해야 하는 처지가 되었다. 무엇이 이러한 극명한 차이를 만들었는가? 이러한 질문은 한국인의 근대사 인식에서 흔히 볼 수 있는 의문이나. 당시 두 나라 모두 자본주의·산업화가 진전된 서구 제국(諸國)에 비해 외견상 크게 다를 바 없는 전근대 신분제 농업 중심 국가였다는 점에서 이러한 의문을 느끼는 것도 무리는 아니다. 이러한 의문은 대개 일본의 전격적인 국력 성장을 개항 이후 광범위하고도 고강도로 추진된 근대화의 성공에서 비롯된 것으로 이해하

는 역사인식으로 귀착(歸着)된다. 1853년 페리 제독의 흑선이 도래하였을 때 혼비백산한 일본인들이 겁에 질려 개항을 결정했다는 인상(印象)이나, 메이지 유신을 일본 근대화의 결정적 분기점으로 꼽는 시각은 그러한 인식이 반영된 것이다.

그러나 곰곰이 생각해 보면 이러한 인식은 그 타당성을 논하기에 앞서 보다 근원적인 의문을 떠올리게 한다. 국력 성장의 비결을 근대화의 성공에서 찾고 그 내용과 과정을 파악하는 것은 '어떻게'에 대한 설명은 될 수 있다. 그러나 이것만으로는 유사한 문명권의 조선, 중국에 비해 일본의 근대화에 대한 태도가 초기 단계부터 유독 적극적이었던 이유를 설명하지 못한다. 보다 입체적인 조망을 위해서는 '왜'라는 질문이 더해져야 한다. 일본이 개국과 함께 근대화 입국을 향해 신속하게 태세를 전환할 수 있었던 이유와 원인에 대한 의문이 선행될 필요가 있는 것이다.

한 국가의 발전 궤적은 같은 수준의 국력이라도 방향성을 어떻게 설정하느냐에 따라 결과에서 차이가 발생할 수 있다. 18세기 후반 이후 영국은 오랜 숙적이자 대륙의 최강국 프랑스와의 경쟁에서 우위에 설 수 있었다. 영국이 상대적 국력 열세를 극복할 수 있었던 계기는 '산업혁명'이라 불리는 생산성 혁명이었다. 두 나라 사이의 국력 역전(逆轉) 현상을 바라보는 역사가들의 관심은 왜 더 탄탄한 경제 기반과 군사력을 갖춘 프랑스가 아니라 그보다 국력이 열세였던 영국에서 산업혁명이 시작되었는지에 초점이 맞춰진다.

19세기 중반 이후 일본과 주변국의 관계도 유사한 맥락으로 파악할 수 있다. 개항 무렵 경제력·군사력 등으로 측정된 일본의 국력이 중국보다 우위에 있었다고 보기는 어렵다. 그러나 1894년 청·일전쟁에서 드러났듯이 일본은 불과 30년 만에 전통의 동아시아 패권국 중국을 능가하는 국력

성장을 달성한다. 이 기간 동안 일본이 추진한 근대화의 성과가 상대적 국력 변동의 원인이라는 결론은 자명하지만, 이러한 결론은 결국 '근대화의 성공 비결은 근대화에 성공했기 때문'이라는 순환 논리에 그치고 만다. 따라서 일본은 신·구 질서 교체에 따른 혼란을 제어하며 근대화에 매진할 수 있었던 데 비해 주변국은 그렇지 못하였던 이유를 궁금해하는 것은 왜 프랑스가 아닌 영국이 산업혁명을 추동(推動) 할 수 있었는가에 대한 문제의식과 연장선상에 있는 보다 근원적인 의문에 해당한다고 할 수 있다.

(2) 일본 엘리트의 세계관 전환

개항 전후 일본 엘리트 계층의 서구 문명에 대한 인식은 '화혼양재(和魂洋材)', '문명개화(文明開化)', '탈아입구(脫亞入歐)' 등의 표어로 대표된다. 이 중에서 청이나 조선의 중체서용(中體西用), 동도서기(東道西器)를 넘어서서 탈아입구로 대변되는 급진적인 신질서 수용 의식은 여타 지역의 서구 질서 확산 과정에서도 유례를 찾기 어려운 특이한 현상이다. 19세기 말 이후 동아시아 지역의 근대화란 본질적으로 서구화, 즉 자의건 타의건 서구의 문물·사상·제도가 이식(移植)되며 서구 문명에 동화되는 국제적 문화접변(international acculturation) 현상을 내포하고 있다. 전통적인 관습, 문화와 충돌하는 이질적인 문명을 받아들이는 과정이란 점에서 동아시아의 근대화는 '문명의 이양(移讓)' 현상에 해당한다고 할 수 있다. 문명을 이양받는 쪽 입장에서 이는 자신을 둘러싼 환경에 대한 새로운 자각과 자신과 타자와의 관계를 새로이 설정하는 이른바 '세계관의 전환'을 의미한다.

서양세력을 위협으로 간주하는 양이(攘夷) 사상은 동아시아 국가의 공통 인식이었으나, 조선이나 중국에 비해 일본은 서구 문명의 수용·변용

(變容)에 적극적이었다. 메이지 유신을 주도한 하급 사무라이 중심의 엘리트 집단이 부국강병의 목표 달성을 위해 서구의 군사기술을 위시하여 산업, 법률, 과학, 문화 기타 개혁에 필요한 제도적 모델을 도입하는 데 적극적이었다는 식의 서사는 일본 근대사의 상식처럼 받아들여지고 있다. 이에 대해서는 사대부화한 하급 무사 계층의 '강렬하고도 과장된 위기의식'에서 메이지 유신이 추동(推動)되었다는 해석이 있다. 물론 일본의 근대화에 대한 태도를 방어적·수동적 기제로 이해할 수 있는 측면이 있다. 그러나 일본이 서구의 위협에 강렬한 위기위식을 느꼈다면 이는 서구 문명의 능력과 성격을 적확(的確)하게 파악하고 있었기 때문이라는 해석도 가능하다. 상대를 알아야 싸우고자 할 수도 있고 배우고자 할 수도 있는 것이다.

당시 서구 세력의 위협에 대한 일본 지배층의 위기의식이 팽배해 있었던 것은 사실이지만, 이것만으로는 상대적으로 능동성이 두드러지는 당시 일본 엘리트 계층의 근대화·서구화를 향한 의지와 그 실천을 통해 달성된 사회 저변의 실체적 변화를 충분히 설명하기 어렵다. 일본에 앞서 보다 직접적인 형태로 서구의 공세적 압력에 직면한 중국은 근대화를 향한 국가적 동력 창출에 어려움을 겪었고, 위기의식의 발로에서 서구 따라잡기를 표방한 양무운동은 근대화의 본질에 접근하지 못한 채 표피적 모방에 머무르며 소기의 목적 달성에 실패했기 때문이다. 위정척사(衛正斥邪) 사상으로 서양의 접근 자체를 배격하려 한 조선의 사정을 생각하면, 조선과 중국의 대응이 열악했다기보다는 일본의 대응이 오히려 예외적이었다고 볼여지도 있다.

세계관이란 지식 및 신념체계의 근간을 이루는 것이고 그에 변동이 생기는 것은 마치 신앙의 개종만큼이나 강렬한 각성이 수반되어야 하는 예외적 현상이다. 외부의 위협, 강제성만으로 근본적 변화를 달성하는 것은 어렵다. 본고(本稿)에서 주목하고자 하는 것은 일본 근대화의 원점(原點)으로 흔히 지목되는 1868년 메이지 유신 이전에 이미 세계관 전환의 전조가 일본 엘리트 계층에서 태동하였다는 점이다. 기존 지식·신념 체계에 배치되는 외부 유래의 이질적 사상·문물 수용의 필요성 또는 불가피성을 인식하고 행동에 옮긴 엘리트 계층의 태도 전환은 하루아침에 이루어진 것이 아니며, 그 배경에는 그에 상응하는 탐색과 축적의 시간이 있었다.

메이지 유신에서 표방된 세계관 전환은 엘리트 계층에서 공유되기 시작한 서구 문명에 대한 이해, 서구 주도 신질서 속에서 일본의 상대적 위치에 대한 자각, 서구의 위협에 대한 경계심과 서구 문명에 대한 동경(憧憬)의 양가적 심리가 복합적으로 작용하면서 기존 세계관의 점진적 침식 및 해체와 병행하여 장기간에 걸쳐 진행된 변화의 산물인 것이다. 일본의 근대화 과정은 이러한 세계관 전환이 때마침 격화된 국내적 권력 투쟁과 맞물려 신국가 건설의 대의(大義)라는 정치적 추동력을 얻음으로써 가속화된 측면이 있으나, 서구 유래의 새로운 질서에 대한 인식 자체는 신정부 세력의 정치적·인위적 이니셔티브 이전부터 엘리트 계층의 문화적·자발적 선택에 의해 점진적으로 형성되어 온 것이다.

메이지 유신을 '일군만민(一君萬民) 이념에 의해 국민과 국가적 정치질서 사이에 끼어있는 장애물을 제거하여 국민주의가 나갈 길을 열게 된 획기적 변혁의 시발점(마루야마 마사오)'으로 평가하는 것은 관찰자의 재량이지만, 서구와 세계 정세에 대한 안목 자체가 없다면 애초부터 근대적 국민국가를 형성코자 하는 의욕이 생겨날 수도 없는 것이다. E.H 카가 『역사란 무엇인가』에서 설파했듯이 역사란 지평선의 확대, 즉 모든 인민들이 역사의 주체가 되는 과정이다. 특정한 정치적 사건, 인물로 어떠한 역사적 현상의 시종(始終)을 설명하는 것은 해당 현상의 전모 파악에 한계가 있다.

일본의 근대화 과정은 세계적인 차원의 근본적 세력 변동(fundamental power shift)을 이해하고, 기존의 화이(華夷) 질서 의식[1]에서 탈피하여 서구 질서로 이행(移行) 또는 편입하는 과정이라고 바꾸어 말할 수 있다. 당시 일본인들이 이해한 새로운 질서는 문물 면에서는 인간의 삶의 질을 개선하는 생산성 혁명과 합리적 과학주의에 기반하고 있으나, 그로 인해 얻어지는 힘이 투사된 국제관계 면에서는 팽창적 제국주의가 지배하는 약육강식, 사회적 다위니즘의 세계였다. 이러한 신질서에 대한 인식은 일본이 동아시아 주변국과의 관계를 재정립하는 시각에도 근본적인 변화를 초래하였다. 따라서 19세기 말 이후 일본의 대(對)한반도 인식과 정책은 당시의 세계관 전환과 불가분의 관계에 있으며, 그러한 맥락에서 일본의 세계관 전환 과정을 파악하는 것은 이후 일본의 대외관계를 이해하는 데에도 도움이 될 수 있을 것이다.

2. 막말 · 유신초 개국 풍경

(1) '개국화친'의 의미

1868년 2월 8일 메이지 신정부의 칙사 히가시쿠제 미치토미(東久世通禧)는 서구 6개국 대표를 면담한다. 이 자리에서 신정부측은 서양 사절에게 왕정복고의 국서를 수교(手交)하고 막부의 외교권을 접수하였음을 통보하는 한편 외국과의 교제는 만국공법에 따를 것임을 확약한다. 두 달 뒤인 4월 메이지 천황 명의로 '5개조 서문'(五箇条の御誓文)이 공포된다. 도막(倒幕) 세력에 가담한 후쿠이(福井)번 출신의 유리 기미마사(由利公正)와 도사(土佐)번 출신의 후쿠오카 다카치카(福岡孝弟)가 기초(起草)하고 유신3걸로 일컬어지는 기도 다카요시(木戸孝允)가 가필하여 완성된 이 서문에서는 "구래(舊來)의 낡은 관습을 깨고 천지의 공도(公道)에 기본을 둘 것"[2], "지식을 세계에서 구하여 황국의 기초를 진작시킬 것"[3] 등이 국시(國是)로 제시되었다.

이튿날에는 만국공법에 따른 조약 이행 선언과 외국인에 대한 위해 행위 금지를 내용으로 하는 대국민 게시문(五榜の揭示)이 나붙었고, 두 달 뒤에는 5개조 서문에 기초하여 신정부의 정치대강(大綱)과 정부 구조를 규정한 정체서(正體書)가 선포되었다. 천황 통치하 중앙정부의 최고 권력 기관으로 태정관(太政官)을 두고, 동 기관의 권력을 입법·행정·사법의 3권으로 분리하여 구성한 정체서의 정부 구상은 미국 헌법을 참고한 것으로 알려져 있다. 이듬해에는 5개조 서문에서 천명된 '공론(公論)정치' 방침에 따라 각 번에서 소집된 공의인(公義人) 회의 결과를 바탕으로 양이를 포기하고 '개국'을 신정부의 국책(國策)으로 삼아야 한다는 국론 정치가 전개된다.

이러한 경위를 거쳐 표방된 신정부의 대외 관계 기조를 '개국화친(開國和親)' 방침이라 한다. 신정부는 이러한 기조에 따라 이와쿠라 사절단 파견을 비롯한 서양과의 관계 강화를 위한 구체적 행동에 나섰고 본격적인 학제개혁, 조세개혁, 군제개혁, 사법제도 정비, 태양력 채용, 단발령, 신분 철폐, 관영공장 건립 등 일련의 개혁 시책에 착수하였다. 5개조 서문 이후 일련의 선언 및 포고에서 표방된 신국가의 기본방침은 확실히 구체제(앙상 레짐)와 일획을 긋는 획기적인 발상의 전환으로 보이는 측면이 있다. 부국강병·식산흥업·문명개화라는 일본의 3대 근대화 기조의 원점을 이즈음의 일련의 선언과 시책에서 찾는 것이 일반적이기도 하다. 그러나 이러한 정치적 선언이 그에 상응하는 정신적·물질적 기초 없이 갑자기 생겨날 수는 없을 것이다. 갑자기 생겨난다 해도 그러한 기초가 없다면 현실적인 의미를 갖고 변화 실현에 성공할 수도 없을 것이다.

앞서 언급한 3대 근대화 기조의 사상적·물질적 기초는 유신 세력의 독자적 발상이나 전유물이 아니었다. 오히려 유신에서 표방된 대외 관계에 대한 신정부의 인식은 모순적인 측면마저 있다. 1854년 막부는 '미일화친조약'을 체결함으로써 200년 이상 유지하였던 네덜란드 이외의 서구 국가 통교 금지 정책에 종지부를 찍고 서양 세력과 외교관계를 수립한다. 통칭 '가나가와(神奈川)조약'으로도 불리는 이때의 조약은 시모다(下田), 하코다테(箱館) 2개 항구에 대한 미국 선박의 방문 허가와 물자 보급, 미국 영사의 주재 양해 등을 규정했을 뿐 국교 수립의 핵심인 통상과 그에 수반되는 제반 문제에 대해서는 백지 상태로 남겨둔 미완성 조약이었다.

그로부터 4년 뒤인 1858년 막부는 국교 수립의 제반 사항을 포괄하는 '미일수호통상조약' 체결에 합의하고, 네덜란드·러시아·영국·프랑스 등 4개국과 대동소이한 내용의 조약을 체결한다. 진정한 의미의 국교 수립이라 할 수 있는 소위 '안세이 5개국 조약'(安政五力国条約)은 서구 열강이 중국과 체결한 텐진(天津)조약만큼은 아니지만 관세주권, 영사재판권, 최혜국 대우 등에서 일본이 동등한 권리를 인정받지 못한 불평등조약이었다. 이때 막부는 양이를 요구하던 천황의 반대에 부딪히자 칙허(勅許)를 받지 않고 독단으로 조약 체결을 강행하였는데, 이는 막부와 대립각을 세우던 서남 웅번(雄藩)과 미토(水戸)번 중심의 존왕양이 세력이 왕정복고의 기치를 높이고 세를 결집하는 결정적 계기가 되었다.

조약 체결을 주도하고 그에 반대한 교토의 공가(公家), 다이묘, 무사들을 탄압한 막부의 대로(大老) 이이 나오스케(井伊直弼)가 미토번 출신의 존왕파 자객에게 암살됨으로써 막부의 권위가 실추되었고, 서구와의 교역 개시 이후 물가가 급등하고 경제적 피해에 대한 불만이 고조되면서 존왕

양이 운동이 막부타도 운동으로 변질되기 시작하였다. 안세이 5개국 조약은 체결 이후 내내 막부 통치의 정당성에 흠집을 내는 막부의 아킬레스건으로 작용하였다.

여기서 생각해 볼 점이 있다. 막부가 천황의 칙허 없이 조약 체결을 강행하였다는 것은 달리 말하면 당시 어떤 세력보다도 서구와의 국교 수립 필요성 또는 불가피성을 정확하게 인식하고 있었다는 의미로 해석할 수도 있다는 점이다. 200년 동안 데지마의 네덜란드 상관(商館)을 통해 세계 정세에 대한 정보를 독점한 막부가 서세동점의 거대한 조류에 대해 정보에 기초한 판단(informed decision)을 내렸다고도 할 수 있다. 한편, 5개조 서문에서 볼 수 있듯이 막부 타도에 성공한 이후 유신 세력이 보인 서구에 대한 태도는 막부의 그것과 별반 차이가 없었다는 점에도 유의할 필요가 있다. 조약의 불평등성을 굴욕으로 규정하여 막부의 무능을 공격하였던 만큼 불평등 조항 개선에 총력을 기울이는 모양새를 취하였다는 정도[4]가 막부와의 차이라면 차이라 할 수 있으나, 막부가 존속하였다면 막부의 입장도 크게 다르지 않았을 것이다. 오히려 유신 세력은 집권 이후 막부 이상으로 서구와의 연계 강화를 통한 국가 일신(一新)에 나섬으로써 양이라는 기치를 무색케 하는 이율배반적인 태도를 보였다. 양이론 포기를 기정사실화하고 있었음에도 자신들의 지지 세력이었던 양이파의 동요를 막고 반발을 무마하기 위해 치밀한 단계적 여론 조작을 구사한 정황마저 있다. 실상 양이는 막부 타도를 위한 정치적 구호였을 뿐 유신 세력 사이에서도 집권 이전부터 양이가 실력 양성을 위한 '개국=문명개화'로 대체되는 인식의 전환이 있었다고 봐도 무방하다. 메이지 유신은 국가의 존립 방식에 대한 집권 세력의 비전을 만방에 선포한 일련의 정치적 매니페스토(manifesto)다. 그 비전은 왕정복고를 통한 중앙집권국가의 수립이라는 권력 투쟁의 면에서는 구체제의 해체를 의도한 혁명이지만, 서구의 위협에 맞서는 국력 배양 면에서는 막부 시대와의 단절이 아니라 연속선상에 놓인 근대화·서구화 개혁의 계승이었다. 이번 장에서는 메이지 유신의 그러한 양면성에 대한 이해를 돕기 위해 몇 가지 사례를 살펴보고자 한다.

(2) 요코스카 조선소[5] 건설

1864년 막부는 서양식 선박 건조를 위한 조선소 건설을 결정한다. 이 듬해 구체화된 계획의 개요는 4년간 총 240만 달러를 투입하여 요코스카에 근대식 제철소, 조선소(dock) 3곳, 무기고, 병영 등을 건설한다는 것이었다. 막부가 현재 가치로 2조 원이 넘은 거액을 투입하여 당시 유럽 최대 군항이었던 프랑스의 투롱(Toulon) 조선소를 모델로 삼은 매머드급 첨단 서구식 조선소를 건설한다는 야심찬 계획을 입안할 수 있었던 데에는 간조부교(勘定奉行, 막부의 재정 담당 고위직) 오구리 다다마사(小栗忠順, 1827~1868)의 존재가 있었다. 명문 후다이 하타모토 가문 출신의 오구리는 일찍부터 개화의 필요성에 눈뜬 막부의 신진 관료였다.

막부는 1860년 11월 미일수호통상조약 비준서 교환을 위해 견미사절단을 파견한다. 이때의 사절단 파견은 조약 체결을 주도한 이이 나오스케(井伊直弼)가 사절단 방미에 필요한 조력을 미국이 제공할 것을 조약의 부대조건으로 포함시켜 관철시킨 것이다. 이때 사절단의 일원으로 미국을 방문한 오구리는 미국 체류 중 워싱턴 해군 조선소(Washington Navy Yard)를 시찰하면서 큰 충격에 빠진다. 워싱턴 해군 조선소는 군함을 생산하는 조선소와 각종 탑재무기와 장비를 생산하는 조병창으로 구성된 복합 군수산업 단지였다. 오구리는 일본의 당시 국력으로는 증기기관 동력으로 품질 좋은 철을 대량 생산하고 정밀 기계를 가공하는 경이의 기술력을 보유한 서구에 맞설 길이 없음을 절감한다. 현대 유행어로 말하자면 과학기술 수준의 '초격차'를 실감한 것이다.

19세기 초 이래 서양 세력의 바다로부터의 위협을 막아야 한다는 '해방론'(海防論)은 막부의 국방대계(大計)였다. 엄청난 규모와 첨단 설비로 증기철선을 제작하는 서양 조선소를 목도한 오구리는 일본의 자체 조선소 건립이 국가적 당면 과제임을 확신한다.

귀국 후 오구리는 막부 요로에 서구 기술을 도입한 제철소·조선소 건설 필요성을 역설하며 동분서주하지만, 그 실현을 향한 여정은 가시밭길이었다. 막부 내에 잔존하는 쇄국파의 반대와 함께 이이 나오스케의 피살 등으로 개국파의 입지가 좁아진 탓도 있었고, 무엇보다 그 실현에 필요한 막대한 예산과 기술 문제를 해결할 방안을 오구리 자신도 제시하지 못하고 있었기 때문이다. 영국은 숙적 사쓰마에 접근하며 막부와 거리를 두고 있었고, 미국은 남북전쟁의 여파로 그러한 프로젝트를 원조할 여력이 없었다.

난관에 봉착한 조선소 건립 구상 실현의 길을 열어준 것은 프랑스였다. 당시 프랑스는 영국에 비해 동아시아 진출이 뒤쳐져 있었고 이를 만회하기 위해 일본과의 전략적 관계 강화에 큰 관심을 갖고 있던 차였다. 오구리의 조선소 구상을 접한 주일 프랑스 공사 미셀 로슈(Michel Jules Marie Léon Roches)는 당시 상해에서 조선소 건설 프로젝트를 담당했던 프랑소와 베르니(François Léonce Verny)를 섭외하여 일본의 조선소 건설 프로젝트를 수주함으로써 일본 진출의 교두보를 확고히 하고자 했다. 대규모 공사에 필요한 막대한 자금에 대해서는 일본의 주요 수출 품목인 생사(生絲) 대금을 활용하여 지불하는 방안이 구상되었다. 미래에 발생할 수익을 담보로 설정한 지불 계획은 안정성이 높다고 할 수 없으나, 당시 유럽에서 누에고치 전염병이 발생하여 생사 가격이 급등하고 있던 사정이 고려되었다. 중국산 생사도 태평천국의 난으로 정상적 수출이 어려운 상황이라 일본산 생사 수출로 지불 대금이 마련될 수 있을 것으로 판단했던 것이다.

1865년 2월 막부와 프랑스 정부 간에 정식으로 요코스카에 제철소·조선소·수선(修船)소 등 건설에 관한 약정서가 체결되었고, 5월에는 조선소 건설에 필요한 세부 사항을 협의하기 위해 외국부교(외교 담당 고위직) 시바타 다케나카(柴田剛中)를 단장으로 하는 사절단이 파견되었다. 건곤일척의 위기에 선 막부가 위기 타개책으로 선택한 것은 적극적 서구문물의 도입이었다.

요코스카 조선소 건설 프로젝트는 막부와 프랑스 간의 이해관계 일치 속에 순조롭게 진행되는 듯 했으나, 대금 지불에서 뜻밖의 문제가 발생한다. 당초 막부와 프랑스는 합작회사를 설립하여 생사 수출 자금을 확보한다는 구상이었다. 오구리는 미국 방문 시 자본주의의 첨병으로 활동하는 회사의 역할에 깊은 인상을 받고 로슈와 의기투합하여 일본 최초의 근대 회사 설립에 의욕을 보였으나, 여타 서구국이 일·불 합자회사의 생사 전매(專賣)가 물자의 자유·공평 교역 원칙에 위배된다며 이의를 제기함에 따라 합자회사 계획에 제동이 걸린 것이다. 이로 인해 프랑스 정부의 보증으로 막부가 홍콩 소재 프랑스계 소시에테 제네랄 은행으로부터 자금을 차입하여 공사 대금을 조달하는 것으로 계획이 변경되었다. 베르니는 공사 수행을 위해 프랑스에서 다수의 기술자와 실무자를 수배하여 일본에 파견하였고, 이들의 진용이 갖춰진 1866년 6월부터 본격적인 공사가 개시되었다. 베르니는 프로젝트 총괄 책임자로 10년 동안 이곳에 머물면서 일본 최초의 근대 조선소 탄생의 산파가 되었다.

공사가 한창 진행되던 1868년 초 일본 정국이 급변한다. 막부와 도막 세력간의 보신전쟁이 발발한 것이다. 막부가 수세에 몰리며 정부로서의 기능을 상실하자 프랑스 정부는 조선소의 대금 상환 문제가 완료될 때까지 조선소 부지와 시설물을 압류할 것임을 신정부에 통보한다. 양이론에 입각한다면 요코스카 조선소는 포기되어도 이상할 것이 없는 서양 세력 진출의 상징이었다. 그러나 신정부는 포기는커녕 외교 업무를 담당하던 고마쓰 기요카도(小松淸廉)와 오쿠마 시게노부(大隈重信)가 즉각 프랑스와의 교섭에 나서 조선소 소유권 확보에 전력을 기울인다.

사쓰마번 출신인 고마쓰는 계몽 번주 시마즈 나리아키라(島津斉彬) 이래의 대대적인 번정 개혁 과정에서 활약한 신지식인 관료였다. 그는 신식 제철·조선·방적 공장을 설립하여 식산흥업을 모색한 소위 '집성관(集成館) 사업'을 관장한 경험을 통해 서구 문물 도입이 국력에 미치는 영향을 누구보다 잘 알고 있었고, 특히 조선소 건설이 갖는 파급 효과에 대해서 식견이 높았다. 1868년 완공된 사쓰마번 소재 일본 최초의 서양식 도크(dock) '고스게수선장'(小菅修船場)을 입안한 것도 그였다. 고마쓰는 '사츠에이전쟁'(薩英戰爭, 1863)전쟁 이후 급속도로 접근하기 시작한 영국과의 교섭 창구역이기도 했다. 요코스카 조선소 소유권 확보를 절체절명의 과제로 인식한 고마쓰는 영국측을 설득하였고, 영국계 오리엔탈 은행이 막부의 차관을 인수하는 대환(貸換) 계약이 성사됨으로써 신정부를 발주처로 변경한 조선소 프로젝트가 재개될 수 있었다.

1871년 2월 제1도크가 완성되었고, 1881년 제3도크가 완공됨으로써 15년이 넘게 소요된 조선소 건설은 대망의 대단원을 맞이한다. 요코스카 조선소는 서구 기준으로도 첨단 시설과 엄청난 규모를 자랑하는 메가 프로젝트였다. 가장 큰 제2도크의 경우 길이 156m, 폭 32m, 깊이 12m에

달하는 규모로 당시 서구에서도 흔치 않은 초대형 시설이었다. 요코스카 조선소는 메이지 정부의 해군 관할로 편입된 후 서양식 군함과 각종 무기를 쏟아내며 당시 일본의 숙원이던 해군력 강화에 크게 기여하였다. 러일전쟁의 주역인 도고 헤이하치로가 승전 요인으로 요코스카 조선소의 존재를 꼽을 정도였다. 요코스카 조선소의 존재 의의는 오구리가 내다본 그대로였고, 오구리와 고마쓰는 막부와 신정부라는 반대편에 서있었지만 부국강병책에 대한 기본 인식은 사실상 동일했다고 볼 수 있다.

　요코스카 조선소가 일본의 근대화에 미친 영향은 지대하다. 조선대국·기술입국 일본의 원점이기도 하지만, 요코스카 조선소는 단순히 선박을 건조하는 장소가 아니었다. 명칭은 조선소지만 그 실체는 프랑스의 투롱 조선소나 미국의 워싱턴 네이비 야드가 그러했듯이 철강 생산을 위한 제철소부터 대포·탄환 등 무기류 생산 조병창, 증기기관 및 각종 부품 가공을 위한 공작소 및 현지 기술자 양성을 위한 교육기관[6]까지 갖춰진 거대한 복합 산업단지였다. 무기류 외에 신식 항구 조성에 필수적인 등대 설비 등을 제작하는 공업 생산 기지로도 기능하였고, 일본 전국에서 견학단이 쇄도하여 근대 문물을 직접 경험하는 체험장으로서의 의미도 컸다. 요코스카 조선소는 관념이나 이론이 아닌 확고한 실체를 갖는 물적 토대를 바탕으로 어떠한 선언이나 문언보다도 근대화·산업화에 대한 일본인들의 인식 변화를 촉진하는 촉매 역할을 했다고 할 수 있다.

　요코스카 조선소 탄생의 주역인 오구리는 불행하게도 막부의 와해 이후 고향에 은거해 있던 중 신정부군에게 체포되어 참수된다. 1868년 5월의 일이었다. 다른 구(舊)막신과 달리 취조나 회유도 없이 전격적으로 이루어진 참살(慘殺)이었다. 신정부의 막부 유산 지우기로 잊혀진 인물이 되었던 오구리에 대한 재평가가 이루어진 것은 오구리가 요코스카 조선소

계획을 입안한 지 50년이나 지난 1915년이었다. 당시 총리 오쿠마 시게노부가 요코스카 조선소 창립 50주년 기념식 축사에서 조선소 건립의 공로자로 오구리를 언급하였고, 이로써 오구리의 공적이 재평가되는 계기가 마련된다.

오구리는 요코스카 조선소 외에도 군제 개혁, 근대회사 설립, 우편제도 시행, 철도 부설 등 적극적 개국·개혁을 주장한 막부의 핵심 인물이었다. 메이지 유신을 전후한 역사 소설로 유명한 일본의 국민 작가 시바 료타로(司馬遼太郎)는 사카모토 류마, 가츠 가이슈, 후쿠자와 유키치, 사이고 다카모리와 함께 오구리를 '메이지의 아버지'(明治の父) 5인 중 한 명으로 거론하기도 했고, 앞서 언급한 메이지 시대의 정치 거두 오쿠마 시게노부는 훗날 "오구리는 모살(謀殺)될 운명이었다. 왜냐면 메이지 정부의 근대화정책은 완전히 오구리의 그것을 따라한 것이기 때문이다"고 술회하기도 했다.

(3) 청일수호조규의 성립 과정

도쿠가와 막부 성립 이후 일본과 중국은 국교가 없는 상태가 지속되었다. 막부는 통치 안정화 과정에서 역사적 경위와 전략적 관점을 고려하여 네 개의 대외통상 창구만을 열어두었다. 사쓰마번-류큐, 마쓰마에번-에조치, 쓰시마번-조선 간의 통교를 허용하는 한편, 가장 중요한 유럽·중국과의 교류는 막부 직할령인 나가사키로 한정하였다. 이에 따라 막부의 대외 정책을 쇄국정책이 아니라 '사구(四口) 통상 정책'의 성격으로 파악해야 한다고 주장하는 견해도 있다.

이에야스는 집권 후 도요토미 히데요시의 도발로 파탄에 이른 대명(對明) 관계를 복원코자 하였으나, 명에 대해 조공·책봉을 거부하고 대등한 관계를 요구하는 고압적 동갈(恫喝) 외교 기조를 바꾸지 않았다. 중화 종주국인 명의 입장에서 이러한 일본의 태도는 용납될 수 없는 것이었고 명은 일본에 통신(通信, 서로 왕래하며 교신한다는 의미로 국교 성립을 의미)을 불허한다. 류큐를 통한 우회 무역 루트를 확보한 도쿠가와 막부 역시 대등한 관계가 인정되지 않는 한 중국과의 국교 수립을 무리해서 추진하려 하지 않았다. 이로 인해 명·청 시대에 걸쳐 일본과 중국은 국교가 없는 상태에서 중국 상인들이 나가사키에 교역을 위해 내왕하되 일본인들의 중국행은 금지되는 어정쩡한 관계가 지속된다. 즉 이 시기의 양국 관계는 '통신 없는 (제한적) 통상' 관계라고 할 수 있으며, 이는 달리 말하면 나가사키에 내왕하는 중국인들에 대해서는 교역의 내용과 범위, 출입국 및 체류 중 법적 지위와 관할권을 규율하는 국가 간 약정이 없었음을 의미한다.

불안정한 상태였지만 비교적 평온하게 지속되던 이 관계는 일본이 서구와 국교를 수립하면서 흔들리게 된다. 먼저 문제의식을 갖게 된 것은 일본 쪽이었다. 당시 서구의 상선들은 홍콩, 상해 등 중국 무역항을 거친 후 일본에 오게 되는 것이 일반적이었는데, 이때 다수의 중국인들이 위탁 상인 또는 피고용인 자격으로 서구 상인들과 함께 일본의 개항장에 상륙하여 활동하게 된다. 중국인은 체약국 국적자가 아니므로 소위 '조약미제국'(條約未濟國) 국민으로서 이들의 법적 지위가 문제가 된 것이다.

한편 중국인들마저 서양 세력에 편승해 대일 무역에서 이득을 취하는 것을 목도한 막부는 상대방이 오는 것을 기다리는 수동적인 '거무역'(居貿易)에서 벗어나 상대에게 진출하는 적극적인 '출무역'(出貿易)의 필요성을 인식하게 된다. 막부는 서구와의 수교 이후 만국공법의 국제 규범을 체화하는 과정에서 근린국에 대해서도 기존과는 다른 각도에서의 관계 재정립 필요성을 인식하는 한편, 중국과의 관계에서는 일단 출무역 타진 문제를 중심으로 교섭에 나선다.

1862년 막부는 관선(官船) 센자이마루(千歲丸)를 상해에 파견한다. 막부의 관리 외에도 조슈·사츠마·도사번 등 막부와 껄끄러운 관계의 번을 포함한 다수 번의 신예 번사들과 나가사키의 상인 등 총 50여명이 탑승하고 있었다. 일본으로서는 2세기만에 중국을 방문하는 대표단이었던 만큼 그 의미도 남달랐다. 단순히 대중국 교역의 문을 두드리는 의미 외에도 열강이 진출한 상해 조계지의 모습을 직접 목도하고, 관리들이 상인들의 무역 거래에 입회하여 그 실태를 파악하도록 하는 한편, 태평천국의 난으로 극심한 혼란을 겪고 있는 중국의 실정을 관찰함으로써 향후 일본의 나아갈 길을 모색하고자 하는 목적이 배경에 있었다고 할 수 있다.

일본의 통상 요청을 접수한 중국 측은 전례가 없는 일에 선뜻 방침을 결정하지 못하였고 대응을 검토하는 과정에서 두 가지 문제의식에 직면한다. 첫째, 소위 '무조약불통상국'에 해당하는 일본에게 조약 체결 없이 무역을 허용할 경우 아직 중국과 조약을 체결하지 않은 유럽 또는 기타 지역 국가에게 나쁜 선례를 남길 수 있다는 점이다. 둘째, 만약 조약을 체결하게 될 경우 상대가 서구국이 아닌 일본이라는 점이다. 즉 중국 입장에서는 일본과의 관계가 중화 질서에 따라 규율되어야 한다는 인식이 여전하였고, 이는 제국의 대내외적인 권위와 직결되는 문제였다. 이러한 점을 고려하여 표명된 청의 입장은, 일본에 대해 '서양무약소국(西洋無約小國)'에 준하는 기준을 적용하여 체약국의 중개를 통한 상거래를 당해 방문에 한해 허용하는 한편, 중국 산품의 구입은 불허하고 이러한 방침의 지속 여부에 대해서는 추후 검토한다는 것이었다. 궁극적으로 서양의 개입을 배제한 양자적 관계의 제도화를 희망한 막부로서는 불만족스러운 결과였다.

막부는 1864년 재차 겐준마루(健順丸)를 상해로 파견하여 무역 확대를 희망하였으나, 중국이 기존 입장을 고수함에 따라 일본 대표단은 영국 관리의 소개를 통해야 중국의 관리를 면담할 수 있었고 지참한 상품 판매도 전회(前回)와 마찬가지로 네덜란드 상인의 중개를 거쳐야만 했다. 당시 막부의 중국에 대한 입장과 접근법은 다소 이중적이었다. 중국과의 교역에서 이익을 얻기 위해서는 서양 상인의 개입을 거치지 않고 일본 상인의 단독 행위가 가능하도록 중국의 양해를 얻는 것(같은 논리로 중국 상인에게도 동등한 지위를 인정함으로써 상호 이익을 공유하는 것)이 긴요하다는 인식을 갖고 있으면서도 실제 중국과의 교섭은 서양의 조언과 협조를 얻어 진행하였던 것이다. 이러한 문제의 법적 테두리에 해당하는 수호통상조약 체결에 대한 막부의 입장은 명확하지 않으나, 통상 개방 문제와 재류 중국인의 법적 지위 문제를 중심으로 서양 세력의 협조를 통해 중국과의 교섭을 지속 시도하였다는 점에서 새로운 기초 하에 중국과의 관계를 재정립하고자 하는 인식을 엿볼 수 있다.

이러한 양국 관계에 전기가 마련된 것은 메이지 유신 이후 '개국화친'의 방침을 천명한 신정부가 근린국 조선, 중국과의 관계 재설정을 의욕적으로 추진하면서이다. 1869년 이후 조선과의 교섭이 이른바 '서계'(書契) 문제로 교착되자 신정부는 중국과의 우선 교섭 추진으로 방향을 선회한다. 막부 이래로 현안이 되고 있는 통상 권익 확보와 상호 재류 국민의 법적 지위에 대한 조치 강구라는 현실적 측면에서 대중국 수교 필요성을 인식한 것은 막부와 동일하나, 이번에는 신정부 출범에 따른 상징적 측면, 즉 '천황–황제 명의'의 조약을 체결하고 중국과 대등한 관계를 수립함으로써 신정부의 대내외적 권위를 고양하는 한편, 형식면에서도 만국공법에 기초한 근대적 수호통상조약을 체결함으로써 전통적인 동아시아 질서 해체의 실마리를 마련하고자 하는 의도가 더해졌다.

1870년 7월 외무 권대승(權大丞) 야나기하라 사키미쓰(柳原前光)와 외무 권소승(權少丞) 하나부사 요시모토(花房義質)가 국교 교섭을 위해 상해로 향한다. 이때의 방문은 일종의 예비교섭을 위한 것이었다. 이때만 해도 신정부는 중국이 수교에 응할지 확신이 없는 상태였다. 신정부는 서양 세력과 달리 무력으로 중국을 굴복시킬 수 있는 것도 아니었고, 천황의 위임을 받은 수교 사절 파견을 공식화하였다가 뜻을 이루지 못하면 오히려 정부의 위신이 실추될 우려가 있었기에 수교 교섭에 신중할 수밖에 없었다.

결론부터 말하면 야나기하라의 방중 교섭은 성공이었다. 수교를 희망하는 야나기하라의 제안에 중국측은 당초 '대신불약'(大信不約, 큰 믿음은 약정을 맺지 않음)이라는 재래의 조공책봉체계 원칙으로 응대하였으나, 야나기하라의 적극적인 교섭 결과 수교 교섭에 응하는 쪽으로 방침을 전환한 것이다. 당시 중국 내부적으로는 대일 수교에 대한 의견이 갈리고 있었다. 왜구의 나라와 수호통상조약을 맺게 된다면 조공책봉체제가 와해되어 청조가 붕괴할 수도 있다는 수교 반대파와 서구와의 통교 이래 국력 신장세가 두드러진 일본을 경원시하여 서양 세력에 동조하는 적으로 삼기보다는 황제의 은혜를 베풀어 서양 세력에 대응하기 위한 우군으로 삼는 전략적 관점을 고려해야 한다는 수교 찬성파의 의견이 충돌하고 있었다.

반대파와 찬성파의 견해 차이에서 두드러지는 것은 일본에 대한 인식이다. 반대파는 일본을 여전히 중화질서에 복속해야 하는 '신복조공지국'(臣服朝貢之國)이자 왜환(倭患)을 경계해야 하는 '왜국'으로 인식한 반면, 찬성파는 일본이 청조 성립 이후 조공책봉체제에 편입된 적이 없는 '불통조국'(不通朝國)으로 왜환도 청조와는 관계가 없으므로 수교를 한다고 하여도 청조의 위신이 실추되는 것은 아니라는 입장이었다. 이때 찬성파의 중심 인물이 당시 절대권력자 서태후의 신임을 받고 있던 직예총독

겸 북양대신 이홍장이었다. 청 조정의 수교 방침 전환에는 이홍장의 역할이 컸으며, 이후 대일 교섭도 이홍장에 의해 주도된다.

　메이지 정부는 1871년 5월 다테 무네나리(伊達宗城)를 흠차(欽差)전권대사로 하는 공식 대표단을 천진에 파견한다. 예비교섭의 성공에 고무된 일본측은 수교 교섭에 과도한 기대를 걸고 있었고, 당시 안세이 5개국 조약의 불평등성 문제가 불거지고 있던 탓에 그 해소를 전제로 중국과의 교섭에 임하고자 하였다. 즉 장차 일본이 서구와 동등한 조약을 맺게 된다면(또는 될 것을 전제로), 일본도 서구와 동등한 지위에서 중국과 조약을 맺어야 한다는 구상으로, 막신 출신으로 막부 시절 네덜란드 유학 경험을 통해 유럽 법제에 해박한 외무 권대승 쓰다 마미치(津田真道)가 마련한 조약문 초안은 1861년 프러시아와 중국 간에 체결된 (불평등)조약을 모델로 한 것이었다.

　일본과의 교섭을 대하는 이홍장의 구상은 이와는 완전히 대척점에 있었다. 이홍장은 서양 견제를 목적으로 일본을 끌어들이는 연일(聯日)의 관점에서 국교를 맺되 그 방식은 조공책봉체제를 직접적으로 저해하지 않도록 절충점을 찾는 데에 역점을 두고 있었다. 이홍장은 일본측 초안을 무시한 채 중국측 초안을 기초로 교섭을 진행할 것임을 강경하게 밀어붙여 관철시킨다. 중국측 초안을 기초로 진행된 협상 결과, 1871년 7월 '청일수호조규(淸日修好條規)'와 '통상장정(通商章程)'이 조인되었다.

　핵심 쟁점이었던 영사재판권은 상호 인정, 최혜국 대우는 상호 불인정, 관세는 협정에 의한 양허(讓許) 등 표면적으로는 양국 간 대등한 권리·의무 관계를 설정하는 내용이었다. 다만 그 속사정을 들여다보면 일본의 강력한 희망에도 불구하고 체결권자가 양국 원수(즉 천황과 황제)가 아니라 전권대표로 설정된 점, 그에 따라 명칭도 조약이 아닌 조규(條規)가

사용된 점 등은 조공책봉체제와 근대조약을 절충하려 한 중국측의 의도가 상대적으로 비중 있게 반영되었음을 알 수 있다. 일본으로서는 명목상 대등한 관계의 조약 수립에 만족해야 했으나, 사실 이것만으로도 동아시아 역내국 관계에서 중국 중심의 질서에 균열이 발생하고 있음을 알리는 신호탄으로서의 의미는 충분했다.

그러나 조인 후 비준 과정에서 정작 문제가 된 것은 최혜국대우, 영사재판권 등 일반적 이해충돌 조항이 아니라 제2조에서 규정된 상호원조 의무 조항이었다. 조규 제2조는 '양국이 타국으로부터 불공정한 일을 당하거나 무시 받는 일을 당하면 서로 돕거나 혹은 중간에 개입해 주선함으로써 우의를 돈독히 한다'고 규정하고 있는데, 이는 서양 세력에 대한 일본과의 공동 대응 가능성을 염두에 두는 한편, 동시에 조약을 통해 일본의 위협을 제어하고자 하는 중국측의 외교적 원려(遠慮)가 담긴 조항이었다.

문제는 이 조항이 청과 일본 간의 공수(攻守)동맹 의사로 해석될 여지가 있었다는 점이다. 일본 대표단의 귀국 후 조약안을 열람한 서구 열강은 해당 조항의 의미를 일본 정부측에 집요하게 추궁한다. 전쟁이 중요한 국가의지 관철 수단이던 시대의 외교 관례상 공수동맹은 자국과 직·간접적으로 연계되어 있지 않을 경우 잠재적인 적대의 가능성을 내포하기에 서양 세력으로서는 청·일의 접근이 갖는 의미에 민감할 수밖에 없었다. 당시 이와쿠라 사절단의 구미 방문 성과에 악영향을 미칠 것을 우려한 신정부는 대표단을 문책하고 비준을 연기하는 한편, 중국과의 추가 교섭에 나서게 된다. 교섭 결과, 해당 조항의 수정·삭제는 이루어지지 않았으나, 중국이 동 조항의 문의(文意)가 동맹 수립을 의도하는 것이 아님을 해명하는 입장을 서구 각국에 조회(照會)하여 양해를 얻음으로써 1873년 우여곡절 끝에 동 조규가 비준될 수 있었다.

제2조가 문제가 되어 비준이 지체된 사정을 통해 알 수 있듯이 당시 신정부는 중국과의 수교 과정에서 서구 각국과의 입장 조율(alignment)에 각별한 신경을 썼다. 일본은 1853년 페리 제독의 내일(來日) 이래 불과 20년 사이에 서구 국가와의 관계뿐 아니라 비서구 문명권의 근린국 청·조선에 대해서도 재래의 중화질서가 아닌 서양의 만국공법 질서에 준거하여 관계를 재정립하고자 하였으며,[7] 이러한 대외 인식의 전환은 막부 시대에 이미 그 맹아가 싹트고 메이지 신정부가 그를 전면적으로 채용한 연속적인 과정으로 파악할 수 있다. 다만 막부가 정권 존속을 위협받는 상황에서 대외 관계에서 수세적인 인식이 지배적이었다면, 신정부는 집권 후 개국 화친으로의 입장 변경을 정당화하고 양이파로부터의 변절 공격을 무마하는 과정에서 동아시아 근린국에 대한 인식이 변화하는 양상을 보인다.

이때 신정부가 제시한 세계 정세 인식은 한마디로 '만국대치론'이라 할 수 있는데, 이는 만국공법이 제시하는 신의와 조리(條理) 이면에는 무력이 조리를 결정하는 힘의 논리가 도사리고 있으므로 천황의 '만기친재(萬機親裁) 억조보안(億兆保安, 국가의 안전)'을 위해서는 당면 과제로서 서구와의 충돌을 피해야 한다는 것이다. 이때의 만국대치론에는 서구국-일본 간의 관계를 일본의 동아시아 근린국인 조선과 청의 관계에도 동일하게 적용할 수 있다는 '삼국 정립'(鼎立) 인식이 내포되었다고 볼 수 있다. 이렇듯 서구와 체결한 조약을 근린국 국교 수립 논리(rationale)의 기초로 삼고 조약 성립 과정에서 서구의 간섭(intervention)에 수용적 태도를 보인 당시 신정부의 대중국 외교에 대해 '소중화주의'에서 '소서구주의'로의 노선 변경이라는 의미를 부여하는 견해도 있다.

3. 메이지 신지식인의 초상

앞장에서 살펴봤듯이 메이지 신정부의 내정 개혁 및 대외 관계 기본 방침은 막부의 그것과 비교할 때 단절성이 아니라 연속성이 발견되는 경우가 적지 않다. 내용과 인물 면에서 막부의 그것을 답습 또는 승계했다고 표현해도 좋을 정도의 유사성이 발견되기도 한다. 신정부는 집권 이후 5개조 서문 등을 통해 만국공법에 따른 서양 각국과의 조약 이행 방침 등을 밝히면서도 양이 자체에 대해서는 애매한 태도를 취하고 있었다. '양이 이행'을 명분으로 막부 전복에 나선 만큼 단호한 양이 결행에 대한 지지 세력의 기대와 개국파에 대한 암살 테러를 서슴지 않는 광신적 양이파 낭인들의 위험성을 감안하지 않을 수 없었기 때문이다.

일본 근대화의 아버지로 불리는 이토 히로부미는 아직 중앙 정계에서 두각을 나타내지 못하던 시절인 1869년 1월, 정국의 혼란과 개혁의 미진함을 우려하여 신정부의 나아갈 방향에 대한 제언을 담은 건백서(建白書)를 동료 5명과 연서(連署)하여 정부에 제출한다. '국시강목'(國是綱目)으로 알려진 이 건백서에서 이토 등은 "해외 제국(諸國)과 병립(竝立)하여 문명개화의 정치를 행하고", "널리 세계만국과 교통을 열어 타국에 신의를 보임으로써 국위를 발양(發揚)할 것이며", "전국의 인민에게 세계만국의 학술을 익히도록 하고", "외국과의 조약을 준수하고 무역산업을 진흥하여… 외국과 선린우호로 교류하는 것을 국론(國論)으로 삼을 것이며", "이러한 국론을 내외에 천명함으로써 이설(異說)을 배격하고 관민을 이러한 방향으로 이끄는 것이 마땅함"을 제언한다.

유신 이후 불과 1년 사이에 양이론의 주동지인 조슈번 출신의 이토가 이러한 생각을 공공연히 밝힐 정도로 양이의 기치는 신정부 주도 세력 내에서 사실상 용도 폐기된 상태였다. 이는 달리 말하면 서구와의 교류를 통해 부국강병·식산흥업·문명개화를 이루고자 하는 인식의 전환은 막부와 신정부를 구분하기보다는 양자를 관통하는 공통의 현상이었으며, 정치적 권력 투쟁의 향방과 관계없이 엘리트 계층의 집단 지성은 근대화·서구화를 향하고 있었음을 의미한다. 메이지 유신은 갑자기 등장한 전환점(turning point)이 아니라 근대화를 향한 준비 단계의 축적이 현출(顯出)되는 기폭제였다고도 할 수 있다.

(1) 신속한 세계관 전환의 요인

일본의 엘리트 계층이 사고와 행위의 준거 모델을 서구로 전환하며 급진적 근대화·서구화를 추진할 수 있었던 이유로는 다음과 같은 요인을 생각해 볼 수 있다.

첫째, 중화 질서에 대한 일본의 인식이다. 일본은 전략적 관점에서 명과 조공·책봉 관계를 맺은 무로마치 막부 일시기를 제외하면 스스로를 중화 패권의 종속적 존재로 인식하지 않았다. 18세기 이후 형성된 일본의 국학 사상은 화이(華夷) 사상의 아류로서 서구 세력의 대두를 맞아 양이의 사상적 배경이 되기는 하였으나, 단순히 중화의 계승자가 아니라 일본 문명의 독자성·고유성이 강조됨으로써 수용·변용의 주체성이 담보될 수만 있다면 화이 질서를 대체하는 새로운 질서(new order)에 무조건적인 거부감과 저항감으로 이어지지는 않았다.

현실 정치의 면에서 제국 종주국으로서의 청의 권위를 부정함으로써 얻어진 상대적 자율성은 중국 중심의 동아시아 질서 자체를 재편하고자 하는 의욕과 '탈아(脫亞)=탈중(脫中) 노선'으로의 전환에 도움이 된 측면도 있다. 다만 근대국가 형성 과정에서 국학 사상이 국수주의, 황국사관,

국체론 등 다양한 양태로 진화하면서 일본적 민족주의의 사상적 모태가 된 것은 일본 근대화의 사상적 한계로 지적할 수 있을 것이다.

둘째, 일본 엘리트 계층의 서양 및 세계에 대한 이해이다. 일본은 극동에 치우친 지리적 위치에도 불구하고 16세기 이후 지속적으로 서양과 접촉을 유지해 왔다. 16세기 중반 포르투갈인들의 도래(渡來) 이래 일본과 유럽 간의 접촉·교류 역사는 한국인들이 생각하는 것보다 연원이 깊고 사정도 복잡하다. 대항해시대에 이미 일본은 유라시아 대륙 동단(東端) 종착점으로 서구 세력의 무역망에 편입되어 있었고, 오다 노부나가 이래 도쿠가와 이에야스에 이르기까지 일본의 권력자가 서구와의 교류를 전략적으로 이용한 역사도 있다. 도쿠가와 막부 성립 이후 쇄국정책으로 서양과의 교류가 제한되기는 했으나, 데지마를 창구로 한 교류와 정보 흡수는 지속됨으로써 에도 말기에는 세계 사정에 대한 이해를 바탕으로 일본의 상대적 위치를 파악하는 일종의 자기 타자화가 가능한 인식 수준에 도달해 있었다.

앞서 기술했듯이 막부의 대외정책은 폐문(閉門)정책이라기보다 창구독점정책에 가깝다. 막부는 서양의 문물과 정보를 통제하였지 배척한 것이 아니다. 데지마의 네덜란드 상관장은 교역을 허락받는 대가로 정기적으로 에도에 참부(參府)하여 쇼군을 알현하고 세계 정세를 전해야 했으며, 바타비아 본부에서 입수되는 정세 동향을 정리한 '오란다 풍설서'(風說書)를 막부에 제출하여야 했다. 막부는 필요에 따라 이러한 정보를 통제하거나 취사선택하여 활용하였다. 이 과정에서 네덜란드인들과 커뮤니케이션을 담당하는 통사와 데지마 상관 주재 서양의로부터 의술을 전수받은 일부 의사들이 자연스럽게 서양 문물에 관심을 갖게 되었고, 네덜란드인들로부터 전해진 서양 학문, 즉 난학(蘭學)이 지식인 사회에 큰 반향을 일으키며 융성하였다. 이러한 오랜 기간의 축적이 있었기에 19세기 이후 산업혁명을 통해 압도적인 물질 문명으로 무장한 서구의 팽창에 직면하였을 때 서양을 안보 위협으로서 뿐만 아니라 선진문물 도입처라는 양면적 성격으로 이해하는 인식이 상대적으로 조기에 확산될 수 있었다.

셋째, 막번(幕藩)체제하에서의 내부경쟁적 구도이다. 에도 막부의 통치는 쇼군과 다이묘 간에 봉토를 매개로 하는 '어은(御恩)−봉공(奉公)' 관계를 기초로 한다. 다이묘는 쇼군으로부터 은혜, 즉 봉토를 하사받아 그 토지와 부속된 인민에 대한 통치권을 행사하고, 그에 대한 충성의 표시로 쇼군에 대하여 군역과 공공 역무를 부담한다. 이러한 의무를 위반할 시에 쇼군은 '개역'(改易), 즉 다이묘의 지위를 변경·박탈하거나 징계 처분할 수 있는 권위를 확보함으로써 일본 전역을 간접적으로 통치한다. 이러한 지방분권적 요소와 중앙집권적 요소가 혼재하는 이중구조의 통치체제를 '막번(幕藩)체제'라고 한다.

막부의 명목상 통치 권위는 천황으로부터의 '대정(大政) 위임'을 근거로 하고 있으나 실제로는 불복종을 응징할 수 있는 무력에 의해 권력이 유지되는 일종의 패도(覇道) 정치가 막번체제의 요체(要諦)라고 할 수 있다. 패도 정치는 상시적으로 정당성의 문제를 안고 있는 불안한 체제이다. 패자의 힘이 강성할 때에는 체제의 구심력이 유지되지만, 힘이 약화되면 언제든지 체제 이탈 또는 해체를 지향하는 원심력이 생겨날 수 있다. 막부와 번 사이에는 한편에서는 지배를 강화하려 하고 한편에서는 지배에서 벗어나 자율성을 확보하려는 긴장 관계가 상존하였고, 이는 양쪽 모두에게 실력 양성을 위한 경쟁의 동기부여를 제공하였다.

이러한 경쟁적 구도는 서양 세력의 대두 이전부터 주요 행위자들 사이에 부국강병·식산흥업을 목표로 하는 독자적인 경세(經世)론의 공간을 제공하였다. 19세기 중반 이후 서구 세력의 공세적 접근이라는 새로운 환경

변화를 맞아 패자인 막부와 그에 대항하는 번이 '근왕'(勤王)을 명분으로 대립한 것은 이러한 체제 속성에 기인한 것이다.

넷째, 교조화되지 않은 유학의 순기능이다. 에도시대에 걸쳐 조선의 영향을 받은 주자학이 막부의 관학으로 주류 통치 철학이자 질서 유지 윤리의 위치에 있기는 했으나, 사회 운영의 제반 원리가 그에 종속되는 절대적 지식체계 및 신념체계로 도그마(dogma)화하지는 않았다. 현실에 밀착하지 않은 공론(空論)화를 경계하는 다양한 학풍이 존재하였고, 내부 경쟁 구도와 맞물려 중농주의 유교관에서 탈피하여 경세제민·이용후생의 실용적 정치경제관을 바탕으로 위정자의 덕(德)을 국가 경영의 관점에서 파악하는 실학과 경세론이 이론으로 구축되고 현실에 적용되었다.

개혁 지향 지식인층에서 '지행합일'(知行合一)이 중시된 양명학이 유행한 것에서 볼 수 있듯 현실적 문제 해결에 도움이 되는 지식이 참지식이라는 인식하에 유학을 목적적 지식이 아니라 도구적 지식으로 이해하는 지적 유연성의 여지가 있었으며, 이에 따라 유학이 새로운 사상·문물에 대한 저항감을 야기하는 재래의 고정관념으로 작용하는 부정적 기능을 넘어 새로운 사상·문물을 이해하고 수용하기 위한 개념적 틀로 원용되는 순기능을 발휘할 수 있었다.

마지막으로 엘리트의 분화이다. 전근대 신분사회의 지배층은 크게 보아 정치·군사 엘리트, 지식 엘리트, 경제(상업) 엘리트로 구성되며, 이중 지식 엘리트는 (현대적 의미의) 문과 계열=인문 엘리트와 이과 계열=과학기술 엘리트로 세(細)구분할 수 있다. 일본의 엘리트 구조에서 특이한 점은 조선이나 중국에 비해 과학기술 엘리트의 존재와 역할이 두드러진다는 것이다. 보다 정확하게는 의사라는 직역 집단이 서구의 과학기술 엘리트와 유사한 기능을 수행했다는 점이다.

전근대 일본에서 의사는 무사 계급은 아니나, 무사에 준하는 지위를 인정받고 지식인으로서 존중받는 특수 신분이었다. 의사들은 직역(職域) 성격상 권력·사상 통제로부터 어느 정도 자율성을 누리며 '자연과학', '응용과학' 위주로 서구의 과학기술 문명을 연구하고 자체적인 역량을 축적할 수 있었다. 물론 서양의 과학적 지식을 탐구한 이공계 엘리트가 반드시 의사만 있었던 것은 아니다. 유학자·천문학자·지리학자·화산가(和算家)도 있었고, 언어 전문가인 네덜란드어 통사들도 있었다. 특히 네덜란드어 통사들의 활약은 눈부신 것이어서, 그들은 어학의 전수자이자 지리·천문·박물(博物)·의학 등 서구의 과학기술 분야 서적 번역자로서 난학 태동에 개척자 역할을 하였다.

일례로 출중한 네덜란드어 실력을 자랑했던 통사 모토키 료에이(木本良永, 1735~1794)는 1774년 네덜란드인 블라외(J. Blaeu)의 천문서를 번역한 『천지이구용법(天地二球用法)』에서 처음으로 코페르니쿠스의 지동설을 소개했고, 그의 제자 시즈키 다다오(志筑忠雄, 1760~1806)는 영국인 케일(J. Keill)의 천문서 난역본을 번역한 『역상신서(歷象新書)』에서 지동설의 상세한 내용과 함께 케플러의 법칙과 뉴튼의 역학을 수학적인 개념까지 포함하여 소개하고 있다. 시즈키는 서구 천문학의 번역 과정에서 '인력', '구심력', '원심력', '중력', '물질', '분자' 등의 화제(和製) 물리학 용어를 조어한 것으로도 알려져 있다. 이외에도 통사들이 저술한 과학기술 분야의 서양 서적 번역서가 다수 존재한다.

그러나 이러한 통사들의 번역 작업이 개별적이거나 산발적인 성과였다면, 이를 바탕으로 보다 체계적인 지식으로 재구성하고 연구와 교육의 대상으로 삼아 사회적 임팩트를 갖는 지적 자산으로 구축한 주류 집단은 의사들이라고 할 수 있다. 서양 의학을 습득한 통사가 아예 의사로 전업하여 난학자로서 족적을 남긴 경우도 있다. 메이지 시대의 근대화를 주도한 신지식인의 상징이 '과학자'라고 한다면, 에도 시대의 의사는 이러한 과학자의 선행 모델이라고 할 수 있다.

(2) 메이지 신지식인의 초상

이러한 요인들이 구체적으로 메이지 근대화 과정에서 어떻게 발현되었는지는 메이지 시대의 지식인상을 통해 그 구체적인 양상을 살펴볼 수 있다. 메이지 정부가 출범한 지 10년이 채 되지 않은 1877년 수도 도쿄에서 '도쿄수학회사(數學會社)'가 창립된다. 훗날 일본 수학회와 일본 물리학회의 모태가 된, 일본 최초의 학회라 일컬어지는 학술 모임이었다. 초대 회장은 간다 다카히라(神田孝平, 1830~1898)와 야나기 나라요시(柳楢悦)가 공동으로 수임하였다.

야나기는 '일본 수로측량의 아버지'라 불리는 인물로 해군 수로국장을 역임한 현역 군인이었다. 쓰번(津藩)의 번사 집안 출신으로 어렸을 적부터 화산(和算-일본의 전통 산법)에 재능을 보였던 그는 막부가 근대 인재 양성을 위해 설립한 나가사키 해군전습소에서 서양의 수학과 측량법을 배워 일본 최초의 근대식 해도를 제작한 인물이기도 하다. 1858년 영국 정부는 수교 조약 체결을 계기로 막부에게 일본 연해 측량 허가를 요청하였고, 근대 해도(nautical chart)를 구비하지 못한 막부는 고심 끝에 막부 관리의 동승을 조건으로 측량을 허가하였다.

조수 간만·수심 등을 측정해야 하는 해도 제작은 고도의 측량 기술을 요한다. 1861년 영국의 측량 작업에 막부의 관리들이 입회한 이래 영국의 기술 이전을 통해 진행된 해도 제작 사업은 1872년 최초로 '육중국부석항지도(陸中國釜石港之圖)'를 자체 제작하면서 결실을 맺는다. 메이지 정부의 해군부(部)는 비사(秘史)·군무·조선·수로·회계 5국(局) 체제로, 수로국을 별도로 편제한 것에서 신정부가 해도 제작에 부여한 중요성을 엿볼 수 있다. 최초의 자체 제작 해도를 비롯하여 일본의 근대 해도 제작을 주도한 인물이 16년간 수로국장을 역임하며 '일본 수로 측량의 아버지'로 불린 야나기였다. 막부가 설치한 나가사키 해군 전습소(傳習所)에서 서양의 수학·천문학·지리학을 두루 섭렵한 야나기는 경위의, 육분의 등 첨단 장비를 활용한 삼각측량법의 달인이자 현장의 전문성을 갖춘 신지식인 기술 관료로 신정부의 행정 역량 강화에 기여하였다.

공동 회장인 간다 다카히라(1830~1898)는 한국에서는 잘 알려져 있지 않지만 메이지 일본 지식인의 대명사격인 메이로쿠샤(明六社)의 일원으로 메이지 일본의 설계자 중 한 사람으로 불리는 양학자이다. 계몽사상가, 개명(開明) 관료 등 다채로운 이력의 소유자인 그는 막부가 설립한 양학 연구기관인 '만서조소(蠻書調所)'의 수학 교수로 임용되어 공직에 입문하였으며, 그의 서양 학문·제도에 대한 식견을 평가한 신정부에게 발탁되어 재정·외무·사법·입법을 아우르는 다양한 부처에서 신정부의 제도 개혁을 담당하는 관료로 활동하였다. 지조(地租) 개정 및 의회 제도 도입 등에 대한 건의서를 제출하는 등 서양 정치·사회 제도에 정통한 정책통으로 활약하였고, 경제학, 수학, 인류학 등 서양 학문의 소개와 보급에도 선구적 역할을 하였다.

그가 1861년에 저술한 『농상변(農商辯)』에는 서구와의 통상 개시에 따른 일본의 경제 체질 개선 방안(농업 중심에서 벗어나 상공업의 발전을 기하여야 한다는)을 서구의 자유주의, 비교우위 등 경제 이론 관점에서 제시하는 획기적인 주장이 담겼고, 그가 1867년 영국의 경제학자 윌리엄 엘리스(W. Ellis)의 『Outlines of Social Economy』의 네덜란드어판을 중역하여 집필한 『경제소학(經濟小學)』은 서양 경제학이 일본에 도입되는 효시이자 'economy'의 번역어로 '경제'가 널리 회자되며 정착되는 계기가 되기도 하였다. 간다의 서구 경제학에 대한 관심은 일본이 '경세론에서 경제학의 시대'로 전환하는 중요한 계기가 되었다. 한마디로 그는 이론과 실무를 겸비한 시대가 요구하는 신지식인이었다.[8]

그런 그가 도쿄수학회사를 창립하고 초대 회장으로 취임하였다는 것은 관료, 이론가로서의 그의 업적과 다른 각도에서 생각해 볼 측면이 있다. 그의 지적 능력이 탁월하다는 것과 별개로 그러한 그의 식견이 통용될 수 있는 사회적 역량 또는 수용 환경을 상징적으로 보여주는 사례이기 때문이다. 수학과 물리학은 16세기 이후 비약적 발전을 거듭한 유럽 과학기술 문명의 토대가 되는 기초과학 중의 기초과학이다. 수학과 물리학이 부재 또는 부실한 과학기술의 발전은 상상하기 어렵다. 그러한 기초 학문을 연구하는 (또는 연구에 관심을 둔) 전문가들의 아카데믹 그룹인 학회가 1877년 창립되었다는 것은 그만큼 당시 일본 지식 엘리트들의 서양 문명에 대한 이해가 초보적 수준이 아니었음을 방증하는 사례라 할 수 있다.

간다는 젊은 시절 교토와 에도 등지에서 유학을 익혔으나, 23세가 되던 1853년부터 학문의 방향을 전환해 난학을 공부하기 시작한다. 간다의 유학 스승이었던 아사카 곤사이(安積艮齋)는 기본적으로 주자학자였지만, 사물과 현상의 이해에 도움이 된다면 양명학과 서양 학문 등 다양한 지식에 배움이 열려 있는 자유로운 학풍의 학자였다. 페리 내항 시 미국의 국서 번역과 그에 대한 답서의 기초(起草)에도 참여하는 등 당시 급변하는 정세 하에서 막부에 조언하는 막정(幕政)의 고문역이기도 했다. 해방론의 방책에 나름의 지론을 갖고 있던 그는 일찍이 개명 관료·지식인 모임인 '상치회'(尚齒會)에 참여하기도 했으며, 1848년 저술한 『양외기략(洋外紀

略)』에서는 세계 역사를 소개하면서 해외무역의 중요성을 논하기도 했다. 간다의 난학 전향은 페리 내항이라는 일대 사건과 함께 이러한 스승의 영향이 있었을 것으로 추정된다. 참고로 앞장에서 소개한 오구리 다다마사는 아사카의 대표적 제자 중 한 사람으로 꼽힌다.

새로운 배움에 뜻을 둔 간다는 당시 난학의 최고봉인 이토 겐보쿠(伊東玄朴), 스기타 세이케이(杉田成卿), 데즈카 리쓰조(手塚律藏)의 문하에서 난학을 수업(修業)하는데, 이들에게는 의사 또는 의사 가문 출신이라는 공통점이 있다.

이토와 스기타에 대해서는 후술하기로 하고, 데즈카에 대해 간략히 소개하면, 그는 조슈번의 의사 가문 출신으로 1856년 만서조소가 출범하자 출중한 어학 실력과 서양 학문에 대한 조예를 인정받아 가장 먼저 교수로 초빙된 인물이었다. 그는 일찍부터 서양 학문에 뜻을 두고 나가사키의 상관의(醫) 지볼트(Philipp F. B. von Siebold)와 에도의 저명 난학자들을 찾아 물리, 화학, 포술(砲術), 조선술 등을 공부하였고, 1853년에는 에도에 자신의 사숙(私塾)을 열어 신지식 보급에 나섰다. 이때 간다가 데즈카의 사숙에 적을 두고 그의 문하생으로 난학을 지도받은 것이다.

데즈카와 친분이 있던 후쿠자와 유키치의 회고에 의하면 1850년 에도 체류 당시 조슈번의 양이론자들이 개국론자이던 데즈카를 매국노로 낙인찍어 주살하려 했고, 데즈카는 신변에 위협을 느껴 이름을 바꾸고 에도를 떠나 객지 생활을 해야 했다고 한다. 흥미로운 것은 막부의 관원으로 개국론을 펼치던 그를 신정부 역시 중용했다는 것이다. 그는 1870년 만서조소의 후신인 개성학교 교수를 거쳐 외무성에 무역사무관으로 임용되어 러시아와의 통상 업무를 담당하다가 1878년 임지인 블라디보스톡에서 귀국 도중 병사하였다. 양이파의 테러를 걱정해야 했던 개국론자가 양이파가 집권한 후 외교관으로 발탁되어 개국의 뜻을 펼치다가 순직한 셈이니 역사의 아이러니인 셈인데, 이러한 사례는 수도 없이 많다.

여기서 주의를 환기코자 하는 점은 메이지 근대화에 큰 족적을 남긴 간다의 세계관이 형성되는 과정에는 다양한 인물에 의한 여러 갈래의 지적 자극이 있었지만, 그가 문명개화의 신념을 갖게 된 데에는 난학에 천착한 의사들의 영향이 절대적이었다는 것이다. 이러한 사정은 간다 뿐만 아니라 메이지 지식인들 대부분에게서 볼 수 있는 광범위한 현상이다. 의사 또는 의사 가계(家系)의 난(양)학자들에게 새로운 문명관의 세례를 받지 않은 지식인을 찾기 어려울 정도이다. 다음 장에서는 한국 사회의 기존 일본 근대화 담론에서 비교적 주목을 받지 못하였던 과학기술 엘리트로서의 의사 집단이 근대성에 기초한 세계관 전환의 인식적 토대를 마련하는 과정 및 주요 인물에 대해 살펴보고자 한다.

4. 의사와 근대국가 일본

(1) 금서령 완화와 난학의 태동

호학(好學) 군주로 알려진 8대 쇼군 도쿠가와 요시무네 (1684~1751)는 막부의 재정 건전화, 신전(新田) 개발, 관료제 개혁 등을 내용으로 하는 '교호(享保) 개혁'의 시정(施政)으로 유명하다. 1720년, 개혁의 일환으로 1630년 이래 서양서적의 반입을 금하는 조법(祖法)인 '금서령'(禁書令)이 완화된다. 당시 나가사키에는 네덜란드의 무역선 외에도 당선(唐船)이라 불린 중국의 무역선들이 출입하며 중국의 물산과 서적이 유입되고 있었으나, 한역(漢譯) 양서(洋書)에 대해서는 엄격한 검열 제도가 시행되고 있었다. 금서령 완화를 통해 기독교와 무관한 서양 사정을 전하는 서적의 반입·유통이 허용되면서 지식인 사회에 신지식이 유입될 수 있는 전기가 마련된다.

개인적으로도 서양 사정과 역법(曆法)에 관심이 많았던 요시무네는 자신의 측근 막신 두 명에게 서양서 연구를 위한 네덜란드어 습득을 명하였는데, 이때 쇼군의 명을 받은 한 명이 해박한 본초학 지식으로 요시무네의 신임을 받고 있던 시의(侍醫) 노로 겐조(野呂 元丈, 1694~1761)였다. 식물의 형상·성질·효능·가공법 등을 연구하는 본초학은 약재 제조 등에 활용되어 식물의 경제적 가치를 높일 수 있는 실용 학문의 꽃이었다. 일본의 권력자들은 질병 치료는 물론 수익 창출과 세수 증대에 도움이 되는 본초학 전문가인 의사들을 지식인이자 소중한 인적 자원으로 중용했다. 노로는 틈틈이 네덜란드어를 익히며 데지마 상관장의 에도 참부를 수행하는 나가사키 통사들의 도움을 받아 네덜란드의 동식물 도감과 본초 서적을 발췌해 번역한 『아란타축수충어화해(阿蘭陀畜獸蟲魚和解)』와 『아란타본초화해(阿蘭陀本草和解)』를 작성하여 막부에 제출하였다.

노로 겐조보다 약간 시대를 앞선 나라바야시 친잔(楢林鎭山, 1649~1711)은 데지마 상관의 다니엘 보슈와 빌럼 호프만에게서 직접 서양 외과술을 배운 후 의사로 활동한 나가사키 통사 겸 난방의이다. 그는 통사를 사직한 후 직접 의원을 개업하여 환자 진료와 제자 양성에 힘쓰는 등 소위 '나라바야시류 홍모(紅毛)외과'를 창시한 난방의학의 선구자로 알려져 있다.[9] 그는 1703년에 프랑스의 왕실 주치의였던 앙브르와즈 파레의 외과의학서 난역본을 기초로 『홍이외과종전(紅夷外科宗傳)』을 저술하여 교재로 활용하였다고 하니 금서령 완화가 있기 전부터 나가사키에서는 통사들에 의해 서양 서적을 활용한 지식 흡수가 이루어지고 있었던 셈이다.

친잔과 유사하게 통사에서 의사로 전업하여 난방의학 확대에 큰 기여를 한 또 다른 인물이 요시오 고규(吉雄耕牛, 1724~1800)다. 대대로 네덜란드어 통사 가계(家系)의 일원인 그는 당대 최고의 어학 실력을 인정받은 엘리트 통사였다. 그도 친잔과 마찬가지로 슌베리 등의 상관의에게 외과의술을 전수받았는데, 그의 외과술은 '요시오류 홍모외과'로 알려지며 나라바야시류 홍모외과와 쌍벽을 이루는 서양 전래 의술로 세간의 관심을 모았다. 그는 의술 이외에 천문학, 지리학, 본초학 등 학문의 섭렵 폭이 넓었고, 나가사키의 가숙(家塾) 성수관(成秀館)에서 난학 지망생들에게 이러한 지식을 전하는 한편, 데지마 상관장의 에도 참부 수행을 위해 상경하는 기회에 난학에 관심이 있는 에도의 지식인들과 교류하면서 에도 난학의 태동에 큰 기여를 한 인물이기도 하다. 요시오 고규로부터 네덜란드어를 교습받고 난학을 접한 인물이 노로 겐조와 함께 쇼군으로부터 네덜란드어 습득을 하명 받았던 아오키 곤요(靑木昆陽)와 유명한 『해체신서』를 번역한 마에노 료타쿠, 스기타 겐파쿠 등이다.

(2) 해체신서의 발간과 에도 난학의 등장

1774년 간행된 『해체신서』는 일본 문명사의 이정표와 같은 존재이다. 1771년 난방의학에 관심이 많았던 의사 나카가와 준안(中川淳庵)은 데지마 상관장의 에도 참부 시 숙박처인 나가사키야(長崎屋)를 방문한 차에 『타펠 아나토미』를 접하고 동향(同鄕) 의사인 스기타 겐파쿠(杉田玄白)에게 이를 소개한다. 어렵사리 책을 입수한 두 사람은 『타펠 아나토미아』의 정교한 인체 내부 묘사에 강렬한 지적 탐구욕을 느낀다. 이들은 같은 해 3월 사형수 해부 참관을 위해 죄수 처형장을 방문하는데, 이때 이들과 동행한 또 한 명의 인물이 나카쓰번(中津藩, 지금의 오이타(大分)현) 번의인 마에노 료타쿠(前田良澤)였다. 마에노 료타쿠는 요시오 고규의 난방의술에 깊은 인상을 받은 번주로부터 난방의학 공부를 하명 받고 에도의 아오키 곤요나 나가사키의 통사들을 통해 약간의 네덜란드어를 습득하고 있었다.

『타펠 아나토미아』 번역에 의기투합한 이들은 각고의 노력 끝에 최초의 해부학 번역서 『해체신서』를 출간하였는데, 이들 중 네덜란드어가 가능한 이는 마에노가 유일하여 사실상 마에노의 고군분투로 해체신서가 출간될 수 있었다고 해도 과언이 아니다. 마에노의 노력 외에도 『해체신서』의 서문(序文)을 요시오 고규가 작성한 것으로 볼 때 번역 과정에서 나가사키 통사들의 조력도 컸을 것으로 추정된다.[10]

번역 과정에서 봉착한 가장 큰 난관은 의학용어들의 번역이었다. 스기타 일행은 이를 위해 몇 가지 원칙을 정하였다. 첫째는 번역, 즉 대역(對譯)으로 네덜란드어에 해당하는 단어가 일본어에 있을 경우 이를 그대로 사용하는 것이다. 둘째는 의역(意譯)이다. 일본어에 대역어가 없을 경우 원래 말의 의미를 따져 새로운 단어를 조어하는 것이다. 셋째는 직역으로, 상기 두 원칙의 적용이 어려운 경우 해당 네덜란드어와 유사한 한자어의 발음을 차용하는 음역(音譯)이다. 이 과정에서 많은 새로운 의학용어가 생겨났는데, 신경(神經), 연골(軟骨) 등이 대표적이다. 신경의 경우, 신기(神氣)의 신과 경락(經絡)의 경을 따서 조어하였으니 두 번째 원칙에 의해 조어된 것이라 할 수 있다.

마에노 자신이 번역 수준이 높지 못함에 부담감을 느껴 작자 명단에 이름을 올리지 않았을 정도로 『해체신서』의 번역 수준 자체는 높지 않다. 그러나 번역의 수준을 떠나 『해체신서』의 출간은 일본의 지식사(知識史)에 분기점을 찍는 획기적 사건이었다. 에도의 의사들이 서양 서적을 일본어로 옮긴 최초의 본격 번역서였고, 더구나 해부라는 주제는 기존의 관념으로는 용납되지 않는 터부의 영역이기도 했다. 『해체신서』는 일본의 지식인들이 서구의 관념을 자신들의 관념으로 변환하는 '번역'이라는 작업의 중요성을 깨닫고, 기존의 윤리·규범에 가로막혀 있던 금단의 문턱을 넘어 고담준론세계관의 전환을 기하는 계기로서의 의미를 지닌다. 일본의 과학사는『해체신서』출간 이전과 출간 이후로 나뉜다고 해도 과언이 아니다.

후쿠자와 유키치는 스기타가『해체신서』의 번역 과정을 소개한『난동사시(蘭東事始)』라는 기록을 1869년『난학사시(蘭學事始)』라는 제목을 달아 출간하면서[11] "이 책(해체신서)은 단순히 일본 의학의 하나의 사건이 아니라 일본 문명사에서 가장 중요한 사건일지도 모른다"고 평가하기도 하였다.

『해체신서』출간은 일본 지식인 사회에 서양서적에 대한 관심과 번역에 대한 욕구를 불러일으킨다.『해체신서』이전에도 서양서적를 독해(讀解)할 수 있다면 그 지식을 흡수할 수 있다는 것을 알고 있었지만, 서양서적이 그림의 떡이었던 이유는 사전(辭典)이 없었기 때문이다. 아직 나가사키의 통사들도 사전다운 사전을 출간하지 못하고 있던 시대였다. 1796년 에도의 난방의 이나무라 산파쿠(稻村三伯)가 최초의 난일(蘭日) 사전을 편찬함으로써 에도 난학계에 또 한 번의 전기가 마련된다. 대면 접촉보다 서적을 통해 지식을 흡수해야 했던 에도의 난학자들이 사전의 필요성을 더 절감했던 사정도 작용했을 것이다.

이나무라의 난학 스승인 오쓰키 겐타쿠는 스기타 겐파쿠의 애제자이자 난학계를 대표하는 거목으로 그 역시 난방의였다. 오쓰키는 젊은 시절 겐파쿠의 사숙인 천진루(天眞樓)와 나가사키 유학 등을 통해 난학과 네덜란드어를 익힌 후 1788년 난학을 체계적으로 정리한『난학계제(蘭學階梯)』[12]를 출간함으로써 에도에 난학붐을 일으킨 장본인이다. 그가 1789년 에도에 개설한 사숙 '지란당'(芝蘭堂)에 많은 난학도들이 몰려들면서 에도는 나가사키를 능가하는 난학의 중심지로 자리 잡게 된다.

시란도에서는 훗날 '시란도 사천왕(四天王)'이라 불리는 걸출한 난학자들이 배출되는데, 이마무라도 그 중의 한 명이었다. 사실 이마무라 이전에도 나가사키 통사 니시젠 사부로(西善三郎)가 사전 편찬에 착수하였으나 뜻을 이루지 못했다. 수만 개에 이르는 단어의 내용 파악도 파악이지만, 알파벳 순서로 정렬되어 있는 (일종의) 데이터베이스가 없는 상황에서 사전을 발간한다는 것은 일개인이 하기에는 너무나도 많은 노력과 시간이 소요되는 작업이었다. 이마무라는 이를 우회하는 방법으로 사전 편찬의 실마리를 찾는다. 그는 오쓰키 겐타쿠가 네덜란드어 교사로 에도에 초빙한 나가사키 통사 이시이 쇼스케(石井庄助)로부터 『난불사서』를 소개받고, 이 사전을 기초로 난일사전 편찬에 착수한다.

『난불사서』는 프랑스인 프랑수아 할마(일본 발음은 후랑소아 하루마)가 집필하여 1706년 초판이 간행되고 1729년에 제2판이 간행된 '네덜란드어-프랑스어'(Dutch-French) 사전이다. 네덜란드어의 프랑스어 대역어(對譯語) 사전으로 일본어 사전을 편찬한다는 발상은 언뜻 보면 이해가 되지 않는다. 네덜란드어도 모르는데 프랑스어로 뜻풀이가 되어 있는 사전을 해독할 수 있을 리가 없기 때문이다. 사정은 이렇다. 네덜란드는 18세기 전반(全般)에 걸쳐 프랑스의 영향권 아래에 있으면서 국어(네덜란드어) 사전을 발간하지 못하고 있었다. 네덜란드어 사전이 있었다면 난학자들이 그를 기초로 난일사전을 만들 생각을 했겠지만, 네덜란드어 사전 자체가 없으니 난감한 상황이었던 것이다. 그때 네덜란드어 사전의 대용으로 착목된 것이 프랑수아 할마의 『난불사서』이다.

할마 사전은 알파벳 순서대로 네덜란드어 표제어를 나열한 후, 각 표제어에 먼저 네덜란드어로 단어의 뜻을 설명하는 주석(註釋)을 달고 그 다

음에 해당 프랑스어 설명을 본문으로 기술하는 체제였다. 네덜란드인들도 이 사전을 국어사전 대용으로 사용하고 있었다고 한다. 이나무라는 이 중에서 네덜란드 표제어와 주석을 활용하여 난일사전을 집필한 것이다. 사전의 편찬에는 뜻을 같이 하는 지란당의 동문들이 참여하였고, 십년이 넘는 대작업 끝에 1796년 일본 최초의 난일사전『하루마와게(ハルマ和解)』가 탄생하였다. 번역 작업에 탈진한 이나무라는 치아가 모두 빠지고 백발이 되었다는 일화가 있을 정도이니 그 인고(忍苦)를 짐작할 수 있다.

하루마와게는 탈고 이후 30여부 정도가 필사되어 난학계에서 사용된 것으로 추정된다. 약 6만 여개에 이르는 방대한 표제어를 수록하고 있으나, 설명 수준은 그리 높지 않아 현대로 치면 어휘집 내지는 단어장 정도의 성격이었다. 그러나 그 정도만으로도 에도 난학계는 큰 탄력을 받으며 서양서 연구 심화(深化)의 기회를 맞이한다.

지란당 사천왕 중의 한 명인 야마무라 사이스케(山村才助)는 1804년 『신정증역채람이언(新正增訳采覧異言)』을 막부에 제출하는 등 난학자로서는 드물게 지리학 분야에서 족적을 남긴 인물로 유명하다. 『신정증역채람이언』은 아라이 하쿠세키(新井白石)의 1725년 저작『채람이언(采覧異言)』을 수정·증보한 세계지리서로, 『채람이언』은 유학자인 아라이가 18세기 초에 선교를 위해 일본에 잠입하였다가 체포된 이탈리아인 선교사 시도티(G.B. Sidotti)를 취조하여 얻은 정보를 바탕으로 세계 지리와 각국 사정을 정리한 지리서이다. 『채람이언』은 출간은 되지 못하였으나 필사본이 암암리에 전해지면서 당시 식자층의 세계 인식에 영향을 미치고 있었던 것으로 추정된다.

『채람이언』이 전하는 세계 지리와 각국 사정에 푹 빠진 야마무라는 금서령 완화 이후 새롭게 입수된 동·서양의 지리서를 연구하여 아라이의

『채람이언』을 본문 12권 도판 1권에 달하는 체계적인 세계지리서의 마스터 피스로 개편하는 작업을 한 것인데, 이 역시 출간은 되지 않았으나 필사본 형태로 유포되면서 일본 지식계의 세계 지리에 대한 인식의 지평선을 확장하는 데 지대한 공헌을 하였다.

난방의는 아니지만 지리 분야에서 일본 역사에 남을만한 의사 출신 인물로는 구도 헤이스케(工藤平助, 1734~1800)를 들 수 있다. 와카야마(和歌山)번 번의의 아들로 태어났다가 센다이(仙臺)번 번의 집안에 양자로 입적되어 가계를 승계한 저명 의사이자 다재다능한 경세가·방략가로도 명성을 떨친 그는 러시아의 국가 정보와 지리를 다룬『로서아지(露西亞誌, 1781)』, 『적하이풍설지사(赤蝦夷風説之事, 1783)』를 저술하고, 이 두 권을 합본한『적하이풍설고(赤蝦夷風説考, 1785)』를 막부에 제출함으로써 막부가 18세기 말 이후 러시아의 동진(東進)으로 야기된 대외 환경 변화를 인식하고 대응책을 강구하는 데에 기여하였다. 막부는 구도가 제안한 러시아 남하 경계, 러시아와의 통상을 통한 재정 확충, 에조치(蝦夷地-홋카이도의 옛이름) 경략(經略) 등의 방책에 관심을 보이고 실제 에조치 조사에 나서기도 했으나, 구도의 후원인격인 막부의 대로(大老) 다누마 오키쓰구(田沼意次)가 실각함으로써 에조치 경략 계획은 구도 생전에 결실을 보지는 못했다.

구도는 앞서 말한대로 난학자나 난방의는 아니었지만, 아오키 곤요, 노로 겐조로부터 유학과 의학을 배우는 한편, 마에노 료타쿠, 오쓰키 겐타쿠, 가쓰라가와 호슈(桂川甫周) 등 난학자들과 교류하며 습득한 난학과 서양 사정에 대한 폭넓은 지식을 통해 일본이 처한 대외 환경을 비교적 정확하게 인식할 수 있었다. 실례로 구도는 상기 저작에 독일인 위브너(J. Hübner)의 『일반지리학』, 브뢰델레(J. Broedelet)의 『러시아誌』 등의 양서를 참고하였는데, 이들은 오쓰키 겐타구나 요시오 고규와 같은 난학자들이 난역판을 번역하여 구도에게 제공한 것들이다.

해방론(海防論)의 기점이라고도 할 수 있는 『해국병담(海國兵談, 1791)』을 저술한 하야시 시헤이(林子平, 1738~1793)는 구도와 호형호제하는 사이로 구도의 세계관에 크게 영향을 받은 인물이다. 구도의 영향으로 에조치와 러시아에 관심을 갖게 된 하야시는 에조치와 나가사키라는 일본의 최동단과 최서단을 관통하는 루트를 직접 답사하여 현지의 사정을 조사한 후, 일본을 사방이 바다로 둘러싸인 '해국'으로 규정하고, 일본의 안보는 바다의 방어, 즉 해방(海防)에 달려 있으므로 서양에 필적하는 강력한 화력을 갖춘 연안 포대와 해군을 구비하고 정치의 중추인 에도의 방비를 강화하는 한편, 소요 재정 확충을 위해 에조치 경략 등에 힘써야 할 것임을 제언한다.

당시에는 막부에 대한 불온한 비판으로 간주되어 탄압을 받지만, 이후 거듭되는 러시아의 남하 움직임과 서구 열강의 서세동점에 따라 그의 해방론은 막부 말기 일본 조야(朝野)의 주류 안보 담론으로 자리 잡게 된다. 하야시의 해방론은 훗날 사쿠마 쇼잔(佐久間象山, 1811~1894)이라는 걸출한 막말 지사(志士)의 사상에 영향을 주어 현실 정치를 움직이는 일종의 정치 패러다임이 되었다. 막말 지사(志士) 대부분은 사쿠마의 제자이거나 요코이 쇼난(橫井小楠)의 제자라는 말이 있을 정도로 막말~유신 초기에 걸쳐 사쿠마가 일본 사상계에 미친 영향은 크다. 한국에서도 잘 알려진 조슈 양이파의 정신적 스승 요시다 쇼인이나 사카모토 료마, 가쓰 가이슈 등 메이지 유신에 결정적 역할을 한 주역들이 사쿠마의 사숙에서 공부하며 그의 영향을 받은 인물로 알려져 있다.

막부는 하야시의 해방론 영향인지는 불분명하나, 1792년 연안 포대 설치 등을 관장하는 해안방어어용괘(海岸防禦御用掛), 통칭 해방괘(海防掛)를 두었는데, 한 동안 명목상의 관직에 불과했다. 그러나 1830년대 이후 서양 선박의 연안 출몰이 빈번해지고 아편전쟁으로 중국이 강제 개항을 당했다는 소식이 전해지면서 해방괘의 역할이 재조명되자 1845년 상설 요직으로 기능이 강화된다. 이를 주도한 이가 마쓰마에(松前)번의 번주로 막부의 로주(老中)와 해방괘를 겸임하고 있던 사나다 유키쓰라(真田幸貫)였고, 이때 사나다에게 번주 고문역으로 조언하던 이가 마쓰마에번의 번사 사쿠마였다.

사쿠마는 본래 정통 주자학을 공부하던 유학생이었으나, 번주로부터 해방괘의 운용과 일본의 국방·안보에 대한 자문을 하명 받으면서 서양 포술을 비롯한 난학과 네덜란드어 공부에 나섰고, 이후 서양 서적을 섭렵하여 직접 서양식 대포 주조에 성공하는 등 전통 동양 사상과 새로운 서양 과학기술에 대한 조예를 겸비한 지사(志士)형 지식인의 모델로 명성을 떨쳤다.

그의 사상은 단순히 서양을 배척하는 것이 아니라 서양의 사정을 면밀히 파악하고 과학기술을 흡수하는 자강(自彊) 노력을 통해 양이가 달성될 수 있다는 소위 '개국을 통한 양이론' 또는 '전략적 양이론'으로 집약할 수 있다. 그는 1862년 안세이 5개국 조약 체결 여파로 극심한 양이파의 반발에 직면한 막부가 '공무합체'(公務合體)냐 '양이 결행'이냐를 놓고 제후들에게 의견을 물었을 때, 번주에게 제출한 '양이의 책략에 관한 답신서'에서 궁극의 양이를 위해서는 서양 제국(諸國)의 예에 따라 개국을 하고 근대 문명을 습득하는 것이 필요하다는 의견을 건의한다. '전세계의 학문과 과학기술 상황이 변하였고 그에 따라 전력(戰力)도 변하였는바, 학술과 사상을 교류하고 연마하여 성장하지 못하면 쇄국을 위한 국력과 기량도 확보하지 못하고 종국에는 쇄국을 유지할 수조차 없는 형세임을 직시해야 할 것'이라는 것이 그의 신념이었다.

메이지 정부의 문명개화 노선, 부국강병책의 원점을 사쿠마의 사상에서 찾는 현대 사학자들의 의견도 적지 않다. 이렇듯 서양 위협에 대응하기 위해서라도 서양과의 교류와 지식 흡수를 위한 개국이 불가피하다는 그의 전략적 감각과 대외 인식은 막부 세력과 훗날 유신 주도 세력을 막론하고 일본 엘리트 계층에서 공유되는 시대정신이었다고 할 수 있다. 그러나 시대를 앞서 일본의 미래를 내다 본 사쿠마의 대담한 사상은 극렬 양이론자들에게 '서양 앞잡이'로 인식되었고, 그는 1864년 교토에서 광신적 양이론자에게 암살되어 파란만장한 생을 마감한다.

(3) 난학의 분화(分化)와 확산

지란당 사천왕 중 가장 유명하며 사실상 오쓰키 겐타쿠의 후계자격인 우타가와 겐신(宇田川玄真, 1769~1835)은 난방의학 발전과 난학 보급에 크게 기여한 '난학 중기의 대립자(大立者)'로 불리는 인물이다. 우타가와 가문은 쓰야마(津山)번 번의 집안으로 본래 한방의였으나 겐신의 선대인 겐즈이(玄随, 1756~1798)가 스기타 겐파쿠, 오쓰키 겐타쿠에게 난방의학을 사사(師事)한 이래 일본을 대표하는 명문 난방의학 가문으로 발돋움하였다. 우타가와가(家)는 외과술에 치중되어 있던 서양의학 수용 동향이 내과와 생화학, 즉 의술을 넘어 의학의 영역으로 진입하는 계기를 만든 가문이기도 하다. 겐즈이는 일본 최초의 내과 번역서로 알려진 『서설내과찬요(西説内科撰要)』를 간행하였으며, 나아가 서양의 약물을 다룬 『원서명물고(遠西名物考)』를 집필하고, 제약의 기초가 되는 생화학 지식을 다룬 서양 서적을 번역하기도 했다.

겐즈이의 양자로 입적되어 뒤를 이은 겐신은 선대를 뛰어 넘는 업적을 남기는데, 그 중에서도 돋보이는 것은 『화란내경 의범제강(和蘭內景医範提綱)』의 출간이다. 1805년 전3권으로 출간된 이 책은 해부학을 중심으로 생리학·병리학 등 서양의학의 핵심을 정리한 의학서로 당시 난방의 지망생들에게 널리 보급되어 교과서와 같은 역할을 하였다. 췌(膵)나 선(腺) 등 기존에 없던 새로운 인체 기관 표기용 한자가 이때 처음 제자(製字)되었다. 3년 뒤인 1808년 본서의 부도(附圖)로 출간된 『의범제강 내상동판도(內象銅版圖)』는 일본 최초로 동판 인쇄술이 사용된 의학 서적이었다.

동판 인쇄술은 기존 목판과는 비교가 안 되는 정교함을 자랑하지만, 그 정교함의 비결은 엣칭(etching), 인그레이빙(engraving) 기법 등 유럽 문명의 정수(精髓)라고도 할 수 있는 고난도의 기술이었다. 동판인쇄술을 이용한 서적의 출간은 그만큼 일본 인쇄사(史)에 일획을 긋는 전환점이라고 할 수 있다. 시대를 막론하고 인쇄술은 문명의 초석이다. 인쇄술이 결여된 문명의 지식 축적·확산은 상상하기 어렵다. 동판 인쇄술로 보다 정교한 시각 자료를 담은 의학 서적을 출간하려 한 당시 의사들과 화가들의 열정과 집념이 근대화 시기 첨단 서구 문명 따라잡기 열풍의 원형질이라 할 수 있다. 막말·유신초 문명개화 사상의 배경에는 서구 위협에 대한 경계심만이 아니라 우월한 문명에 대한 동경과 학습 의욕이 혼재하고 있었던 것이다.

참고로 겐신에게 양자로 입적되어 가문을 이은 우타가와 요안(宇田川榕菴, 1798~1846)도 생화학의 시조로 불리며 일본 과학사에 길이 남을 업적으로 유명한 인물이다. 그의 저작인 『원서의방명물고보유(遠西医方名物考補遺)』와 『사밀개종(舎密開宗)』[13]를 분석한 연구에 의하면, "(1) 동물은 호흡에 의해 대기 중의 산소를 받아들인다. (2) 체내에 들어온 산소는 암적색의 정맥혈에 용해되어 선홍색의 동맥혈이 된다. (3) 산소의 일부는 탄소와 결합하여 탄산가스가 되며, 나아가 일부는 수소와 결합하여 물이 된다. 이들은 호기(呼氣)에 의해 배출된다. (4) 산소가 결핍하면 동물은 질식한다. (5) 질식한 동물은 산소가 공급되면 소생한다. (6) 질소가스와 탄산가스는 동물의 호흡에 유해하다. (7) 질소가스는 식물에는 유익하다."는 생물 가스대사(代謝) 내용이 기술되어 있어 그가 당시 서양의 생화학 지식을 정확히 파악하고 있었음을 알 수 있다.[14] 겐즈이, 겐신, 요안 3인을 일컬어 '우타가와 삼대(三代)'라고 한다.

『의범제강』 출간에 버금가는 우타가와 겐신의 공로는 사숙 풍운당(風雲堂) 운영을 통해 난방의학뿐 아니라 다양한 분야의 서양 과학에 천착한 난학자들을 배출한 것이다. 난학이 네덜란드의 영향을 벗어나 보다 체계적이고 광범위한 양학(洋學)으로 업그레이드되는 것이 이 시기이다. 겐신의 제자인 아오치 린소(青地林宗, 1775~1833)는 1827년 네덜란드의 물리학자 요하네스 보이스의 저술을 연구하여 일본 최초의 물리학서인 『기해관란(気海觀瀾)』을 출간함으로써 '일본 물리학의 시조'가 되었다.

오다 노부나가의 후손으로 알려진 쓰보이 신도(坪井信道, 1795~1848)는 겐신의 연구를 한층 파고들어 일본 최초의 본격 진단학서(診斷學書)로 알려진 『진후대개(診候大概)』를 저술하였고, 에도에 사숙 안회당(安懷堂), 일습당(日習堂)을 개설하여 성실한 교수법으로 가와모토 고민, 오가타 고안 등 스승을 뛰어 넘는 유명 제자들을 배출하였다.

가와모토 고민(川本幸民, 1810~1871)은 1861년 화학신서(化學新書)를 저술한 '일본 화학의 시조'로 불리는 인물이다. 고민에 의해 chemistry에 대응하는 학문명으로 '화학'이 기존의 세이미(舍密)를 대신해 일본어에 도입·정착되었다.[15] 무기화학 및 유기화학 제하의 2부로 구성된 화학신서에는 원자와 분자, 화합물 생성 원리, 화학반응식 등 당대 첨단 개념이 망라

되어 있으며, 흥미롭게도 맥주 양조법에 대한 상세한 기술이 있어 호사가들은 그를 '최초로 맥주를 만든 일본인'이라는 별명으로 부르기도 한다.

요시다 초슈쿠(吉田長淑, 1779~1824)는 당시 주류이던 한방의의 위세에 눌려 내부적 연구에 머무르던 서양 내과를 최초로 의업(醫業)으로 내세워 개업함으로써 본격적인 서양 내과의 확산에 기여한 인물이다. 그 역시 다수의 제자를 길러냈는데, 서양 산과(産科)를 도입한 아다치 초슌(足立長雋, 1776~1837), 훗날 '상치회'를 결성하여 막부의 쇄국정책을 비판하고 개국론을 주장한 다카노 초에이(高野長英, 1804~1850) 등이 그의 문하에서 수학한 제자들이다. 아다치 초슌는 일본 최초의 사립 병원으로 알려진 쥰텐도(順天堂)를 설립한 사토 다이젠(佐藤泰然, 1804~1872)의 스승이기도 하다.

겐신의 제자 중 가장 특기할만한 인물은 일본 최고의 명문 학자 가문을 일으킨 미쓰쿠리 겐포(箕作阮甫, 1799~1863)라 할 수 있다. 쓰야마(津山) 번 번의 가문 출신인 겐포는 서양 학문에 대한 관심의 폭이 넓어 의학뿐 아니라 언어학, 병학, 서양사학, 지리학 등 다방면에 걸쳐 알려진 것만 99권에 달하는 저서를 남긴 난학계의 슈퍼맨이었다. 일본의 서양 학문 수용이 난학에서 양학으로 진보하는 가교(架橋) 역할을 하는 한편, 막부의 외교 활동에 난학자들이 직접 참가하는 계기를 만든 인물이기도 하다.

겐포는 막부의 외국어번역기관인 '만서화해어용'(蠻書和解御用)에 임용된 후 탁월한 어학 실력을 인정받아 페리 내항 시 미국 친서 번역 및 러시아의 푸챠친 내항 시 외교문서 번역과 교섭에 참여하였으며, 미일화친조약 체결 후 막부가 만서화해어용을 개편하여 설립한 본격적인 양학 연구·교육기관인 '번서조소'(蕃書調所)의 수석교수로 임용되어 양학 교육의 제도화에 공헌하였다. 겐포의 양학에 대한 열정은 후대에 이르러 더욱 꽃을 피우게 되는데, 특이한 점은 그는 딸만 넷에 아들이 없어 훗날 미쓰쿠리 가문을 빛낸 대학자들은 모두 딸들과의 결혼으로 미쓰구리의 성을 얻은 서양자(壻養子)의 후손이라는 것이다.

겐포의 넷째 딸과 결혼하여 미쓰쿠리 성을 얻은 쇼고(省吾)는 지리학에 천착해 1845년 일본 최초의 자체 제작 세계지도라 할 수 있는 『신제여지전도(新製輿地全圖)』, 그 해설서이자 지리서인 『곤여도식(坤輿圖識)』을 저술하였고, 이들은 급변하는 대외 환경 속에서 세계 지리와 정세를 알고자 하는 막부의 고위층 및 식자층 전반에 기본 교양서로 활용되었다. 쇼고는 26세의 젊은 나이에 폐결핵으로 요절하였지만, 다행히 슬하에 아들을 하나 두었는데, 그 아들이 '일본 법학의 아버지'로 불리는 미쓰쿠리 린쇼(麟祥, 1846~1897)다.

린쇼는 번서조서에서 양학을 익힌 세대에 속하는데, 조부인 겐포의 영향으로 영어에 관심을 두고 일본 최초의 영어 교사로 알려진 존 만지로에게 영어를 익히면서 탁월한 영어 실력으로 주목을 받게 된다. 이미 20대 초반에 최고의 서양 전문가로 인정받은 그는 1867년 파리 만국박람회 대표단의 일원으로 프랑스에 파견되어 프랑스의 문물을 익히던 도중 메이지 신정부의 성립으로 급거 귀국길에 오른다. 신정부에서도 중용된 그의 최대 업적 가운데 하나는 나폴레옹 법전(프랑스 민법전)을 비롯한 프랑스 법전의 번역이다.

당시 신정부는 서구와의 불평등조약 개정을 지상과제로 인식하고 있었다. 신정부는 서구 법제를 일본에 도입함으로써 이질적·후진적 사법제도를 이유로 불평등한 대우를 강요하는 서구의 논리를 타파하고자 하였고, 이러한 시도의 기초 작업으로 린쇼에게 가장 선진적 법제로 알려진 프랑스 법전 번역을 의뢰한 것인데, 린쇼는 5년에 걸친 작업 끝에 1874년 『불란서법률서(仏蘭西法律書)』편찬에 성공한다. 권리(權利)·의무(義務)·동산(動産)·부동산(不動産)·미필(未必) 등의 번역 법률용어가 이때 탄생하였고, 린쇼의 프랑스 법전 완역은 일본 사법 제도 발전, 나아가 일본의 근대국가 체제 형성에 역사적 분기점이 되었다. 참고로 '헌법'(憲法)은 본래 무가사회를 규율하는 중요한 법이라는 의미였는데, 린쇼가 Constitution에 해당하는 번역어로 '헌법'(憲法)을 사용함으로써 헌법이 후자의 의미로 정착된 것으로 알려져 있다.

겐포의 차녀와 결혼하여 미쓰쿠리 성을 얻은 슈헤이(秋坪)는 양부의 뒤를 이어 번서조서에서 교편을 잡는 한편, 1861년 안세이 5개국 조약에 규정된 개항(開港)·개시(開市) 연기 문제로 유럽에 파견된 분큐견구사절단(文久遣歐使節團)에 후쿠자와 유키치(福澤諭吉) 등과 함께 수행원으로 참가하였고, 1866년에는 가라후토(樺太, 사할린의 일본 지명) 경계획정 교섭을 위한 러시아 파견 사절단에도 참가하는 등 막말 외교의 일선에서 활약하였다. 신정부 설립 후 그가 관직을 사양하고 도쿄에 개설한 '삼차학사'(三叉学舎)는 후쿠자와의 게이오의숙과 쌍벽을 이루는 서양 학문 교육기관으로 메이지 시대의 주축이 되는 신지식인을 배출하였다.

슈헤이는 아들들이 모두 학자로 성장한 것으로도 유명한데, 둘째 아들 기쿠치 다이로쿠(菊池大麓, 슈헤이가 미쓰쿠리가(家)에 입적하기 전의 본가에 입양되어 기쿠치 성을 쓴다.)는 일본 최초로 캠브리지 대학에서 학위를 취득한 수학자로 훗날 도쿄대학 총장, 교토제국대학 총장, 이화학(理化学)연구소 초대소장, 문부대신 등을 역임하며 일본의 초기 기초과학 진흥에 업적을 남겼다. 그의 맏사위가 '천황기관설'로 다이쇼 데모크라시의 사상적 배경을 제공하다가 우익의 탄압으로 홍역을 치른 법학자 미노베 다쓰키치(美濃部達吉)이며, 넷째 아들이 일본 원자물리학의 기초를 닦은 기쿠치 세이시(菊池正士) 오사카 대학 교수이다. 슈헤이의 셋째 아들인 가키치(佳吉)는 미국의 예일대학, 존스홉킨스 대학, 영국의 캠브리지 대학 유학을 거쳐 도쿄제국대학 교수가 된 후 일본의 동물분류학·동물발생학을 발전시킨 동물학자이고, 넷째 아들인 겐파치(元八)는 독일 하이델베르크 대학, 튀빙겐 대학에서 수학한 후 도쿄제국대학에 교수로 임용되어 역사실증주의와 서양사 연구의 대가가 된 역사학자이다.

이외에도 미쓰쿠리 가문의 직계·방계 또는 혈연 관계에 있는 유명 학자들은 짧은 지면으로 일일이 소개하기 어려울 정도로 많다. 미쓰쿠리 가문의 가계도를 보면 일본의 근대가 보인다고 해도 과언이 아니다.

난학이 유행하였다고 하여 유럽의 관념과 지식이 일본 사회 전반에 전면적으로 수용될 정도의 변화가 있었던 것은 아니다. 그럼에도 불구하고 지식인들 사이에 기존의 지식에 '합리적 의심'을 품고 '지적 유연성'의 중요성을 깨닫는 사고 훈련이 되었다는 점에서 근세기 난학의 대두와 융성은 일본 근대화의 초석이 되는 과학적·합리적 사유의 기초를 제공하였다고 할 수 있다.

(4) 막부의 공인과 주류 학문 진입

19세기 초입 일본의 대외 환경은 서세동점의 거대한 조류 속에서 변화의 조짐을 보이고 있었다. 1808년 여름 나가사키 앞바다에 네덜란드 국기를 게양한 한 척의 이국선(異國船-서양배)이 출현한다. 네덜란드 동인도회사 소속 무역선이라 생각한 네덜란드 상관원과 통사들이 입항 수속을 위해 접근하자 선박의 승조원들은 돌연 상관원 2명을 납치하고는 영국 국기를 게양한 채 무단으로 항구에 입항하여 네덜란드인을 색출한다며 무장을 한 채로 거리를 활보하며 소란을 피웠다.

이 배는 사실 영국의 '페이튼'(Phaeton)호로 동남아 일대의 네덜란드 선박 나포 임무를 수행 중인 영국 군함이었다. 적대 행위에 놀란 나가사키 부교가 인질의 석방을 요구했으나 페이튼호는 이를 거부하고 물, 식량의 보급을 요구하면서 적대행위를 멈추지 않았다. 나가사키 수비를 맡고 있던 사가번의 군대가 페이튼호를 격침시키려 하였으나, 당시 일본의 화포로는 페이튼호를 제대로 공격할 수 없었고, 일본이 요구를 들어주고 나서야 페이튼호는 유유히 항구를 벗어나 도주했다. 이 사건으로 굴욕을 맛본 막부는 큰 충격을 받는다. 후유증도 컸다. 이국선 침입에 제대로 대응하지 못한 죄를 물어 나가사키 부교와 멋대로 막부 직할령의 경비 병력을 줄인 사가번의 중신 여럿이 할복을 해야 했고, 사가번주는 폐문 100일의 근신 처분을 받았다.

막부는 호전적인 이국선의 출현을 계기로 영국의 존재에 대해 경각심을 품고 대응책에 고심한다. 페이튼호 이전에도 러시아의 에조치 일대에서의 적대 행위로 막부의 서양에 대한 경계심이 고조되어 있는 상태였다. 18세기 중반 유라시아 동안(東岸)에 다다른 러시아는 오호츠크해(海)를 남하하는 과정에서 일본과 맞닥뜨린다. 두 세력의 접촉은 순탄치 않았다. 1792년 러시아 사절 락스만(A. E. Laksman)이 에조치 북동단의 네무로(根室)에 도착하여 통상 교섭을 요구하였으나 나가사키로 가라는 답만 얻은 채 돌아갔다. 1804년에는 실제 나가사키를 방문한 북태평양 방면 개척 단장 니콜라이 레자노프가 막부의 방침 변경으로 박대를 당하자 1806년 휘하 군함이 사할린 소재 마쓰마에(松前)번 거류지를 습격하는 '로구(露寇) 사건'이 발생한다.

러시아에 대한 경계감이 고조된 막부는 1630년대 이래 명목적으로나 존재하던 '이국선타불령'(打拂令─서양배 격퇴령)을 실제 발동하며 대외 경계 태세 강화에 나서는 한편, 천문방(天文方-천문 관측과 력(曆) 제작을 관장하는 막부의 기관) 다카하시 가게야스(高橋景保)에게 세계 지리 정보 수집과 정밀 지도 제작을, 나가사키 통사들에게 (당시 러시아 외교문서에서 사용되었던 언어인) 프랑스어 습득을 명하였다. 페이튼호 사건 이후에는 통사들의 습득 언어에 러시아어와 영어가 추가되었다.

한편, 다카하시가 제작한 세계 지도와 일본 주변부 지도에 만족한 막부는 1811년 다카하시에게 프랑스어 백과사전 번역 임무를 부여한다. 이때 지도 제작 과정에서 외국어 능력자의 필요성을 절감한 다카하시의 건의로 천문방 산하에 '만서화해어용'(蠻書和解御用)이라는 전문 번역기관이 설치된다. 만서화해어용에는 오쓰키 겐타쿠(大槻玄沢), 우타가와 요안(宇田川榕菴), 아오치 린소(青地林宗) 등 당시 에도의 내로라하는 난학자들이 번역관으로 임용되어 막부의 서양 서적 번역서 관찬(官撰) 사업에 전격 투입되었다. 난학자들이 막부의 인정과 지원 속에 활동하게 됨으로써 에도 난학은 예전과 같은 남만(南蠻) 이설(異說)이 아니라 관학(官學)으로 격상될 수 있는 전기를 맞이한다.

만서화해어용의 주임무이기도 한 프랑스 백과사전 번역은 『후생신편(厚生新編)』발간 사업으로 구체화된다. 『후생신편』의 원본은 프랑스인 쇼멜(N. Chomel)의 원저를 네덜란드인 샤르모(J.A.de Chalmot)가 증보개정하여 난역한 1778년판 전7권 구성의 『가정백과사전』으로, 디드로·달랑베르의 백과전서 출간 이후 계몽주의의 총아로 유행하던 백과사진류 중 과학기술·문화·생활 분야에 중점을 두고 출간된 교육용 백과사전이었다. 1811년 시작된 번역 사업은 최소한 1845년까지 계속된 것으로 보이며, 그 분량은 70권이 넘는 대사업이었다. 초기에는 당대 최고의 통사 바바 사주로(馬場左十郎)와 당대 최고의 난학자 오쓰키 겐타구가 투톱으로 힘을 합쳤고, 이후에는 방대한 분량을 감당하기 위해 십 수 명의 일류 난학자들이 만서화해어용에 고용되어 투입되었다. 그 중에서도 오쓰키 겐타쿠와 함께 우타가와 겐신, 우타가와 요안 3인의 공로가 가장 컸던 것으로 알려져 있다.

원저는 알파벳순으로 편제되어 있으나, 후생신서는 분야별로 항목을 재구성하여 수록하였는데, 구체적으로는 생식(生殖)부, 공예(功藝)부, 의료치료부, 질병부, 금석토(金石土)부, 금수(禽獸)부, 인갑(鱗甲)부, 충(虫)부, 어개(魚介)부, 산업부, 식물부, 천문부, 지리부, 기후부, 제조부, 인신(人身)부 등으로 구성되어 있다. 과학기술, 의료, 동식물 분야 위주의 분류·편집은 의사 출신 난학자가 번역의 주축임을 나타낸다고 할 수 있다. 현존하는『후생신서』원고는 출간본이 아닌 미완성 고본(稿本)으로 편찬사업이 완료되지는 못하였으나, 가본(假本) 형태로 막부, 주요 번, 난학자들 사이에서 유통되며 활용된 것으로 보인다. 출간에는 이르지 못하였으나 번역 과정에서 얻어진 지식의 체계화와 지적 자산의 축적은 상당하였을 것이다.

페리 내항을 계기로 기존의 대응 능력에 한계를 느낀 막부는 1855년 만서화해어용을 양학 연구·교육 및 외교 업무 지원 기관의 성격인 양학소(洋學所)로 확대 개편한다. 초대 교장에 임명된 고가 긴이치로(古賀謹一郎)는 막부의 관학 기관인 창평학문소 소속의 대표적인 유학자였으나, 양학에도 조예가 깊은 깨어 있는 지식인이었다. 그는 1855년 '일러화친조약' 체결에 관여하면서 얻은 세계 정세에 대한 깨달음을 바탕으로 본격적 서양 학문 수용을 위한 양학소 설립, 외국영사관 설치, 연안측량 허가 등 개명책(開明策)을 건의하였고, 개국을 지향하던 막부의 대로 아베 마사히로(阿部正弘)가 고가의 식견을 평가하여 양학소를 설치하고 고가를 교장으로 임명한 것이다. 양학소는 이듬해 '번서조소'(蕃書調所)로 개칭하였고,

고가는 미쓰쿠리 겐포, 스기타 세이케이(杉田成卿), 가와모토 고민, 데즈카 리쓰조(手塚律蔵), 오무라 마쓰지로(大村益次郎), 데라지마 무네노리(寺島宗則) 등 에도, 오사카를 비롯한 전국 각지의 이름난 양학자를 초빙하여 교수진을 꾸리고, 네덜란드·영어·프랑스어 등 어학과 수학·정동학(精鍊學-금속학)·기계학 등 서양 과학기술을 다루는 학문을 교과목으로 채택하였다. 평생 유학을 공부하였지만, 기존 지식에 얽매이지 않고 시대를 읽고 미래를 내다본 고가의 안목이 감탄스러운 대목이다. 이로써 모리슨호 포격 사건을 계기로 막부의 쇄국정책을 비판하고 개국론을 주장하던 일단의 지식인들이 대거 처벌받은 1839년 '만사의 옥' 이후 막부의 탄압을 받던 난학자들이 막부에 의해 중용되고 양학이 제도권 교육에 포함되는 새로운 시대가 열린다.

번서조소는 1862년 '양서조소'(洋書調所)로 개칭되었다가 1863년 '개성소'((開成所)로 확대 개편된다. 일본은 1858년 안세이 5개국 조약 체결 당시 각국의 양해를 얻어 향후 5년간 외교문서용 언어로 네덜란드어를 사용할 수 있었으나, 그 이후에는 각국의 언어를 사용해야만 했다. 5개국 언어의 사전·문전(文典) 간행은 막부의 주요 급무(急務) 중 하나였고, 이에 따라 개성소에서는 네덜란드어·영어·프랑스어·독일어·러시아어 5개 언어가 어학 과목으로 채택되었다. 개성소는 서구의 학사 제도를 모방하는 한편, 서양 학문 연구·교육 기능을 더욱 강화하여 5개 언어와 함께 천문·지리·수학·궁리(窮理-물리)·화학·기계·물산·화학(畵學) 등으로 학과를 세분화하였으며, 무엇보다 시대의 흐름을 반영하여 영어 교육을 중심으로 영학(英學) 교육에 심혈을 기울였다.

한편, 오가타 고안(緖方洪庵), 이토 겐보쿠(伊東玄朴) 등 종두(種痘)법 보급에 힘쓴 난방의들의 활약으로 한방의학과는 차원이 다른 서양의학 효과가 일반에 널리 인식되면서 1861년 서양의학 전문기관인 막부 직할 '의학소'(醫學所)가 설치되었다. 이는 한방의들에게 '외과'(外科-의료 본연의 양생(養生)을 다루지 못하고 겉의 상처나 치료하는 하급 의술이라는 의미)로 경원시되던 서양 의학이 어느덧 주류 의학의 위치로 부상하였음을 의미한다.

서양 학문 교육에 대한 관심은 막부에만 해당하는 것이 아니었다. 유신 이전 일본 전국에 산재하던 240여개의 번교(藩校-각 번이 설립한 엘리트 교육기관) 중 교과목으로 수학을 둔 곳이 141교, 양학을 둔 곳이 77교, 의학을 둔 곳이 68교, 천문학을 둔 곳이 5교가 있었다는 연구 결과가 있을 정도로 일본 전역에서 서양 학문에 대한 엘리트 계층의 관심이 높았다. 금서령 완화 시기인 1744년부터 페리 내항 전인 1852년에 걸친 108년 동안 일본에서 서양서 번역에 관여한 학자가 117명, 번역서의 수는 500권 이상에 달하며, 에도시대를 통틀어 각지의 난학 사숙 등에서 난학을 수학한 학생의 수는 1만 명을 넘는다고도 한다. 이들 중 상당수는 전국 각지에 퍼져 난방의나 난학자로 활동하면서 거주민의 삶에 밀착하여 새로운 지식의 전파와 저변 확대에 기여하였을 것이다.

개성소와 의학소는 신정부에 의해 각각 도쿄개성학교, 도쿄의학교로 명칭이 변경되었다가, 1877년 도쿄대학[16]으로 (명목상) 통합되었으며, 1886년 명실상부한 일본 최고의 근대적 고등교육기관인 제국대학으로 발전하였다. 한국인에게는 만감이 교차하는 이름일 것이나, 일본의 제국대학이 지식의 전당이자 엘리트의 산실로 메이지 근대화에 미친 영향은 굳이 부언할 필요가 없을 것이다. 메이지 근대화의 상징인 일본 고등교육의 뿌리는 거슬러 올라가면 막부 시대 난방의·난학자들의 지적 전통에 착근(着根)하고 있다고 할 수 있다.

5. 문명개화의 의미

1871년 9월 신정부의 학술·교육 담당 관청으로 문부성이 설립된다. 신정부는 새로운 근대국가 수립의 기초가 학문의 진흥에 달려있음을 인식하고 근대적 교육제도·학제의 도입과 각급 학교 설립, 교과서 편찬을 급무로 추진하였다. 흥미롭게도 문부성이 발족과 함께 역점 사업으로 추진한 것은 서양 백과사전 번역 프로젝트이다. 서구의 예를 좇아 광범위한 저변의 풀뿌리 계몽을 위해서는 백과사전 발간이 긴요하다는 인식하에 이를 국가 주도 프로젝트로 삼은 것이다. 미쓰쿠리 린쇼가 주도적으로 기획에 참여하여 영국 체임버스(Chambers) 출판사의 『Information for the people』을 원저로 하는 대대적인 백과사전 번역 사업이 시행되었고, 그 결과 교육·교양용 백과사전 『문부성 백과전서(百科全書)』가 출간되어 일본 사회에 큰 반향을 일으켰다.

에도에 난학 붐을 일으킨 오쓰키 겐타쿠의 손자로 초기 문부성 멤버이기도 했던 뇨덴(如電)은 『일본양학연표』에서 "메이지 10년 백과전서 제1편 천문·지문(地文)·지질·기상 문부성 간행 − 문화(文化) 신미(辛未)년 막부 천문대에 번역국을 둠. 그 첫 번째로 『후생신서』에 착수함. (중략) 그러한 연유로 문부성이 상기 서적을 간행함. 수(首)가 있어 미(尾)가 있다 할 것이라."고 적고 있다. 메이지 문부성 백과전서 출간의 원점을 막부의 후생신서에서 찾은 것인데, 이는 당시 지식인들이 에도 막부 시대와 메이지 시대가 학문과 지식의 면에서 연속적인 시대라고 인식하고 있음을 보여주는 사례라 할 수 있다.

영국의 재야 역사학자 헨리 토마스 버클(H.T. Buckle)은 1857년에 간행된 『영국문명사(History of Civilization in England)』라는 저술에서,

역사에도 일종의 과학적 법칙이 있는바, 문명의 진보를 결정하는 것은 집단 지성의 축적이며, 집단 지성의 축적은 부의 창출과 분배에 의해 결정된다고 주장하면서, 집단 지성의 축적 과정을 종교적 권위와 전사(戰士) 집단의 영향으로부터 시민사회(부르주아가 주도하는 사적 자치와 사유재산권이 보장되는 사회)가 독립하고 성장하는 과정과 결부시켰다. 그는 더 이상 전사 집단(즉 구지배세력)의 호전성에 의해 부가 창출되는 것이 아니라 아담 스미스의 경제학이 논리적으로 입증하였듯이 부가 평화적으로 창출될 수 있으며, 이에 따라 사회의 주도권이 전사 집단에서 시민사회로 이양되고 경제가 보호주의에서 자유주의로 이행하는 과정이 문명 진보의 원동력이라고 역설하였다.

버클의 문명론은 일본 지식인들 사이에서 열렬한 지지를 받았다. 버클의 영향을 받은 후쿠자와 유키치는 『문명론지개략(文明論之槪略)』에서 미신·구습에의 의존 정도, 학문의 발달 정도, 사회적 신뢰의 정도, 창의적 발상의 수용 정도 등을 기준으로 한 나라의 수준을 '야만–반개–문명'의 3단계로 서열화하여 제시하였다. 버클의 이론 속에서 제시되는 문명의 진보 과정은 일본이 처한 현실에 던지는 시사점이 너무나 많았다. 버클의 문명 진보론 모델에 무가가 지배하는 봉건체제 속에서 조닌 계층에 의해 끊임없이 시장이 확대되고 부가 창출된 일본의 역사를 대입시키고, 지성의 축적과 시민사회의 성장이 미흡하다는 일본의 사정을 반영하면, 향후 문명 진보를 위해 일본이 추구해야 할 방향성이 명확해지기 때문이다. 이는 달리 말하면 당시 일본 지식인들이 유럽 문명사를 기준으로 자신들의 현재 좌표를 인식하고 서구 문명의 수용을 통해 상향 이동을 욕구하는 지적 수준에 도달해 있었다는 의미라고도 할 수 있다.

계속 강조하여 왔듯이 이 시기 유럽 문명을 준거(準據)로 한 자기 타자화의 지적 역량은 하루아침에 이루어진 것이 아니다. 후쿠자와의 『서양사정(西洋事情)』은 메이지 초기 3대 베스트셀러로 꼽히는 그의 출세작이다. 그러나 '서양사정'이라는 제목의 저작은 그가 원조가 아니다. 후쿠자와보다도 수십 년 앞서 에도시대 후기를 대표하는 종합 지식인인 와타나베 가잔(渡辺崋山, 1793~1841)이 『재고서양사정서(再稿西洋事情書)』라는 책을 저술한 바 있다. 가잔은 이 책에서 서양 부강의 근원이 합리적 정신과 그것을 지지하는 사회 체계라고 주장하면서, 일본도 그들의 '변혁의 정신'을 본받아 자기 변혁에 임하지 않는다면 국가 자체의 존립이 위험에 처할 수 있다고 경고하고 있다.

후쿠자와의 '서양사정'에는 일본 근대화의 초석으로 중시된 서양식 교육제도(학제)가 기술되어 있는데, 서양 교육제도에 대한 관심 역시 가잔이 후쿠자와보다 선수(先手)였다. 오자키 산에이(小関三英)라는 난학자가 저술한 『주인서(鑄人書)』는 네덜란드 공익협회편(編) 『교육자를 위한 핸드북 1807~1808』을 화역(和譯)한 번역서인데, 대략 1839년 전후에 출간된 것으로 추정된다. 이 책은 가잔의 의뢰를 받아 오자키가 저술한 것으로, 근대 과학기술에 의해 산업이 과거와는 다른 양상으로 발전하면서 그 중요성이 새롭게 인식된 전문기술학교(실업중등교육)와 국민교육제도에 관한 네덜란의 최신 정보를 상세히 담고 있으며, 가잔은 이를 정리하여 자신의 『외국사정서(外國事情書)』에 수록하였다.

가잔과 후쿠자와의 저작에서 볼 수 있듯 서양의 학술·교육 제도에 대한 지식인들의 관심은 막부 말기~유신 초기를 관통하는 지적 축적을 가능케 하였고, 이러한 축적은 우치다 마사오(內田正雄)의 『화란학제(和蘭學制)』나 사자와 타로(佐澤太郎)의 『불국학제(佛國學制)』 등 정책 입안 실무서로 결실을 맺으며 메이지 시대의 근대 교육제도 개혁의 기초가 되었다.

근세 말~근대 초기에 걸쳐 일본의 엘리트 계층이 개국을 통한 문명개화에 긍정적이었다는 것은 달리 말하면 서양에 대한 일본의 열위를 인정하였다는 말이기도 하다. 우월한 물리적 힘을 가능케 한 지적 능력의 우수함을 긍정하는 지적 겸허함이 있어야 비로소 자신의 부족함을 외부로부터 채우려는 실리의 정신이 생길 수 있다. 중국과 어느 정도 거리를 둔 중화문명의 변방이었기에 중국, 조선에 비해 지적 자만심이 상대적으로 덜하였다는 것이 근세 시기 일본이 서양을 대하는 지적 유연성에 도움이 된 측면도 있다.

일본의 국민 작가 시바 료타로는 중국과 조선이 일본을 야만이라 멸시하는 시각에 대해 "일본은 본래 힘에 의한 경쟁 사회다. 중국, 한국 같은 유교의 문명원리에서 보면 일본 사회는 그저 야만일 뿐이다. 왜의 만풍이란 어디까지나 늠름함이며, 무사들은 그것으로 세상을 다스렸다. 유교란 인간을 하나의 원리를 가지고 옭아매어서 야만적 성격을 뽑아버림으로써 통치하기 쉽게 한다는 원리다. 이것을 문명이라고 해도 좋다. 그런 의미에서 항상 원리 원칙 없이 임시변통하는 왜는, 문화는 일으키되, 문명과는 거리가 멀다."고 오히려 당당하게 응수한다.

일본의 입장에서는 전통적인 중화 문명에 대한 동경이 서양과의 전면적인 조우 과정에서 실증적 비교·분석을 통해 서양 문명에 대한 동경으로 대체되는 것이 이상한 일이 아니다. 나카무라 마사나오(中村正直, 1832~1891)는 31세에 막부의 유학 교육을 관장하는 자리에 오른 일류 유학자였다. 그의 배움이 무르익을 무렵부터 막부는 서구의 개항 압력에 직면해 있었다. 일본의 진로를 고심하던 그는 1866년 막부에 청원해 영국 유학길에 오른다. 그곳에서 새로운 세상을 목도하고 충격을 받은 그는 1868년 귀국 후 서구 문명의 실체를 소개하는 작업에 착수한다. 첫 번째 결실이 1871년 영국 작가 새뮤얼 스마일스의 『Self help』를 번역한 『서국입지편(西國立志編)』의 출간이었다.

『자조(自助)론』으로도 알려진 이 책에서 그가 소개한 영국의 미덕(美德)은 모든 인민이 신분이 아니라 스스로의 의지와 노력으로 성공하는 '자주지행(自主志行)'의 사회 원리였다. 영국의 강함은 용맹한 군주의 존재가 아니라 개인 간 자유의사 합의로 생성된 제도와 계약에 기인하며, 관부(官府)는 민(民)에게 편의를 제공할 뿐 사회를 주도하는 것은 민이라는 그의 관찰도 덧붙여졌다. '하늘은 스스로 돕는 자를 돕는다'는 문구를 일본 사회에 각인시키며 메이지 3대 베스트셀러가 된 이 책은 개인의 주체성과 의지가 근대성의 요체임을 설파함으로써 일본 사회에 큰 반향을 불러일으켰다.

존 스튜어트 밀의 『On Liberty』를 『자유지리(自由之理)』라는 제목으로 번역·출간해 서구 리버럴리즘의 핵심 가치인 인격의 존엄성, 개성, 자유의 개념을 일본에 소개한 것도 그였다. 그는 중국, 조선의 개화파와 교류하였으며 그가 설립한 동인사(同人社)에서 수학한 윤치호는 그의 가르침에서 큰 영향을 받았다. 입지(立志), 지리(之理) 등의 용어에서 볼 수 있듯 그의 서구 관념 수용은 유학자로서 소양에 바탕을 둔 것이다. 기존의 유학 지식을 낡은 틀에 가두지 않고 열린 마음으로 새로운 세상을 받아들인 150년 전 일본 유학자의 지적 유연성이 오늘날에도 큰 울림을 전한다.

1803~1817년에 걸쳐 데지마 상관(商館)장이었던 헨드릭 두프는 에도 체류 경험에 대해 다음과 같은 기록을 남겼다. "일본 의사들과 천문학자들은 우리를 몇 번이고 찾아왔다. 그들의 지적 욕구는 엄청났다. 양약(洋藥)의 효능·재료·제법에 대해 상관의(醫)에게 꼬치꼬치 물었고, 질문을 세심하게 준비해 왔다. 천문학자들은 랄랑드(Lalande)의 『천문학 개론』 등 유럽의 천문 서적을 보물처럼 여겼고 수많은 질문을 했다. 1810년 두 번째

방문 땐 나가사키에서 나의 제자였던 통역사 바바 사주로를 만났다. 사주로는 자신을 '아브라함(Abraham)'이라고 불렀다. 그는 자신의 에도 친구들이 네덜란드식 이름을 갖기를 원한다며 내게 이름을 지어달라고 했다. 그중에 매일같이 몰래 나를 찾아오던 천문방 다카하시 삼페이가 있었다. 1817년 일본을 떠날 즈음 나는 그에게 '요하네스 히오비위스(Johannes Giobius)'라는 이름을 지어주었다. 아울러 쇼군의 전의(典醫)인 가쓰라가와 호안에게는 '요하네스 보타니쿠스(Johannes Botanicus)'라는 이름을 지어주었다."

한국에서는 조선통신사가 가는 곳마다 시문(詩文)을 받으려는 일본인들이 줄을 섰다는 이야기가 알려져 있다. 그를 이유로 일본에 대해 문화적 우월감을 느끼기도 한다. 그러나 당시 일본인들이 한 수 배우고자 한 상대는 조선에 국한되지 않았다. 중국, 서양을 가리지 않고 배울 것이 있는 상대에게는 머리를 숙이고 가르침을 청했다. 기존 지식에 안주하지 않고 실용적 태도로 탐구심의 끈을 놓지 않았던 지적 풍토가 일본 개화(開化) 사상의 저변에 깔려 있다.

근세 말~근대 초기에 걸쳐 난학 또는 양학의 연구라는 지적 자극을 통해 일본 지식인 사회의 세계관 전환 및 문명개화 인식 형성에 연속성을 부여하는 데 지대한 공헌을 한 주인공이 의사라는 신분(또는 직분)으로 활동하던 과학기술 엘리트 집단이다. 갈릴레오, 코페르니쿠스, 뉴턴, 라부아지에, 제임스 와트를 거론하지 않고 데카르트, 헤겔, 칸트, 루소, 로크만으로 근대 서구 문명의 본질을 파악하기는 어려울 것이다. 마찬가지로 일본의 서구 근대화 따라잡기도 서구 과학기술 흡수 역량에 대한 고려 없이 정치적 이념, 권력 투쟁에만 주목하여 분석한다면 전체상을 파악하는 데 한계가 있을 것이다.

일본의 난학은 그저 근세 시대에 '난학이 발전했다' 정도의 간단한 언급으로 처리될 부분적인 현상이 아니라, 일본 엘리트 계층이 인류 문명사의 흐름을 바꾼 거대한 변화에 직면했을 때 그 의미를 파악할 수 있는 안목을 제공한 지적 기반이었으며, 의사는 그 기반을 마련하고 변화를 이끈 주역이라고 할 수 있다. 일본 근대 지식인의 상징인 메이로쿠샤(明六社)의 창립 멤버 7인 중 4인이 의사 또는 의사 가계의 인물임은 그를 상징적으로 보여주는 사례라 할 수 있다. 자연과학·기초과학 분야에서 다수의 노벨상 수상자를 배출한 일본의 과학기술 저력은 겉보기보다 연원이 깊다.

전근대와 근대를 구분하는 것은 단순한 시대적 기준이 아니다. 보다 본질적인 구분은 '왜'를 물을 수 있는 사회인가 없는 사회인가의 차이라고 할 수 있다. 왜를 물을 수 있도록 만드는 모든 조건은 사물과 현상의 본질에 접근하여 근대화를 촉진하는 요인이 되며, 반대로 왜를 물을 수 없도록 만드는 모든 조건은 이를 방해하는 요인이 된다고 할 수 있다.

왜를 묻지 못하는(또는 묻지 않는) 행태는 반드시 '무지', '몽매'에서 비롯되는 것이 아니다. 때로는 지적 우월감, 자만심이 의문과 질문의 가능성을 차단한다. 일본보다 서양과의 교류 역사가 훨씬 길고 교류의 폭도 넓었던 중국이 서양 문명을 학습·수용의 대상으로 삼는 인식의 전환에 저항이 컸던 것도 중화문명의 종주국이라는 지적 우월감에 빠져 있었기 때문이다.

1764년 조선통신사의 수행원으로 일본을 찾은 조선 의사 남두민은 기타야마 쇼라는 일본의사가 당시 한의가 되고 있던 야마와키 도요의 책 『장지(臟志)』에 묘사된 인체 내부의 장기와 한방의 경전인 『황제내경』의 오장육부 설명이 다른 것을 두고 의견을 묻자, "갈라서 아는 것은 어리석은 사람들의 짓이고, 가르지 않고도 아는 것은 성인만이 할 수 있으니 미혹되지 말라"고 꾸짖었다. 그로부터 100년이 넘는 세월이 지난 1881년,

고종의 명으로 일본의 개화 사정을 살펴보기 위해 조사시찰단의 일원으로 일본을 방문한 조선의 신진관료 송헌빈은 일본 정부가 근대 문명 체험을 위해 마련한 서양식 병원 시찰에 나섰다가 해부도와 인체 모형을 목격하고는 귀국 후 자신의 일기에 "정말로 끔찍하기 짝이 없다. 이는 인술(仁術)을 행하는 자가 할 짓이 아니다. 고약하고 또 고약하다"고 적었다. 그때까지도 조선 엘리트의 세계관은 요지부동이었다. 조선과 일본의 개국이 불과 20년 차이에 불과하다는 역사인식에 선뜻 동의할 수 없는 이유가 여기에 있다.

미주

1) 일본의 화이는 일본이 중화 질서의 계승자라는, 조선의 '소중화'와 유사한 의미를 내포하고 있다. 17세기 후반 유학자 야마가 소코(山鹿 素行)가 '중조사실'(中朝事實)에서 야만 여진족이 세운 청조의 중화 계승 정통성을 부인하고 만세일계의 황통을 보지(保持)한 일본이 진정한 중조(中朝), 즉 중화의 계승자임을 주장한 이래 화이사상은 일본 국학의 주류로 자리 잡았다.

2) 旧来ノ陋習ヲ破リ天地ノ公道ニ基クヘシ

3) 智識ヲ世界ニ求メ大ニ皇基ヲ振起スヘシ

4) 신정부의 핵심 엘리트가 서구의 발전상을 시찰하기 위해 구미를 방문한 것으로 알려진 이와쿠라 사절단의 명목상 파견 이유는 불평등 조항 개정을 위한 교섭이었다.

5) 요코스카 조선소의 당초 명칭은 요코스카 제철소였다. 프랑스에서는 군함과 함께 엔진, 대포 등을 일관 생산하는 복합시설(complex)을 'arsenal'이라고 불렀고, 이를 당시 일본인들이 제철소로 번역하여 사용하다가, 1871년 요코스카 조선소로 명칭을 변경하였다.

6) 고샤(黌舎)라고 불린 기술교육기관에서는 조선기술, 기계학, 건축학, 제도법, 프랑스어 등이 교습되었고, 이곳에서 배출된 엔지니어들이 일본 근대화 과정에서 기술 엘리트로 활약하였다.

7) 일본은 서구와의 수교 이후 비서구 지역 국가와의 관계에서 서구국과 동등한 지위를 인정받으려 하는 성향을 보이는데, 심지어 서구와의 교류 역사가 깊은 오스만제국에 대해서도 불평등 조항(영사재판권 인정)의 인정을 요구했고, 오스만의 거부와 1차대전 발발 등으로 인해 터키공화국이 수립되고 난 이후인 1925년에야 국교가 수립될 수 있었다.

8) 神田孝平,『農商辯』における商の「利」-税制改革論を中心に-, 南森茂太,『経済学史研究』50巻 1号, 0000年, 経済学史学会.

9) 일본에는 쇄국정책 이전에도 예수회를 통해 전래된 서양 외과술이 있었는데 이를 '남만류 외과'라고 한다.

10) 해체신서의 자세한 출간 경위를 다룬 국내 간행물로는 이종찬 저『난학의 세계사』, 이종각 역『일본 난학의 개척자 스키타 겐파쿠』등이 있다.

11) 난동사시는 스키타의 회고록으로 원본과 필사본이 모두 소실된 것으로 알려

졌으나, 막말 간다 다카히라가 우연히 필사본을 발견한 것을 계기로 후쿠자와 유키치 등이 『난학사시』라는 제목을 달아 출간하였다. 난학의 초기 개척사를 정리한 소중한 사료로 아오키 곤요, 노로 겐죠를 필두로 초기 난학자들의 활동이 이 책의 출간을 통해 메이지 시대에 널리 알려졌다.

12) '계제'라는 것은 계단·사다리라는 뜻으로 『난학계제』는 차근차근 서양 학문과 기초 네덜란드어를 공부할 수 있는 일종의 난학 입문용 교과서였다.

13) 요안이 1837년부터 10년에 걸쳐 저술한 '사밀개종(舍密開宗)'은 일본 최초로 근대화학을 체계적으로 다룬 저작이다. '舍密'은 '세이미(セイミ)'로 읽으며 네덜란드어로 화학을 의미하는 'chemie'를 음차(音借)한 번역어이다. 기존 지식 체계에 존재하지 않던 신학문의 개념을 소개하는 것은 단순 번역을 넘어 창조 활동을 수반한다. 산소, 수소, 질소, 탄소 등의 원소명과 산화, 환원, 용해, 포화, 결정(結晶) 등의 기초 화학 용어는 이때 요안이 창안한 것이다.

14) 矢部一郎, '宇田川裕菴の著書に見られるガス代謝の記載(II)', 日本醫史學雜誌 第二十四券三号, 1978년 7월.

15) 이미 중국에서 화학이라는 용어가 사용되고 있었다.

16) 이때의 도쿄대학은 현재의 도쿄대학과 이름은 같으나 법적 지위와 체제 등에서 차이가 있어 통상 '구(舊)도쿄대학'으로 불린다.

【참고문헌】

〈국내 자료〉

박훈, 『메이지유신은 어떻게 가능했는가』, 민음사, 2017.

손일, 『막말의 풍운아 에노모토 다케아키와 메이지유신』, 푸른길, 2019.

함동주, 『천황제 근대국가의 탄생』, 창비, 2009.

다나카 아키라(현명철 역), 『메이지 유신과 서양 문명 : 이와쿠라 사절단은 무엇을 보았는가』, 소화, 2006.

여인석·황상익, 『일본의 해부학 도입과 정착 과정』, 의사학 제3권 2호, 대한의사학회, 1994. 12.

김옥주, 미야가와 타쿠야, 『에도 말 메이지 초 일본 서양의사의 형성에 대하여』, 의사학 제20권 제호(통권 제39호), 대한의사학회, 2011. 12.

〈해외 자료〉

司馬遼太郎, 『「明治」という国家〔上〕』, NHKブックス, 1994.

石井孝, 『日本開国史』, 吉川弘文館, 2010.

井上勝生著, 『幕末・維新―シリーズ日本近現代史』, 岩波書店, 2006.

高橋敏, 『小栗上野介忠順と明治維新−小栗日記』を読む』, 岩波書店, 2013.

原田伊織, 『消された「徳川近代」明治日本の欺瞞』, 小学館, 2019.

宋本健一『佐々間象山』中公文庫, 2010

町田明広, 『攘夷の幕末史』, 講談社, 2010

森田吉彦, 『幕末維新期の対清政策と日清修好条規−日本・中華帝国・西洋国際社会の三角関係と東アジア秩序の二重性, 一八六二〜一八七一年』, 日本国際政治学会編 國際政治 第19号 『日本外交の国際認識と秩序構想』, 2004. 11.

藤田佳久,『幕末期に上海を訪れた日本人青年藩士たちの行動空間 −名倉予
何人、中牟田倉之助、高杉晋作』, 同文書院記念報 VOL.24 , 2016. 3.

藤村道生, '萬国対峙論の意義と限界 −維新外交の理念をめぐって−『九州
工業大学学術機関リポジトリ』第18号, 九州工業大学, 1970. 3.

蟹江幸博・並木雅俊,『文明開化の数学と物理』, 岩波科学ライブラリー ,
2008.

神田孝平,『農商辯』における商の「利」−税制改革論を中心に−, 南森茂太,
『経済学史研究』50巻 1号, 経済学史学会, 2008.

矢部一郎, '宇田川裕菴の著書に見られるガス代謝の記載(II), 日本醫史學
雑誌第二十四券三号, 1978. 7.

開化啓蒙期の翻訳行為 : 文部省『百科全書』をめぐって, 長沼美香子, 日本
通訳翻訳学会, 2012−03, 翻訳研究への招待. (7)

岩田高明,『小関三英訳『鋳人書』の西洋教育情報−−江戸時代における西洋
教育情報受容の特質』, 日本の教育史学 : 教育史学会紀要, 教育史
学会機関誌編集委員会編, 1997.

4

근대 일본외교의
'무사상성'과 조선 인식
(1868~1894)

근대 일본외교의 '무사상성'과 조선 인식 (1868~1894)

김종학 | 국립외교원 조교수, 외교사연구센터 책임교수

1. 서론

미국의 저명한 역사학자 이리에 아키라(入江昭)는 근대 일본외교의 특징을 '무사상(無思想)'이라는 말로 총괄한 바 있다. 그에 따르면, 근대 일본외교의 특징은 태평양전쟁 시기 정도를 제외하면, 장기적 국가목표나 바람직한 국제질서에 대한 고민이 부재한 채 그때그때의 국제정세에 민감하게 순응하며 오로지 자국의 대외 팽창과 안보 및 경제적 실리만을 추구한 경향에 있다. 그렇다면 이러한 시각은 근대 일본의 대한정책, 더 나아가 근대 한일관계사를 관조하는 데 어떤 시사점을 주는 것일까.

이러한 시각은 일본이 본격적으로 근대화에 착수한 1868년부터 한일강제병합을 단행한 1910년까지, 40여 년이라는 긴 시간에 걸쳐 치밀하게 한국 식민지화 음모를 획책하고 실현한 것으로 간주하는 일반적 역사관과는 거리가 있다. 그런데 이처럼 한일강제병합이라는 역사적 결과로부터 그 의도와 과정을 역으로 해석하는 목적론적 역사 인식은 비단 한국 사회에만 있는 것은 아니다. 이미 청일전쟁 당시 일본 천황의 조칙 형식으로 반포된 선전포고문(1894.8.1)에서도 그 일단을 찾아볼 수 있다.

조선은 제국이 처음에 계유(啓誘)해서 열국의 반열에 나아가게 한 독립된 일국이다. 그런데 청국은 매번 스스로 조선을 속방(屬邦)이라고 칭하며 음으로 양으로 그 내정에 간섭하였고, 내란이 발생하면 속방을 어려움에서 구원한다는 구실로 군대를 조선에 파견했다. 짐은 메이지 15년의 조약에 따라 군대를 파견해서 변란에 대비하게 하며, 더 나아가 조선으로 하여금 화란(禍亂)을 영원히 제거해서, 장래 치안을 보존하여 동양전국(東洋全局)의 평화를 유지하고자 했다. 우선 청국에 협동해서 종사할 것을 고했는데, 청국은 갑자기 태도를 바꾸고 갖가지 구실을 만들어서 이를 거절했다. 제국은 이에 조선에 그 악정[秕政]을 개혁[釐革]해서, 안으로는 치안의 기틀을 다지고 밖으로는 독립국의 권리와 의무[權義]를 온전히 할 것을 권고하였다. 조선은 이미 이를 승낙했으나, 청국은 시종 은밀하게 백방으로 이러한 목적을 방해하였다.

이에 따르면, 일본은 이미 강화도조약(조일수호조규, 1876.2.27)의 체결로 조선을 독립국으로 승인하였다. 그런데 청은 조선을 속국이라고 주장하면서 그 내정에 간섭하고 군대를 파견하기까지 했다. 동아시아 지역 질서의 안정을 위해선 조선의 개혁이 필수적이나, 청은 공동개혁 요구를 거부했을 뿐 아니라 일본의 단독개혁 시도마저도 암암리에 방해했기 때문에 부득이 전쟁을 선포하기에 이르렀다는 것이다. 비록 왜곡된 형태이긴 하나, 여기서도 대청개전의 명분이 되는 조선의 '독립'과 '개혁'을 일본이 근대 이후부터 체계적으로 지도하고 방조(傍助)했다는 인식이 간취된다. 자국이 아니었으면 한국은 여전히 미개한 수준과 중국의 조공국 신세를 면치 못했을 것이라는 일본 내 극우사관의 근거도 바로 여기에 있다.

요컨대 일본이 메이지유신 이후 체계적이고 조직적으로 조선 식민지화

정책을 추구했다고 보는 역사관이나 또는 조선의 독립과 개혁을 지도했다고 주장하는 역사관 모두 일종의 목적론적 역사인식이라는 점에서 일맥상통하는 부분이 있다. 하지만 이러한 설명은 의도치 않게 당시 일본의 실력을 과대평가하는 결과를 초래하는 면이 있다고 생각한다. 즉, 시대와 장소를 막론하고 한 국가의 대외정책은, 그 의도나 구상과는 별개로 그것을 구현할 수 있는 정책 능력, 그리고 국제환경과 국내정세 등에 의해 현실적 제약을 받기 마련이다. 국제사회에서 장기간에 걸쳐 자신의 의지를 체계적으로 관철할 수 있는 나라는 오직 한두 개의 초강대국뿐이라고 해도 과언이 아니다. 더욱이 메이지유신 이후 일본 정부는, 적어도 청일전쟁에서 승리를 거두기까지 부국강병을 달성하기 위한 재정 확충, 정권 내 고질적인 파벌 다툼과 재야의 반정부 운동, 서구열강과의 불평등조약 개정 등 국내외의 지난한 문제들과 씨름해야 했다. 그렇다면 이는 다시 근대 일본외교의 주조(主調)를 이뤄온 이른바 '무사상성'과 어우러져 대한정책의 혼선 또는 비일관성을 결과한 것은 아니었을까.

이 글은 근대 일본외교의 '무사상성'이라는 화두를 중심으로 1868년부터 1894년까지 근대 일본외교의 대한정책의 흐름과 인식상의 특징을 검토한다. 특히 이와 관련된 중요 외교문서의 원문을 제공함으로써 독자의 이해를 돕고자 했다.

이 글의 구성은 다음과 같다. 제2절에서는 메이지유신부터 1876년 조일수호조규이 체결될 조인 신관계가 정립되기까기이 기긴을 살펴볼 것이다. 특히 여기서는 메이지 유신을 계기로 양국 간 상대적 국격(國格, national prestige) 문제가 대두한 배경과 조일수호조규를 통해 일종의 외교적 타협에 도달하기까지의 경위에 주목하고자 한다. 제3절에서는 1880년대의 시기를 다룬다. 이 시기는 청이 임오군란과 거문도사건을 계기로 조선에 대한 정치적 압력을 심화하고, 특히 전통적 '속국'을 근대 국제법적 '보호국'의 의미로 재해석 또는 전유(專有)하던 때였다. 이에 대해 일본 외무당국은 서양 열강과의 불평등조약 개정 및 군비와 재정 확충에 주력하면서 조선 문제에 관해선 소극정책을 취하였다. 여기서는 그 맥락 속에서 제기된 한반도 영세중립화론과 대청협조주의에 관해 살펴보고자 한다. 제4절에서는 1890년대 세계적으로 신제국주의의 대두와 함께 대한 정책이 지정학적 논리에 근거한 대륙팽창론으로 귀결되는 과정을 검토할 것이다. 특히 청일전쟁(1894~1895)과 러일전쟁(1904~1905)을 거치면서 대한정책의 주도권은 군부와 대장성으로 이동하였다. 그리고 이와 함께 일본 외무당국의 조선 인식은 독자성을 상실하고, 오직 군부가 주도하는 무팽창노선을 외교적으로 뒷받침하는 종속적 역할로 전락하였다.

2. 1870년대 조일 신관계의 모색

(1) 미지의 나라, 조선

에도 막부가 수립된 17세기 이후 일본은 해외 도항(渡航)을 금지하고 통교의 대상을 엄격하게 제한하는 이른바 해금정책(海禁政策)을 시행하였다. 그리고 조선을 비롯하여 류큐(琉球), 아이누 등 주변 민족과의 왕래와 교역은 그 인근 번(藩)의 다이묘(大名)에게 위임하였다. 이들 다이묘는 명분상 막부 쇼군의 지휘를 받는 존재였으므로, 그들에게 주변 민족과 대등하게 교제하게 함으로써 쇼군, 더 나아가 일본의 대내적 위상을 높이려는 의도에서였다. 이에 따라 조선·류큐·아이누와의 통교는 각각 쓰시마(對馬)·사쓰마(薩摩)·마쓰마에(松前) 번주가 담당했다.

조선과의 통교의 경우, 쓰시마의 제20대 번주 소 요시토시(宗義智,

1568~1615)가 임진왜란과 기유약조(己酉約條, 1609)에서 세운 공을 인정받아 대대로 그 가문의 특권으로 인정되었다. 쓰시마 번은 척박한 환경에도 불구하고, 조선 무역의 이익과 통신사(通信使)의 접대 명목으로 막부로부터 수령하는 지원

〈그림 1〉 근세 일본의 대외관계

금에 기대어 연공(年貢) 10만 석(石) 이상의 다이묘로서 그 위신을 유지할 수 있었다. 또한 조선은 부산 초량에 이른바 '왜관(倭館)'을 설치하고, 동래·기장·울산 세 고을의 세곡(稅穀)을 이른바 하납미(下納米)로 내려주어 그 생계를 해결해주었다. 쓰시마 번의 1년 연공의 30~40%, 그리고 연간 쌀의 총 소비량 가운데 60~70%는 왜관을 거쳐 들어오는 곡물로 충당되었다. 이와 같은 조선과 쓰시마 번의 관계를 두고 아메노모리 호슈(雨森芳洲)는 "왜관에 대한 지급과 무역을 중단하는 것은 쓰시마 인에겐 마치 젖먹이에게서 젖을 떼는 것과 같다."라고 비유하기까지 했다.[1] 요컨대 조선과의 통교는 쓰시마 번의 입장에선 그 사활이 걸린 중대사였고, 이에 따라 근대적 외무성(外務省)이 설치된 뒤에도 상당 기간 대조선 외교권을 지키기 위한 필사적 노력을 그치지 않았다.

에도시대 조선과의 국교에서 무엇보다 중요한 의미를 가진 것은 통신사(通信使) 제도였다. 이 시기 조일 간 관계가 유례 없이 협조적이고 우호적일 수 있었던 배경에는 바로 통신사의 왕래를 매개로 이뤄진 문화 교류

가 있었다. 그럼에도 불구하고, 이 제도에는 적지 않은 재정이 소요될 뿐 아니라, 조선의 통신사만 일방적으로 일본 수도를 방문하는 등의 결함 또한 적지 않았다. 조선 후기의 저명한 실학자 성호 이익은 그 개혁방안에 관해 다음과 같이 논했다.

교린신명(交隣信命)은 선왕의 아름다운 법이다. 이제 저쪽 사신은 경상(境上)까지만 오고, 우리는 또 그 요청이 온 이후에야 사신을 보내는 것은 성신(誠信)을 크게 결여한 것이다. 따라서 마땅히 다시 약조를 맺어서, 3년에 1번씩 우리가 가면 저들이 오되, 각각 수도로 가서 그 번비(煩費)를 줄이고 그 농간을 금한다면 정(情)이 통하고 의(義)가 가까워질 것이니, 유원지도(悠遠之圖)에 이보다 더 나은 방법이 없을 것이다.[2]

하지만 조일 양국의 재상과 유학자 가운데 이익의 탁견에 이른 사람은 아무도 없었다고 해도 과언이 아니다. 양국의 타협을 거쳐 겨우 만든 개혁안은 조선 통신사가 쓰시마까지만 와서 약식으로 빙례(聘禮)를 행하는 것이었고, 이에 따라 1811년 이른바 쓰시마 역지행빙(易地行聘)이 시행됐다. 그러나 그 뒤로는 조일 양국의 재정난으로 인해 몇 차례나 통신사 파견이 연기되고, 또한 때는 오사카(大阪)에서의 역지행빙의 대안도 논의되었지만, 결국 모두 실현되지 못했다. 이것으로 통신사 제도는 종언을 고하고 만 것이다.

메이지유신 이후 정부의 주역이 된 조슈와 사쓰마번 등의 사무라이들은 조일관계의 연혁은 물론, 조선 자체에 대해서도 아는 것이 거의 없었다. 이들이 조선에 관해 가진 지식이란, 고대에 진구황후(神功皇后)가 한반도 남부에 임나일본부를 설치하고 삼한(三韓)을 신하로 복종시켰다는 『일본서기』의 신화적 기술과 임진왜란 때 도요토미 히데요시가 조선을 '정벌'한 사실 정도에 지나지 않았다. 이처럼 조선에 대한 객관적 지식이 결핍된 상황에서 그것은 다양한 형태로 대상화되었다.

그 유력한 인식틀 중 하나는, 조선이 일본에 대해 조공의 예를 폐기한 지 이미 오래됐으므로 군대를 보내 이를 문죄(問罪)해야 한다는 황국사관(皇國史觀)에 기초한 정한론(征韓論)이었다. 그 사상적 편린은 메이지유신의 정신적 지도자로 알려진 요시다 쇼인(吉田松陰, 1830~1859)에게서도 발견된다. 1854년에 쓴 『유수록(幽囚錄)』에서 그는 다음과 같은 제국 팽창 구상을 제시했다. 그리고 이는 훗날 그의 제자들에 의해 홋카이도 개척, 사할린-쿠릴 교환조약(1875), 류큐(오키나와) 병합(1879), 대만 침공과 병합(1874·1894), 조선 보호국화과 강제병합(1905·1910), 만주사변(1931)과 태평양전쟁(1941)의 순서로 실현되었다.

> 해는 떠오르지 않으면 기울고 달은 차지 않으면 이지러지며 나라는 융성하지 않으면 쇠퇴한다. 그러므로 나라를 잘 보전하는 자는 비단 그 가진 것을 잃지 않을 뿐 아니라, 또 없는 것을 더하는 것이다. 이제 급히 무비(武備)를 닦아서 함선과 대포가 대략 갖춰지면, 홋카이도[蝦夷]를 개간해서 제후를 봉해주고 틈을 노려 캄차카(加摸察加)와 오호츠크(隩都加)를 빼앗아야 한다. 그리고 류큐를 타일러 국내 제후와 함께 나란히 조근(朝覲)·회동(會同)하게 하고, 조선을 꾸짖어 옛날 전성기처럼 인질과 조공을 바치게 해야 한다. 북쪽으로는 만주 땅을 분할하고, 남쪽으로는 대만·필리핀(呂宋) 등 여러 섬을 거두어 점차 진취의 형세를 보여야 한다.

(2) 국격 문제의 대두

전근대 일본은 세계적으로 유례를 찾기 어려운 독특한 정치 구조를 갖고 있었다. 그것은 에도의 쇼군(征夷大將軍)이 실질적으로 전국을 통치하면서도, 동시에 교토에는 태양신의 자손으로서 만세일계의 천황이 일본국민의 정신적 지주이자 통합의 상징으로서 존재하는, 말하자면 정치적 권력과 권위가 양분된 체계였다. 다시 말해서, 일본의 정치와 경제를 통할하는 권력은 쇼군에게 있지만, 명분상으로 보자면 어디까지나 이는 천황에게 위임받은 것에 지나지 않았다.

한편, 봉건질서의 해체와 서양 세력의 침입이라는 내우외환의 위기 속에서, 19세기 초부터 천황제 및 이른바 신도(神道)라고 하는 국가제의(國家祭儀)의 복구를 통해 이를 극복하려는 사상적 모색이 본격적으로 나타나기 시작했다. 그러던 가운데 막부가 천황의 인허를 받지 않은 채 서구의 위협에 굴복하여 불평등조약을 체결한 것이 원인이 되어 마침내 1850~60년대 존황양이(尊皇攘夷) 운동을 촉발한 것이다. 이러한 정치사적 맥락에서 볼 때, 메이지유신은 12세기 가마쿠라 막부 창건 이래 한갓 허기(虛器)만을 안고 있던 천황이 이제 그 전면에 나서 만기친람(萬機親覽)을 하게 된 정치변동을 뜻했다. 1867년 11월 9일(음) 교토의 니조조(二條城)에서 여러 다이묘가 지켜보는 가운데 마지막 쇼군 도쿠가와 요시노부(德川慶喜)가 메이지 천황에게 정권을 반상(返上)한 대정봉환(大政奉還)은 그 상징적 사건이었다.

그런데 이러한 정치변동의 영향은 일본 국내에 국한되지 않고 조일 관계에까지 파급되어 수 년간 중대한 분규를 일으켰다. 사대교린(事大交隣)이라는 말에서 드러나듯이, 근대 이전 조선의 기본적 외교방침은 상대적으로 큰 나라인 중국에 대해선 '사대(事大)의 예'를 취하고 일본과 여진 등에 대해선 대등한 이웃 나라로서 교제[交隣]한다는 것이었다. 그런데 문제는 일본에 사실상 2명의 주권자가 존재한다는 점이었다. 조선 국왕의 대등한 교섭 상대는 쇼군인가, 아니면 천황인가? 이에 대해 조선 측에선 편의상 쇼군을 일본의 군주이자 대표로 간주했다. 하지만 명분상 쇼군은 천황에게 권력을 위임받은 것에 지나지 않았으므로, 그것이 환수될 경우 교린 관계는 근저에서부터 흔들릴 우려가 있었다. 성호 이익은 이미 18세기 말에 이러한 모순을 간파하고 있었다.

왜황(倭皇)이 실권(失權)한 것이 또한 6~7백 년에 불과한데 국인(國人)의 원하는 바가 아니니 차차 충의로운 인물들이 그 사이에 나타날 것이다. 천황의 복권은 명의가 정당하고 말이 옳으니, 훗날 반드시 한번 성공이 있을 것이다. 홋카이도[蝦夷]를 연결한 다음 그 천황을 끼고 제후에게 호령한다면 반드시 대의를 펴지 못하지 않을 것이다. 66주의 태수 중에 어찌 서로 호응하는 자가 없겠는가? 만일 그렇게 된다면 저편은 황(皇)이고 우리는 왕(王)이니 어떻게 할 것인가? 죽은 아들 맹휴(孟休)가 일찍이 말하기를, "통신사의 경우 그 국서와 폐백, 문자에 관해 우리의 대신에게 항례(抗禮: 동등한 예절)로 해야 하는데, 나랏일을 계획하는 자가 먼 생각이 없고 목전의 미봉책만 일삼았으며, 또 관백이 왕이 아닌 줄 알지 못하고 이에 이르렀으니 몹시 애석하다." 라고 하였다.[3]

이익의 우려는 그로부터 약 100년 후 현실이 되었다. 메이지 신정부는 쓰시마 번주(藩主)의 대조선 외교권을 당분간 인정하면서 조선에 왕정복고(王政復古)를 통고하도록 했다.[4] 이에 쓰시마 번주 소 요시아키라(宗義達)는 조일 관계의 연혁과 그 근본적 개혁 방침에 관해 다음과 같이 설명했다.

공손히 생각건대 조선국은 상대(上代)에 삼한(三韓)이 조공을 바치는 오랜 의례를 중단했습니다. 이후 중엽(中葉)에 양국의 시태(時態)가 일전(一轉)해서 장가(將家: 무가정권)의 인교(隣交)가 되어 그 교례(交禮)가 모두 막부를 거게(私禮! 배둥 친 네)노 내뱄습니다. 당시 병혁(兵革)의 사이에 문물이 아직 열리지 않았으므로 교접(交接)하는 사례(事例)와 체재(體裁)가 서지 않아 간혹 국위(國威)를 손상하는 잘못된 거조가 없지 않았습니다. 그 후 도요토미가(豊臣家)의 임진지역(壬辰之役: 임진왜란)으로 통교가 단절되었는데, 도쿠가와 씨(德川氏)에 이르러 다시 인목(隣睦: 이웃 국가 간의 우호)을 닦았습니다. 그 뒤로 양국이 겉으로는 성신(誠信)을 표하면서 교제했지만, 단지 경조

빙문(慶弔聘問)에서 겨우 그 예절을 지켰을 뿐, 실제로는 타이슈(對州: 쓰시마) 일국(一國)의 사교(私交)와 같았으니, 교제의 사례가 일시일비(一是一非)하여 불후의 법전(法典)이 되지 않았습니다. 그런데 이번에 막부를 폐지하고 만기(萬機)를 신단(宸斷: 천황의 결단)에 따라 분부하시게 되었음을 조선국에 통고하라는 분부를 삼가 받들었습니다. 따라서 이번에 양국의 통교(通交)를 일신(一新)하는 때를 맞이하여 종전의 숙폐(宿弊)를 모두 개혁하고, 모든 일을 중론(衆論)과 공의(公議)를 다하기 위해 교접(交接)의 강요(綱要)는 물론, 말단의 예절까지도 깊이 예려(叡慮: 천황의 뜻)를 유념하겠습니다.[5]

이 글에 따르면, 조선은 원래 일본의 조공국이었지만 일방적으로 그 관행을 중단하였고, 또 일본에 무가정권이 수립된 뒤로는 대등한 국격으로 외교 관계를 맺어왔다. 게다가 그 교제라는 것도 실제로는 국가 간의 공식적 관계라기보다는 쓰시마 번의 사적 관계에 가까웠다. 따라서 이번에 조선에 왕정복고를 통고하는 것을 계기로, 기존의 잘못된 관행을 개혁하고 특히 양국 간의 국격 문제를 바로잡아야 한다는 것이었다. 조일 간 교제를 담당해온 쓰시마 번주의 이와 같은 의견은, 메이지 신정부의 당국자들에게 적지 않은 영향을 미쳤을 것으로 짐작된다.

1868년 12월 왕정복고를 통고하기 위한 쓰시마의 사절들이 부산 초량 왜관에 도착했다. 그들이 지참한 외교문서―서계(書契)―에는 '皇'이나 '勅'과 같이 천자(天子)만 쓸 수 있는 글자가 적혀 있었다. 그뿐 아니라 대마도주의 관직명을 변경하고, 기존에 조선 측에서 증급한 도장을 일방적으로 폐기하겠다고 통고하는 등 수백 년간 이어진 교린 관계의 관행을 일방적으로 고치려 하고 있었다. 하지만 가장 큰 문제는 그 내용이 아니라 형식에 있었다. 즉, 조선을 가리키는 '貴國'이라는 글자보다 자국의 천황을 뜻하는 '皇'을 한 칸 더 위에 적음으로써 이제 '천황'이 직접 통치하게 된 일본은 예전 쇼군과 대등하게 교제하던 '국왕'이 다스리는 조선보다 한 등급

더 높은 나라라는 뜻을 은연중에 드러낸 것이다. [〈그림2〉 참조]

조선 측에서는 자국의 정치변동을 이유로 교린의 정신하에 수백 년간 지속된 국제관행을 일방적으로 변경하려는 이러한 시도를 받아들일 수 없었다. 특히 '皇'을 자처하는 서계를 접수할 경우, 임진왜란 이후 일본을 누대의 원수로 적대시해온 민족 정서를 자극할 뿐아니라, 기존에 조공 관계를 맺어온 중국과도 간단치 않은 외교 문제가 발생할 가능성이 있었다. 하지만 일본 내에선 이를 계기로 조선인들이 천황을 업신여겼다고 하여 정한론(征韓論)이 비등했다. 그 결과, 조일 관계는 조일수호조규의 체결로 국교가 재개되기까지 약 8년간 사실상 단절됐다.

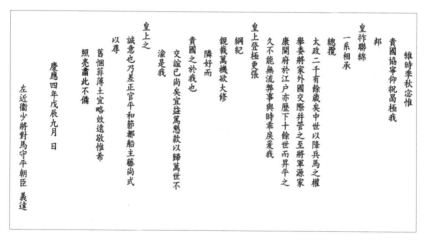

〈그림 2〉 1868년 12월 쓰시마번에서 보내온 대수대차사 서계 (저자 입력)

옛날 서한 등에서는 상대방 또는 특정 대상에 대한 경의(敬意)를 표시하기 위해 행을 고쳐 쓰거나 특정글자의 높이에 차등을 두는 관행이 있었다. 이를 대두(擡頭)라고 한다. 그림에서 보듯이 1868년 12월 쓰시마의 사절이 가져온 서계에서는 조선과 일본의 '국가'를 뜻하는 '貴國'·'我邦' 등의 글자는 행만 바꾼 것에 반해, 일본 천황을 가리키는 '皇祚'·'皇上' 등은 행을 바꾸고 한 칸을 더 높여 적음으로써 '지존(至尊)'의 뜻을 드러냈다.

(3) 조선의 국제적 지위에 관한 일본 외무당국의 견해

1869년 6월의 판적봉환(版籍奉還)으로 각 번주(藩主)가 봉건 제후로서의 신분을 상실하고, 정부에서 임명하는 지방관[知藩事]으로 변신하면서 대대로 쓰시마 번주의 '가역(家役)'으로 인정되었던 대조선 외교권 또한 중앙정부로 귀속되었다.[6] 이어서 7월에는 근대적 외무성이 창설되었다. 외무성에서는 조선에 천황의 칙사, 즉 '황사(皇使)'를 파견해서 수교하는 방안을 건의했다. 그 이유는 조선과의 외교를 예전과 같이 쓰시마 번의 '사교(私交)'에 위임하는 것은 일본의 국제적 위신에 관계되며, 미국·러시아·프랑스 등 유럽 열강이 조선을 차지하기 전에 먼저 영향력을 부식해둘 필요가 있다는 것이었다.

> 이처럼 전 세계 문명개화(文明開化)의 시세에 이르러, 조약을 맺지 않고 애매한 사교(私交)로 일개 번(藩)의 소리(小吏: 쓰시마 번의 관리)에게 처리하게 놓아두신다면, 황국의 성문(聲聞)에 관계됨은 물론, 만국공법(萬國公法)에 따라 서양 각국으로부터 힐문을 받을 때 변해(辨解)할 말이 없을 것입니다. … 그런데 지금 러시아를 필두로 여타 강국들이 빈번하게 침을 흘리며 도마 위에 올린 고깃덩이로 삼으려고 합니다. 이런 때를 맞이해서 공법(公法)으로 유지하고, 광구무수(匡救撫綏)의 임무를 담당할 수 있는 것은 황조(皇朝: 일본) 외엔 다시없으니, 하루아침에 이를 도외시해서 조선국이 미국·러시아·프랑스 등 강국에 의해 탄교(呑嚙) 당한다면, 실로 황국 영세(永世)의 대해(大害)가 눈썹에 불이 붙은 것처럼 위급할 것입니다. 그러므로 신속히 이상의 대의(大義)를 서술해서 황사(皇使)를 파견하도록 해야 할 것입니다.[7]

이 인용문에서도 보이듯이 조선과의 새로운 국교는 어디까지나 『만국공법』, 즉 서양 국제법에 의거한 관계여야 했다. 따라서 조선과 근대적 조약을 체결하거나 사절을 파견하기에 앞서 먼저 그 국제적 지위를 국제법적으로 규정할 필요가 있었다.

여기서 문제의 핵심은 조선과 중국 간의 조공 관계였다. 즉, 전통적으로 조선은 중국에 대해 조공과 책봉의 의례를 준행하면서도 그 내정과 외교 등 제반 국사는 그 간섭 없이 자주적으로 처리할 권리를 갖고 있었다. 그런데『만국공법』에서는 이에 해당하는 국가 개념을 찾기 어려웠다.[8] 이 때문에 일본 외무당국 내에서도 조선의 국제적 지위에 관해 다양한 견해가 제출되었는데, 그 가운데 중요한 것을 살펴보면 다음과 같다.

① 「**조선론(朝鮮論)**」(1869) : 「조선론」은 1869년 음력 12월 외무권소승(外務權小丞) 미야모토 오카즈(宮本小一)가 조선의 국제적 지위를 논하고, 향후 교섭 방침을 건의한 글이다. 미야모토는 1876년 2월 강화도협상 당시 조선 접견대관 신헌(申櫶)과 단독으로 조일수호조규의 원안을 협의하고, 같은 해 8월 서울에서 강수관 조인희(趙寅熙)와 조일수호조규 부록을 체결하는 등 조선 문제에 관한 최고 실무자였다. 그는 조선의 국제적 지위를 다음과 같이 논했다.

조선의 국체(國體)는 대단히 애매하다. 청주(淸主)가 크게 일어나 조선을 공벌하자 조선왕은 면박(面縛)하여 항복하고 신하를 청했다. 청주(淸主)는 이 일을 불후(不朽)에 기려서 비석을 세워 영원히 동번(東藩)으로 삼았다. 그 체재는 군신의 분수가 명료하지만, 복식과 제도를 비롯하여 모든 일에 청의 체재와 제도를 받아들이지 않고, 양국 모두 통양(痛癢)에 관계하지 않았다. … 서양인은 국체와 공법을 논하여 말하길, "본국과 속국 간의 관계에 관한 논의는, 만약 속국과 다른 외국이 병단을 열어서 전쟁을 일으켰을 때 본국이 속국의 전쟁에 관계하지 않아서, 원병도 보내지 않고 화목도 다루지 않을 경우, 속국의 연고가 끊어져 다른 나라가 독립국으로 간주한다고 들었다. 이 논의에 따라 숙고해보면, 지나(支那)와 조선의 사이가 연속(連續)되지 않음은 이론상 분명하다.[9]

즉, 조선은 청나라에 대해 병인양요 이후 군신 관계를 맹약했지만, 복식을 비롯하여 청의 제도와 문물을 따르지 않았을 뿐 아니라, 청의 아편전쟁과 조선의 병인양요가 발발했을 때 두 나라는 서로 관여하지 않았다. 서양 국제법에서는 속국(屬國)이 다른 외국과 전쟁을 일으켰을 때 그 종주국[本國]이 원병을 보내거나 중재를 시도하지 않는 경우 그 나라는 속국이 아닌 독립국으로 간주하므로 일본 또한 조선을 '반독립국(半獨立國, semi-independent state)'으로 대해야 한다는 것이었다.

또한 그 교섭 방식에 관해서는 다음과 같이 주장했다. 조선은 반독립국이므로 서양의 외교적 관례에 따라 그 사절은 각국 공사들보다 3, 4등을 낮추어 대해야 한다. 하지만 그렇게 한다면 조선 측에서 이의를 제기할 것이다. 그러나 조선은 문물제도에 볼 것이 없는 일개 소국에 지나지 않고, 또 외교를 해도 실익이 많지 않으므로 우선 서울에 일본의 하급 관리 3명을 재근시키고, 남해와 함경도, 부산 등에서 총 3개 항을 개항하되 그 실무는 당분간 쓰시마 번주인 소가(宗家)에게 위임해서 처리하게 한다. 그리고 조선 사절은 쓰시마에서 의전을 거행해서 도쿄의 각국 공사들의 대우와 섞이지 않게 해야 한다고 주장했다. 미야모토는 이를 중책(中策)이라고 하였다.

그렇다면 상책(上策)은 무엇인가? 그것은 조선과 일본이 조약을 체결해서 합중연방(合衆聯邦)을 구성하고, 조선은 일본이 기존에 서양 열강과 맺은 조약을 원용하여 따로 조약을 체결하지 않는 것이다. 조선의 외교를 방치할 경우 서양 열강, 특히 러시아가 이를 차지할 우려가 있다. 하지만 일본이 직접 조선을 차지하기에는 아직 실력이 충분치 않으므로, 군함을 파견해서 일본과 '합중연방'을 결성하는 조약을 맺게 해야 한다는 것이었다. 그리고 '합중연방'의 의미에 관해선 '외무(外務)는 일본이 그 관리를 파견해서 십수 년 동안 중매[媒酌]를 하는 것'이라고 부연했다. 이는 사실상 조선의 외교권을 박탈한다는 의미로서, 미야모토의 제안은 그로부터 36년 뒤인 1905년 제2차 한일협정(을사보호조약)의 강제 체결로 실현되었다.

② 「조선국교제시말내탐서(朝鮮國交際始末內探書)」(1870) : 비록 미야모토는 조선을 '반독립국'으로 규정했지만, 여전히 그 실체는 불분명했다. 또 조일 간 공식 국교를 수립하기 위해선 기존 조선과 쓰시마 번 간의 관계나 후자가 청산해야 할 채무 등을 조사할 필요가 있었다. 이에 일본 외무성은 1869년 12월 외무관원 사다 하쿠보(佐田白茅), 모리야마 시게루(森山茂), 사이토 사카에(齋藤栄) 등을 부산에 파견했다. 「조선국교제시말내탐서」는 그 보고서였다.

일본을 떠나기에 앞서, 이들은 사전에 최고 정무기관인 태정관으로부터 13개 조의 조사 항목을 지시받았다. 여기에는 조선의 국제적 지위와 관련하여 "조선의 국체(國體)는 청국에 신하의 예[臣禮]를 취해서 북경의 정삭(定朔)을 받든다고 해도, 국정(國政)에 있어선 자재독단(自裁獨斷)하는 권리가 있는가?"라는 질문이 포함돼 있었다.[10] 그 조사 결과는 다음과 같다.

국왕의 시호는 북경에서 주고 모든 중대 사건은 북경의 특명을 받는다고 합니다. 하지만 예전 명나라 때와는 달리 마음으로 복종하지 않습니다. 당시 저들[청나라]의 맹위(猛威)에 굴복해서 겉으로는 정삭을 받들고, 무역도 지나(支那) 변경 압록강 부군의 의주부에 열었으며, 이곳에서도 부사·훈도·통사(通事: 역관) 등 몇 명을 두어 접대하고 있습니다. 북경 교제의 비용은 평안도에서 담당하며, 일본과의 교제비용은 경상도 반[慶尙半道]에 맡기고 있습니다. 내치에 있어선 명나라의 옛 은혜를 추모해서, 청의 정삭을 문서에 적지 않고 국내 일반의 간지만 써서 '국왕 몇 년'이라고 합니다. 명나라의 복식과 주나라의 예악을 행하며, 내정의 모든 일을 독단하는 권력[權]이 있고 외국 관계 사건도 스스로 처리한다고 합니다. 그렇지만 자기에게 불리한 일은 북경에 고지해서 특명을 받는다고 들었습니다만, 지금까지 일본에 관계된 사건 등은 북경에 상주한 적이 없다고 합니다. 저들의 교활함이 심해서, 일본에 대해선 북경을 들먹이고 북경에 대해선 일본을 방패[後ㅁ楯]로 삼으려는 뜻을 보인다고 들었습니다.[11]

비록 조선은 청에 조공을 바치고 책봉을 바치고 있지만, 마음으로는 이미 멸망한 명나라를 존숭해서 그 복식과 제도를 지키며 국내 문서에서는 청의 연호를 사용하지 않는다. 외교도 일반적으로 스스로 처리하지만 '불리한 일'이 생기면 북경에 보고하며, 특히 대중·대일관계에서 곤란한 문제가 생기면 각각 일본과 중국을 내세우면서 책임과 결정을 미루는 태도를 보인다는 것이었다. 하지만 이 글에는 조선의 국제적 지위와 관련해서 정곡을 찌르는 부분이 있다. 그것은 조선은 청에 대해 조공(朝貢)·책봉(冊封)·봉삭(奉朔) 등 속국으로서의 의례(儀禮)를 준행하지만, 실제 내정과 외교에선 자주적 권리를 가진다는 사실이었다. 이러한 의미에서 조선은, 미야모토의 주장과 달리 반독립국이나 종속국(dependent state)으로 치부하기 어려웠다.[12]

③ 「대조선정책 3개조 건의안」(1870) : 「조선국교제시말내탐서」의 제출과 거의 같은 시기에 일본 외무성은 태정관에 조선 정책에 관한 3개 안을 상신했다. 그것은 첫째, 조선과의 완전한 국교 단절, 둘째, 일단 황사(皇使)를 파견한 후 조선에서 이를 거부할 경우 무력 정벌, 셋째, 청과의 대등한 조약 체결이었다. 이 가운데 세 번째 안은 조선은 청의 속국이라는 전제하에, 청과 일본이 대등한 자격으로 조약을 체결하면 조선은 일본보다 한 등급 낮은 나라가 되므로 자연히 그 국제적 지위에 관한 논란도 해소된다는 발상이었다.

하나, 조선은 지나(支那)에 복속하여 그 정삭(正朔)과 절도(節度)만을 받들고 있습니다. 따라서 먼저 지나에 황사(皇師)를 파견해서 통신조약(通信條約, 화친조약) 등의 수순을 취하고, 돌아오는 길에 조선 왕경(王京)에 들어가 황국(皇國)이 지나와 비견동등(比肩同等)의 국격으로 임한다면, 조선은 물론 일등(一等)을 낮춘 예전(禮典)을 쓰게 되더라도 저들로선 이의를 제기할 수 없을 것입니다. … 지나와의 통신은 조선과의 교제보다 급무라고 생각되지는 않으나, 조선을 회무(懷憮)하는 취지에서 논한다면 가장 시급히 착수해야 할 것으로 생각됩니다.[13]

제1안과 제2안은 당시 일본의 국력과 국제정세로 볼 때 비현실적이었다. 따라서 외무성의 의도는 제3안에 있었다고 할 수 있다. 그로부터 1년여 뒤인 1871년 9월 13일 중국 텐진에서 이홍장(李鴻章)과 다테 무네나리(伊達宗成) 간에 청일수호조규(淸日修好條規)가 체결됐다.[14] 하지만 이 조약은 청일 양국이 '비견동등(比肩同等)'의 자격으로 체결한 것임에도 불구하고, 일본 외무성의 기대와 달리 조선은 일본에 복속하기는커녕 기존의 강경한 태도에서 조금도 물러서지 않았다. 이는 조선을 중국의 단순한 '속국'으로 간주한 전제가 처음부터 잘못된 것이기 때문이었다.

(4) 조일수호조규와 국격 문제의 미봉

서계문제로 인한 조일 관계의 경색은, 마침내 1873년에 이르러 양국 모두에 중대한 정치변동을 초래했다. 조선에서는 12월에 10년간 집정(執政)의 지위에 있으면서 배일정책(排日政策)을 주도한 흥선대원군이 물러나고 고종의 친정(親政)이 시작됐다. 한편, 일본에서는 10월에 '정한론 정변' 또는 '메이지 6년의 정변'으로 알려진 사건이 발생했다.

정한론 정변은 참의 사이고 다카모리(西鄕隆盛)의 견한사절 임명 문제를 계기로 메이지 정부 내의 정한파(征韓派)와 내치파(內治派) 간의 누적된 갈등이 폭발한 끝에 전자가 메이지 정부로부터 대거 하야한 사건이었다.[15] 1873년 5월 동래부사의 모멸적인 포고문 내용이 전해진 것을 계기로[16] 정한론이 크게 비등했다. 사이고는 이와쿠라 도모미(岩倉具視)·오쿠보 도시미치(大久保利通)·이토 히로부미(伊藤博文) 등이 조약개정 교섭의 명목으로 구미 순방 중인 틈을 타서 스스로 천황의 사절이 되어 조선에 건너가겠다고 자원했다. 그 의도는 조선에서 순국함으로써 정한(征韓)의 명분을 확보하는 데 있었다고 한다.

조선에 '황사(皇使)'를 파견하는 것은 조선 및 청과의 개전 위험성을 내포했다. 따라서 메이지 천황은 이와쿠라 사절단이 귀국할 때까지 이 중대한 문제의 결정을 연기하도록 했다. 구미의 실상을 견문하고 온 이와쿠라 사절단 일행은, 일본의 급무는 서양의 문물제도를 수입해서 내정을 근본적으로 개혁하는 데 있으며, 이를 위해선 조선 정벌과 같은 큰일을 벌여선 안 된다는 생각을 갖고 있었다. 이 때문에 이와쿠라 사절단을 중심으로 한 내치파(內治派)와 정한파 간에 격렬한 대립이 있었지만, 결국 태정대신 산조 사네토미의 발병과 같은 우연적 요소와 이와쿠라 등의 음모가 겹쳐서 전자의 주장이 채택되었다. 그런데 그 승리는 완벽한 것이 되지 못했다. 황사 파견을 완전히 취소시킨 것이 아니라, 러시아와의 북방영토 분쟁을 먼저 해결한 후 실행하는 것으로 유예한 데 불과했기 때문이다. 다음은 정한론 정변 당시 우대신 이와쿠라 도모미가 사이고의 황사 파견 계획을 반대하기 위해 메이지천황에게 올린 상주의 일부다.

저들은 완명하고 고루하니. 만약 우리 사절에게 비례(非禮)를 가한다면 바로 그에 상응하는 조치가 없어선 안 됩니다. 그에 상응하는 조치가 없다면 그것은 우리의 국권(國權)을 손상하는 것이기 때문입니다. 그것은 저들이 이미 단서를 드러낸 것이니, 이 때문에 사절을 보내는 날은 곧 전쟁을 결정하는 날

이 되는 것입니다. … 지금 가라후토와 관련된 일이 빈번하게 일어나고 있으니, 이것이 바로 목전의 급무이므로 또한 깊이 주의하지 않을 수 없습니다. 무릇 이와 같은 일은 먼저 그 정실을 살펴 조선의 연여(連與)하려는 뜻을 끊어서 만전을 기해야 합니다. 그리고 그 목적을 정하고 그 방략과 묘산(廟算)을 분명히 하며, 기타 선함의 설비, 병식(兵食)의 구비, 전화(錢貨)의 준비 및 내정의 백반 조리(調理)에 이르기까지 미리 그 순서와 목적을 정한 다음에 사절을 보내더라도 늦지 않을 것입니다. 만약 그 준비를 하지 않고 이제 갑자기 사절을 보낸다면, 신은 그것이 불가하다고 믿습니다.[17]

이는 러시아와의 북방영토 분쟁이 더 화급하므로, 이를 해결한 후 조선 문제에 착수하겠다고 공언한 것과 마찬가지였다. 이후 일본의 오쿠보 도시미치 정권의 대외정책은 이 공언에 구속되었다고 해도 과언이 아니다. 이에 따라 우선 러시아에 에노모토 다케아키 공사를 파견해서 사할린-쿠릴 교환 교섭을 추진하는 한편,(1874.3) 정한론의 좌절로 누적된 사족의 불만을 무마하기 위해 제한적 출병으로서 대만 원정을 단행했다.(1874.5)

이윽고 1875년 8월 22일 사할린-쿠릴 교환조약이 비준됨으로써 러시아와의 북방영토 문제가 일단락됐다. 이제 오쿠보 정권으로서도 황사의 파견을 더 늦출 명분이 없었다. 게다가 9월 20일에는 운요호사건이 돌발해서 군부, 특히 해군을 장악한 사쓰마 출신의 정한론자들이 동요하기 시작했다. 이들이 재야의 반정부세력과 결탁하는 것은 오쿠보 정권으로선 반드시 피해야 할 사태였다.

그런데 오쿠보 정권의 딜레마는, 이처럼 조선에 황사를 파견하지 않을 수 없는 상황에 놓였으면서도 실제로는 조선과 전쟁을 벌일 의지도, 실력도 없다는 데 있었다. 그들이 이 딜레마를 해결하기 위해 고안해낸 방법은 실로 기상천외한 것이었다. 그것은 1853년 미국의 페리(Matthew C. Perry) 제독이 4척의 흑선(黑船)을 이끌고 와서 일본의 쇄국을 깨뜨리고 근대적 조약을 체결한 것처럼, 이번에는 자신들이 페리의 역할을 맡아 같은 포함외교 방식으로 조선을 개항시키는 장면을 연출하는 것이었다. 이러한 외교적 성과를 통해 전쟁을 피하면서도 반정부 여론을 무마하고, 또 일본의 국제적 위신을 제고하고자 한 것이다. 그렇지만 만에 하나 강화도에서의 협상이 결렬되거나 황사가 무례한 행동을 당했다는 소식이 전해지면 국내의 정한 여론을 막기 어려울 것이었다.

강화도협상 당시 조선 측 대표였던 위당(威堂) 신헌(申櫶)의 일지인 『심행일기(沁行日記)』 등을 읽어보면 협상과정에서 의외로 조선 측의 의견이 많이 반영된 것을 알 수 있다. 뿐만 아니라, 최혜국대우 조항이 조선 측의 반대로 삭제되는 등 강화도조약이 '불완전한 불평등조약'으로 그친 근본적 이유는 여기서 찾을 수 있다. 즉, 일본 사절단에게는 조약상의 실리보다는 외견상의 형식이 더 중요했던 것이다.

고종은 조약을 체결하고 복명하는 신헌에게 "문답장계를 보니 실로 잘 응수하였다."라고 치하했다.[18] 여기서도 알 수 있듯이, 조일수호조규는 단순히 강요된 불평등조약만은 아니었다. 조선 정부로서도 일본과의 국격 문제를 매듭짓고 정부등대(政府等對)의 원칙에 따라 새로운 관계를 정립하는 나름의 외교적 성과를 거둔 것이다. 통신사를 대신한 수신사(修信使)의 방일과 대규모 정부 시찰단인 조사시찰단(朝士視察團, 신사유람단)의 파견 등은 그러한 기반 위에서 가능했다.

1868년 이래 서계문제로 촉발된 양국 간 국격 문제와 관련해선, 향후 국격 문제의 재연(再燃)을 막기 위해 양국 군주의 위격(位格)은 거론하지 않고 단지 양국 정부가 같은 자격으로 교제한다는 원칙에 합의했다. 그 정신은 조약문에서 양국 국호를 대등하게 '대조선국'과 '대일본국'으로 표기하고, 그 체결 주체를 '정부'로 명기(明記) 한 데서도 잘 드러난다. 또 일본이 조선에 파견할 공사의 등급은 3등 공사(chargé d'affaire)로 정했는데, 이는 1등과 2등 공사는 천황의 신임장을 조선 군주에게 제출해야 하므로 국격 문제가 다시 제기될 수 있기 때문이었다.

그리고 조선의 국제적 지위와 관련해선, 조일수호조규 제1조에서 '조선국은 자주지방(自主之邦)으로서 일본국과 평등지권(平等之權)을 보유한다.'라고 규정했다. 이 조항은 일반적으로 조선과 중국 간의 전통적 사대관계를 부정하기 위한 일본의 외교적 술책으로 간주된다. 하지만 조선과 청의 관점에서 이 구절은 자명한 역사적 사실을 재확인한 것에 지나지 않았다. 전통적 조공관계에서 조선은 청의 간섭이나 지도 없이 모든 국사를 자주적으로 처리했으며, 청 또한 1866년 병인양요와 1871년 신미양요 당시 조청 관계에 관한 프랑스 및 미국 공사의 질의에 "조선은 중국에 조공을 바치지만 일체 국사는 모두 스스로 주관한다.(雖高麗於中國納貢 一切國事 皆其自主)"라고 성명한 바 있었다. 이 때문에 조선 정부는 조약 협상 과정에서 이 조항에 대해 어떠한 이의도 제기하지 않았던 것이다.

그런데 일본 외무당국은 조약 체결 후 '자주지방'을 'independent sovereign state', 즉 독립주권국으로 번역해서 서양 외교관들에게 공표했다. 이는 『만국공법』에서 이미 'independent state'의 번역어로 '自主'를 쓴 사실을 고려하면 무리한 해석이라고 하긴 어렵다. 요컨대 1876년 당시 '자주지방'이라는 규정은 관점에 따라 전통적인 조공국으로도, 독립주권국으로도 해석 가능한 모호성(ambivalence)을 내포했다. 비록 조일 양국 중 어느 쪽도 이를 의도하지는 않았지만, 결과적으로는 조선의 국제적 지위에 관해 서로 편의적으로 해석할 수 있는 정치적 타협이 이뤄진 것이다.

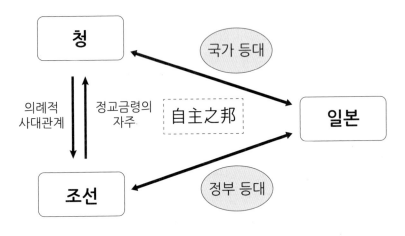

〈그림 3〉 '자주지방' 규정과 동아시아 3국 관계의 모순

한편, 이 조항은 조약 관계와 조공 관계가 혼재된 동아시아 3국 관계의 모순을 은폐하는 데도 기여했다. 즉, 청과 일본은 1871년에, 조선과 일본은 1876년에 각각 국가 등대와 정부 등대의 원칙에 기초해서 근대적 조약을 체결했다. 그러면서도 청과 조선 간에는 여전히 상국과 속국의 위계가 존재하고 있었다. 다시 말해서 '자주지방'의 모호성은, 청과의 조공 관계를 부정하지 않으면서도 일본과의 근대적 조약 관계의 성립을 가능하게 했던 것이다.

3. 1880년대 소극정책

(1) 청의 정치적 압력 심화

조일수호조규의 체결을 계기로 조선 왕실과 일부 신료들 간에 일본을 통해 근대 문물을 수용하고 부국강병을 달성하려는 움직임이 나타나기 시작했다. 비록 소수이긴 하지만, 그중에는 김옥균(金玉均)과 박영효(朴泳孝)처럼 아예 일본 및 서구 열강의 원조를 얻어 청과의 조공 관계를 단절하고 완전한 주권독립국의 면모를 갖추어야 한다고 주장한 이들도 있었다.

같은 시기 중국은 예전의 주요한 조공국을 거의 모두 상실하고 있었다. 류큐 왕국(Kingdom of Ryukyu)은 1879년 일본에 의해 공식적으로 오키나와 현으로 편입되었다. 베트남은 텐진조약(1885)의 체결로 프랑스의 보호령(protectorate)이 되었다. 타일랜드는 이미 1850년대부터 조공을 바치지 않고 있었다.

이제 주요한 조공국 가운데 남은 것은 조선뿐이었다. 청은 옛 제국의 위신을 지키고 조선에 대한 특수한 권리를 주장하기 위해 기존의 방임정책을 폐기하고 적극적 간섭 정책으로 선회하였다. 그 핵심은 기존에 '조공국'과 동일시되던 '속국'의 의미를, 국제법에서의 종속국(dependent state) 또는 반주권국(semi-sovereign state)으로 재정의 혹은 전유(專有, appropriation)하는 것이었다.

이를 위해선 그에 상당하는 실제가 뒤따라야 했다. 처음에 청 정부가 고안한 방법은 조선으로 하여금 서구 열강과 조약을 체결하게 하되, 청이 그 교섭을 주관함으로써 조선의 외교권을 제한하는 것이었다. 이러한 구상이 처음 나타난 것은 1880년 11월 주일청국공사 하여장(何如璋)이 총리아문에 올린 「주지조선외교의(主持朝鮮外交議)」였다.

조선이 위태로우면 중국의 형세가 날로 급해집니다. 그러므로 중국의 금일 형세를 논하건대, 조선에 주차판사대신(駐箚辦事大臣)을 두어 몽고와 서장(西藏)의 예에 따라 모든 내국의 정치와 외국의 조약을 중국이 주지(主持: 주관)할 수 있다면 아마도 외국인들이 넘보는 것을 차단할 수 있을 것이니, 이것이 상책입니다. 다만 시국이 다사하여 편장(鞭長)이 미치지 못하니 이 방책은 참으로 갑자기 거행할 수 없습니다. 따라서 어쩔 수 없이 다음을 생각해야 합니다. 러시아 일국이 점령하려는 형세를 막으려면 천하만국과 조약을 맺어 유지해야 하니, 조선을 미국·독일·영국·프랑스와 통상하게 하는 것이 좋습니다. …

또 태서(泰西)의 통례에 속국(屬國)과 반주지국(半主之國)은 다른 나라와 조약을 맺을 때 대부분 그 통할하는 나라[統轄之國]가 정치를 주관합니다. 또 태서의 통례를 살펴보건대, 양국이 전쟁을 벌일 때 국외지국(局外之國)은 중립해서 한쪽을 도울 수 없지만, 오직 속국에는 이러한 예가 적용되지 않습니다. 이제 조선을 러시아에 의해 병탄되는 위기에서 구하고자 한다면 다른 나라의 힘을 빌려서 유지하지 않을 수 없습니다. 하지만 조선이 스스로 다른 국가와 조약을 맺는 것을 허락한다면 그 나라들이 모두 그 자주를 인정하여 중국의 속국이라는 명칭이 홀연히 사라질 것입니다. 이는 한때의 위기를 구하기 위해 훗날의 우환을 남기는 것이니, 또한 미리 계책을 마련하지 않을 수 없습니다.[19]

1882년에 이르러 조선은 서양국가로서는 최초로 미국과 조약을 체결했다.(조미수호통상조약, 5.22.) 그 교섭은 텐진(天津)에서 사실상 조선 외교를 관장한 북양대신 이홍장과 미국 전권 슈펠트(R.W.Shufeldt) 간에 이뤄졌다. 또 제물포에서 조인식을 할 때는 이홍장의 막료 마건충(馬建忠)이 고문으로 파견되었다. 이러한 형식은 뒤따라 체결된 제1차 조영수호통상조약(1882.6.6.)과 조독수호통상조약(1882.6.30.)에도 마찬가지로 적용되었다.

조미수호통상조약의 체결 당시 이홍장은 조약문에 조선이 중국의 속국임을 명시하고자 했다. 하지만 이는 미국 전권 슈펠트의 반대로 무산되었다. 그러자 이홍장은 조약문에 속국 관계를 명시하는 대신 조선 국왕이 미국 대통령에게 별도의 조회를 보내서 이 사실을 공언하게 했지만, 미국 대통령 체스터 아서(Chester Arthur)는 "조선이 중국과 왕래하는 것은 우리나라 상민의 일에는 지장이 없을 것으로 보입니다. 그밖에는 대체로 간여하지 않을 것이며, 또한 조선이 중국의 속방(屬邦)이 되는 문제도 묻지 않을 것입니다. 귀국의 내치와 외교의 모든 일은 귀 군주께서 자주(自主)로 주관한다는 것을 이미 알고 있으니, 실로 깊이 흠모하는 바입니다."라고 회신하여 오히려 조선의 자주권을 인정한다는 의사를 표명했다. 이로써 조선은 조청 간의 전통적 조공 관계와 서구 열강 및 일본과의 근대적 조약 관계가 중첩된 독특한 국제정치적 상황에 놓이게 되었다. 이는 이홍장의 애초 의도로 본다면 중대한 외교적 실착이었다.[20]

(2) 조선 중립화 구상

이처럼 서양 열강과 조선 간의 조약체결을 주선하고 대리함으로써 국제사회에서 조선에 대한 영향력을 공인받으려고 한 첫 번째 시도는 별 효과를 거두지 못했다. 다음으로 청이 고려한 방법은 조선을 근대 국제법적 의미의 '피보호국(protected state)' 또는 '종속국(dependent state)'으로 규정하는 것이었다. 전근대 한중관계에서 '속국(屬國)'의 의미는 대체로 '조공국(朝貢國)'과 통용되었던바, 이는 '속국'의 의미를 새로 '종속국'의 의미로 전유(專有)하려는 시도였다.

이를 위해선 실질적으로 조선의 내정에 간섭할 뿐만 아니라, 종주국(宗主國, suzerain state)으로서의 책임, 즉 실질적 보호를 제공해야 했다.[21] 1882년 베트남 문제로 프랑스와의 군사적 긴장이 고조되는 가운데 청 내 각학사(內閣學事) 주덕윤(周德潤)은 만약 청이 '속국=피보호국'을 지키고자 한다면 '보호'를 제공해야 한다고 상주했다.

중국의 이른바 '속국'은 바로 외국에서 말하는 '피보호국'입니다. 이유없이 다른 나라를 침범하거나 화호를 맺은 동맹국을 침범하는 것은 모두 만국공법에서 반드시 금하는 것입니다. 살펴보건대 법월화약(프랑스가 베트남을 사실상 보호령으로 삼은 1874년 사이공 조약을 가리킴—인용자)에 '프랑스는 베트남이 자주권을 가져서 어떤 나라에든지 복종하지 않음을 분명히 인식한다. 혹시 내란 및 외국의 침략이 생기면 프랑스가 즉시 원조한다.'라고 했습니다. 이는 베트남이 중국의 속국이 아니요, 스스로 원조를 할 권한을 인정하여 마치 일본이 류큐를 멸망시킨 고지(故智)와 같이 보호를 가탁해서 그 잠식하는 음모를 수월케 하고자 함을 명백히 말한 것입니다. 그렇다면 중국이 베트남을 다투고자 한다면 반드시 먼저 '속국'의 이름을 다투어야 하고, '속국'의 이름을 존속시키고자 한다면 반드시 먼저 '보호'의 실제를 남겨두어야 하는 것입니다.

베트남을 둘러싼 프랑스와의 갈등은 조선정책에 직접적 영향을 미쳤다. 같은 해 7월 조선에서 임오군란이 발발했다. 그 소식을 접한 청 조정은 불과 일주일만에 조선 파병을 결정하고, 조선 국왕의 공식 요청이 없었음에도 불구하고 일방적으로 군란을 진압한 후 소요의 배후 주동자로 간주된 흥선대원군을 텐진(天津)으로 납치해갔다. 이처럼 한반도에 중국의 군대가 진주하고, 그 대표자가 조선의 내정에 불법적 간섭을 자행한 것은 병자호란 이후 처음 있는 일이었다.

그렇다면 이와 같은 청의 움직임에 대한 일본 외무당국의 반응은 어땠을까. 조일수호조규 체결 이후 일본 정부의 기본 입장은 청의 종주권 주장과 무관하게 자국은 '자주지방' 규정으로 이미 조선을 독립국으로 승인했다는 것이었다. 따라서 임오군란을 계기로 이뤄진 청의 조선정책 변화는, 조선의 독립문제에 관한 일본 정부의 진실성을 판별할 수 있는 시금석이 되었다. 하지만 당시 일본의 국력은 조선 문제를 놓고 청과 일전을 벌이기엔 부족하였다. [22] 이에 일본 정부는 청의 종주권 주장에 대해선 공식적으로 '자주지방' 규정을 내세워 이를 부인하면서도, 실제로는 한반도에서의 청의 활동에 간섭하지 않음으로써 긴장이 고조되는 것을 회피하는 '소극정책'을 취하게 되었다. 이와 관련하여, 1879년부터 1887년까지 외무경과 외무대신을 역임하며 실질적으로 조선 정책을 결정한 이노우에 가오루(井上馨)의 평전인 『세외정상공전(世外井上公傳)』에는 다음과 같이 기록되어 있다.

> 임오의 변란[임오군란]에 대한 조처는 어쨌든 이상과 같이 일단락됐지만, 앞으로 조선 정책을 어떻게 할 것인가는 묘당의 일대 문제가 되었다. 즉, '안으로는 저 나라 정부[조선]가 실력을 양성하도록 은밀히 이를 보조하고, 밖으로는 외국이 그 자주독립을 공인하도록 하는'적극정책을 취할 것인가, 아니면 '그렇게 원조하지 않고, 청 정부의 간섭을 억제하지 않고, 우선 그 하는 대로 맡겨두어 일본과 청국 및 동양의 평화를 유지하는' 소극정책으로 나갈 것인가의 문제였다. 종래 (이노우에) 공이 취해온 정략으로 보면 적극정책을 추진하는 것이 당연했지만, 조선 정부 내의 현상이나 청ㆍ한의 관계를 숙지한 공은 동양평화라는 대국을 위해 잠시 소극정책을 취하게 되었다.[23]

이러한 상황에서 제기된 것이 열강의 공동보장에 의한 한반도 영세중립화 구상이었다. 임오군란의 사후처리를 위해 조선에 건너온 참사원 의관 이노우에 고와시(井上毅)는 1882년 9월 「조선정략(朝鮮政略)」이라는 글을 써서 내각 대신들에게 회람했다. 그 골자는 일본과 청ㆍ미국ㆍ영국ㆍ독일 등이 회동해서 조선을 벨기에 및 스위스와 같은 영세중립국으로 만들어야 한다는 것이었다. 이는 일본이 현실적으로 청과 전쟁을 벌일 실력이 부족한 상황에서 그 조선 속국화 정책을 막을 수 있는 유일한 방법이었다. 게다가 오직 독립국만이 중립을 선언할 수 있는 국제법의 원칙에 비춰볼 때, 만약 이 구상이 성사되면 청의 종주권 주장을 부정할 법적 근거를 얻을 수도 있었다.

만약 유럽의 일국이 조선을 점거해서 베트남 또는 인도의 전례에 따른다면, 우리나라는 머리 위에 칼이 매달려 있는 것과 마찬가지가 될 것입니다. 또 만약 불행하게도 러시아가 조선을 빼앗는다면 동양의 대세는 완전히 어찌할 수도 없게 될 것입니다. 그러므로 동양을 위해 균세(均勢)를 보전하려면 지나(支那)와 우리나라는 힘을 다해 조선의 독립을 보호하고, 러시아의 남침을 막아야만 합니다. 동양을 위해 수년 뒤를 염려하는 사람은 반드시 이러한 뜻을 품고 있을 것입니다. 하지만 안타깝게도 조선의 실황을 목격하니 도저히 동맹합력(同盟合力)할 수 있는 나라가 아닙니다. 또 지나(支那)도 더불어 모의하기에 부족합니다. 그러므로 삼국동맹의 설은 하나의 몽상에 지나지 않는 것입니다. 그렇지만 여기에 다른 일책(一策)이 있으니, 다음과 같습니다.

하나, 일본 · 청 · 미국 · 영국 · 독일 다섯 나라가 서로 회동해서 조선의 일을 의논하여 조선을 하나의 중립국으로 만듦. 즉 벨기에와 스위스의 전례에 의거해서 타국을 침범하지 않고, 또 타국으로부터 침범당하지 않는 나라를 만들고, 다섯 나라가 함께 이를 보호함.
하나, 다섯 나라 가운데 만약 이 약속을 깨는 나라가 있으면, 다른 나라가 문죄함.
하나, 만약 다섯 나라 이외의 국가가 조선을 침략할 때는, 다섯 나라가 동맹을 맺고 이를 방어함.
하나, 청국은 조선에 대해 상국(上國)이며 조선은 청에 대해 공국(貢國, tributary)이긴 하나 속국(dependency)의 관계가 있는 것은 아니니, 조선이 하나의 독립국이 되는 것을 방해해선 안됨. 청국은 다른 네 나라와 함께 보호국(protector)이므로 네 나라와 협의 없이 홀로 조선의 내정에 간섭할 수 없음.

이러한 대책이 만약 실현된다면 동양의 정략에 있어 조금 안전한 방도를 얻을 것으로 생각합니다. 이는 비단 우리나라의 이익일 뿐만 아니라, 조선을 위해선 영구중립(perpetual neutrality)의 지위를 얻고 또 지나의 굴레를 벗는 것이며, 또 지나를 위해선 그 조공국의 명의(名義)를 온전히 해서 허명(虛名)과 실력(實力)이 부합하지 않는 근심을 없애줄 것입니다. (후략)[24]

「조선정략」은 이는 근대 이후 최초로 제기된 공동보장에 의한 한반도 영세중립화 구상이라는 점에서 의의가 있다. 하지만 이는 문자 그대로 구상에 그쳤을 뿐, 결코 실현되거나 진지하게 논의된 일조차 없었다. 그 가장 큰 원인은 청의 비협조에 있었다. 즉, 조선의 공동보장은 종주국으로서의 특수한 권익의 포기를 의미했으므로 청은 이를 수용할 이유가 전혀 없었던 것이다. 이는 1885년 유길준(俞吉濬)이 조선인으로서 처음으로 한반도 영세중립화론을 제기했을 때도 똑같이 직면한 문제였다.

(3) 거문도사건과 대청협조주의

1885년 원세개(袁世凱)가 주찰조선총리교섭통상사의(駐札朝鮮總理交涉通商事宜)라는 명목으로 조선에 부임했다. 이 직함의 의미는 '조선에 주재하면서 그 외교와 통상사무를 모두 다스리는 관리'라는 뜻이다. 말하자면 청은 조선을 노골적으로 반주권국(semi-sovereign state) 또는 종속국으로 다루기 시작했던 것이다. 국제사회에서 청이 조선의 보호국 또는 후견국(patron state)을 자임하려면 조선이 그에 전적으로 의지하는 무능하고 나약한 모습을 보여야 했다. 이 때문에 원세개는 1894년 귀국하기까지 청의 국익을 노골적으로 추구하면서 조선 정부의 독립 승인을 위한 외교적 노력과 부국식산(富國殖産) 정책을 집요하게 방해했다. 심지어 그는 서양인들에게 총독(Resident-General)을 자처하며 몇 차례에 걸쳐 고종의 폐위 음모를 꾸미기까지 했다.

앞에서 우리는 전통적 의미의 '속국'은 '조공국'의 의미였으며, 그리고 그것은 서양 국제법에 따르면 주권독립국에 가까웠다는 사실을 확인했다. 그렇다면, 비록 1882년 이후 청이 일방적으로 조선정책의 기조를 변경했다고 해도, 어떻게 1885년에 이르러 조선을 마치 종속국처럼 다룰 수 있었을까? 그 해답은 당시 국제정세에서 찾을 수 있다.

1885년 3월, 러시아 군대가 현 아프가니스탄의 펜제(Panjdeh) 지역을 점령하는 사건이 발생했다. 그러자 가장 중요한 식민지인 인도의 안위를 염려한 영국은, 러시아를 견제하려는 의도로 한반도 남단의 거문도를 무단 점령했다. 개가 물고 있는 뼈다귀를 놓게 하기 위해선 몽둥이로 그 엉덩이를 쳐야 한다는 전략적 계산이었다. 다시 말해서, 세계적 차원에서 러시아와 영국 간 치열한 세력경쟁, 이른바 '그레이트 게임(the Great Game)'이 펼쳐지는 가운데 펜제 점령 사건을 계기로 한반도가 본격적으로 국제정치의 중요한 무대 중 하나로 부상한 것이다.

그런데 영국은 이 사실을 당사국인 조선 정부가 아닌 주영청국공사관에 통고했을 뿐 아니라, 이후 철군 교섭 또한 청국 외무당국과 진행하였다. 이는 사실상 조선 외교에 대한 관리 권한을 승인한 것과 다를 바 없었다.[25] 문제를 더욱 복잡하게 만든 것은 조선 왕실의 러시아 접근이었다. 갑신정변의 선후처리를 위해 체결된 텐진조약(天津條約, 1885.4.18.)에 따라 청·일 양국 군대가 한반도에서 동시 철병하자, 조선 왕실은 비밀리에 러시아에 보호를 요청했다. 하지만 그 사실이 중도에 폭로되어 오히려 곤경에 처하고 만 것이다. 이른바 한러밀약사건이었다.[26]

한반도를 둘러싼 영국과 러시아의 각축과 그 국제정치적 의미를 일본 외무성에서는 예민하게 파악하고 있었다. 외무성 관리 오다기리 마스노스케(小田切萬壽之助)의 『조선(朝鮮)』(1890)은 당시 일본 외무당국이 인식한 영국의 조선 정책을 요령 있게 전해준다.

> 영국의 조선에서의 이해관계는 청·한의 그것과 동일하다. 그것은 영러 양국의 관계에서 유래한 결과로서, 정치와 통상(通商)의 두 원소를 포함한다.

왜냐하면 러시아가 조선에서 뜻을 이룰 경우 동양에서 크게 패권을 휘두를
수 있게 된다. 영국령 홍콩은 이 때문에 주머니 속의 물건처럼 되어 동양에서
영국의 세력은 감쇄할 것이다. 이에 영국은 힘껏 러시아의 남침을 막는 정략
을 취학 되니, 이것이 바로 정치상의 원인이다.

영·러 양국은 숙적으로서 터키와의 관계로 보더라도, 아프가니스탄의 쟁
론으로 보더라도 언제든 전쟁의 파열이 일어나지 않으리라고 기약할 수 없다.
그러므로 러시아가 조선 내에서 어떤 편의한 지역을 차지할 경우, 하루아침에
교전이 일어나게 되어 러시아 해군이 태평양에 출몰하면서 동양에서의 영국의
무역을 방해할 것이다. 그러므로 영국 정부는 힘껏 러시아가 조선에서 뜻을
이루는 것을 막는 것이니, 이것이 바로 통상의 원인이다.

이러한 원인 때문에 영국 정부는 조선이 과연 독립국인지 아닌지와 같은
학리상(學理上), 역사상(歷史上)의 문제는 불문에 부치고, 형세와 이익에 따
라[勢利上] 조선을 청국의 속방이라고 인정하여 그 환심을 사고, 러시아의 남
침을 막는 수고를 분담하는 것이다. 이로써 자기 혼자 그 수고를 떠맡기를 피
하는 것이니 영국의 정략이 또한 교묘하다고 할 만하다.[27]

이러한 영국의 한반도 정책 변화를 파악한 일본의 외무당국은 이를 추
종하여 대청협조 주의로 전환했다. 이를 상징적으로 보여주는 것이 1885
년 7월 3일 이노우에 가오루 외무경이 주청공사 에노모토 다케아키를 통
해 이홍장에게 제출한 「조선외무판법 8개조」이다. 그 요지는 다음과 같다.

1. 조선의 외교방침은 이홍장 총독이 이노우에 외무경과 협의한 후, 조선
   국왕에게 전달해서 실시하게 할 것.
2. 내환(內宦: 환관)의 국정 간여를 엄금할 것.
3. 대신의 임용을 신중히 할 것. 그리고 그 인선은 국왕이 이홍장 총독에게
   승인을 구하고, 이홍장 총독이 이노우에 외무경에게 내시(內示)한 후에
   결정함. 현재 묘당의 중신 중에는 김홍집·김윤식·어윤중 등이 적임이
   라고 인정됨.
4. 외교·국방·재정은 특히 중요하므로 김홍집·김윤식·어윤중 등을 그
   장관으로 임명할 것.

5. 묄렌도르프를 파면하고, 그 후임으로 미국인 가운데 유능한 자를 임용할 것.
6. 청 총판조선상무 진수당을 경질하고, 보다 유능한 자를 후임으로 할 것.
7. 청국 주재관은 항상 주한일본공사와 연락을 취하고, 중대한 사건이 돌발했을 때는 서로 협의할 것.[28]

　「조선외무판법 8개조」의 요점은 조선의 외교를 일본과 중국이 공동관리한다는 데 있었다. 말하자면 일종의 공동 통치(condominium) 체제였다. 하지만 이는 공동보장에 의한 영세중립화 구상과 마찬가지로 청의 종주권이 부정당할 우려가 있었으므로 이홍장은 명시적으로 이를 거부하였다. 하지만 제5조와 관련해서 묄렌도르프를 파면하고 미국인 법률가 데니를 후임 외교고문으로 임명하고, 「조선외무판법 8개조」와 함께 비공식적으로 이노우에가 제안한 흥선대원군의 석방과 귀국에 반대하지 않는 등 실제로는 제1조를 제외하고 상당부분 수용하는 모습을 보였다. 무엇보다 원세개가 조선에 부임한 것 또한 제6조의 제안을 받아들인 결과였다. 즉, 1885년 이후 청일전쟁이 발발한 1894년까지 지속된 조선에 대한 청의 정치적 간섭은, 영국의 승인과 일본의 암묵적 동조, 그리고 러시아의 무관심이라는 국제정치적 환경의 산물이었던 것이다. 덧붙여 말하자면, 제4조의 외교·국방·재정 등 중요한 국무를 왕실이 아닌 김홍집·김윤식·어윤중 등에게 맡기자는 제안은, 그로부터 10년 뒤인 갑오개혁 시기 주한공사로 부임한 이노우에 자신에 의해 실현되었다.

4. 1890년대 한반도 침략론

(1) 지정학적 논리의 부상

메이지 정부의 군사 고문이었던 프러시아 장군 야콥 메켈(Jakob Klemens Meckel)은 한반도를 '일본의 심장을 향한 비수(匕首)'로 비유했다. 이처럼 그것이 일본의 안보에 사활적 중요성을 갖는다는 인식은 이미 근대 초기서부터 나타나기 시작했다. 마치 아이자와 야스시(會澤安)가 『신론(新論)』(1825)에서 "예전에 천험(天險)이라고 했던 것이 도리어 지금은 이른바 적충(賊衝: 적이 드나드는 통로)이 되었다."라고 우려한 데서 알 수 있듯이, 증기선박이 출현한 뒤로 섬나라인 일본은 마치 사방이 노출된 듯한 극도의 안보적 위기감을 갖게 되었던 것이다.

그중에서도 가장 두려워한 사태는 러시아가 한반도를 차지하는 것이었다. 이미 조선과 수교하기도 전인 1875년 1월에 러시아 주재 공사 에노모토 다케아키(榎本武揚)는 외무경 데라지마 무네노리(寺島宗則)에게 러시아가 한반도를 남침하기 전에 조선과 외교 관계를 정상화하거나, 그것이 불가능할 경우 쓰시마의 대안(對岸), 즉 부산을 침공해서 먼저 거점을 확보할 것을 건의하였다.

> 러시아의 기량(伎倆)은, 만사를 서두르는 일 없이 꾸준하고 부지런하게 실행합니다. 그러므로 새 영토인 연해주 지방의 경우도, 표트르 대제와 예카테리나 여제도 오래전에 착목해서 1860년에 이르러서야 마침내 점거한 것입니다. 하지만 앞으로 십수 년 내에는 반드시 아시아에서 위세를 떨치진 못할 것입니다. 이는 그 재력에 한계가 있기 때문입니다. 우리나라는 이때를 이용해서 장래의 계획을 세워야 합니다. 그 계획은 말할 것도 없이 부국강병(富國强兵) 네 글자에 지나지 않지만, 러시아의 남침에 대해선 미리 다음 두 건에 주의해야 할 듯합니다.

첫째, 지나(支那)에 앞서 우리가 조선을 훈도(訓導)해서 우리와의 교의(交誼)를 돈독히 하며, 조선 국내에서 우리의 위덕(威德)에 감응하게 하는 데 힘써야 합니다. 러시아는 이 일에 착목했지만, 지리상의 어려움과 그 국무의 완급의 순서에 따라 아직 착수하지 않은 것으로 보입니다. 만약 이 일에 러시아가 선수를 쳐서, 만에 하나라도 조선국 내에서 우리 대마도를 마주한 지역에 거점을 확보할 경우 우리는 해방(海防)의 대목적(大目的)에 실패할 것입니다. 작년 모리야마 아무개가 조선에 파견된 일은 가장 그 요령을 얻었다고 할 만합니다.

둘째, 조선이 만약 어리석어서 우리와 교의를 맺으려는 조짐이 보이지 않을 경우엔 다른 일을 구실로 대마도의 대안(對岸)에 우리의 거점을 확보해야합니다.[29]

이와 같은 지정학적 관점에 기초한 한반도 침략론은 1890년대 들어 다시 본격적으로 제기되었다. 1890년 내각총리대신 야마가타 아리토모(山縣有朋)는 조선을 일본 이익선(利益線)의 핵심으로 규정하면서, 「군사의견서」를 통해 러시아가 시베리아 철도를 준공하기 전에 먼저 한반도를 차지해야 할 것을 역설하였다. 아래 인용된 글은 「군사의견서」와 함께 각료들에게 회람한 「외교정략론(外交政略論)」의 일부로서, 이들 문헌은 제1차 제국의회에서 주권선의 수비와 이익선의 방어를 위해 군비를 확충할 것을 주장한 「시정방침연설」의 토대가 되었다. 야마가타는 조슈 번 출신의 겐로(元老)로서 일본 군국주의의 아버지로 평가받는 인물이다.

국가의 독립과 자위(自衛)의 방법엔 두 가지가 있다. 첫 번째는 주권선을 수어(守禦)해서 타인의 침해를 용납하지 않는 것, 두 번째는 이익선을 방호(防護)해서 자기의 형승(形勝)을 잃지 않는 것이다. 주권선이란 무엇인가? 강토(疆土)다. 이익선이란 무엇인가? 이웃 나라와 접촉한 형세가, 우리 주권선의 안위와 긴밀하게 관계되는 구역이다. 무릇 주권선을 갖지 않는 나라가 없고, 또 마찬가지로 그 이익선을 갖지 않는 나라가 없다. 그리고 외교 및 병비

(兵備)의 요결(要訣)은, 오직 이 2개의 선의 기초에 존립하는 것이다. 지금 열국의 사이에서 국가의 독립을 유지하고자 한다면, 주권선을 수어(守禦)하는 것만으로는 충분치 않으며, 반드시 더 나아가 이익선을 방호(防護)해서 항상 형승(形勝)의 위치에 서야 한다. …

우리나라의 이익선의 초점은 실로 조선에 있다. 시베리아철도는 이미 중앙아시아로 나갔으니, 몇 년 내로 준공된다면 십수 일 내에 러시아 수도를 출발해서 흑룡강에서 말에게 물을 먹일 수 있을 것이다. 우리는 시베리아 철도가 완성되는 날은, 곧 조선이 다사(多事)해지는 때임을 잊어선 안 된다. 또 조선이 다사(多事)해지는 때는, 곧 동양에 일대 변동이 생기는 계기가 됨을 잊어선 안 된다. 그리고 조선의 독립은, 이를 유지하는 데 무슨 보장이 있는가? 이 어찌 우리 이익선에 대해 가장 급격한 자극과 충격을 주는 것이 아니겠는가?[30]

야먀가타의 경계심을 자극한 직접적 계기는 러시아의 시베리아 철도 착공 소식이었다. 세계사적 관점에서 볼 때, 1890년대는 영국의 상대적 패권 쇠퇴와 독일의 세계정책(Weltpolitik) 추진, 미국 제국주의의 태평양으로의 서진(西進)과 시베리아 철도 부설을 통한 러시아의 동진(東進) 등 제국주의 열강 간에 아프리카 및 아시아를 대상으로 전례 없는 영토 쟁탈전이 펼쳐진 신제국주의(new imperialism)의 시대였다. 이러한 맥락에서 볼 때 야마가타의 주권선-이익선론은, 비록 러시아의 위협에 대한 방어적 언설의 형식을 취하고 있지만, 실제로는 일본 또한 그 추세에 적극적으로 참여하겠다는 선언적 의미를 내포하고 있었다.

이러한 야마가타의 주장에 대해 외교 분야에서 짝을 이루는 문헌으로 아오키 슈조(靑木周藏)의 「동아열국지권형(東亞列國之權衡)」(1890.5.15.)이 있다. 이 글 또한 시베리아 철도가 완공된 후 일본이 직면하게 될 안보적 위기에 대한 경계로부터 시작하고 있다. 단, 야마가타의 주장과의 차이라면 러시아의 남침을 막기 위한 방법으로 우선 청과 '협화연합(協和聯合)' 한 후, 러시아가 독일 또는 영국과 전쟁을 할 때를 기다렸다가 그 나라와 군사조약을 체결한다는 보다 외교적이고 전략적인 방안을 제시한 점에 있다. 그리고 러시아를 시베리아에서 축출한 다음에는 경도 124도를 기준으로 동쪽의 만주지역과 한반도는 일본이 차지하고, 서쪽 지역은 중국이 갖는다는 방안을 제시한 후, 조선을 점령한 뒤에는 적극적 '간섭주의'를 시행해서 그 정부와 인민이 점점 더 일본에 의뢰하게 만들 것을 주장했다.

> 유럽 각국 가운데 가장 흉포하여 항상 위험의 근원이 되는 것은 바로 러시아이다. 그리고 동아 열국 가운데 가장 쇠약하여 먼저 그 폐를 입을 것은 조선이다. …
> 이 기초를 만들기 위해 조선을 일본의 판도에 귀속시키는 것은 비단 군략상 필요할 뿐 아니다. 중요한 정치적 고려에서 이를 관찰할 경우, 일이 반드시 이렇게 되지 않아선 안 된다. 지금 일본이 조선을 점령할 경우, 충분히 '시베리아'에 대해 직접 대항하는 편의를 얻을 뿐 아니라, 그 방면에서는 그 힘이 곧바로 능히 서양열강의 침략계획을 막을 수 있다. 그리고 '시베리아'를 러시아의 관할에서 벗어나게 하는 계획에 종사하면서 일본이 같은 정도의 노동을 하고, 가중한 희생을 바치는 이상, 성공하는 날 조선을 차지하여 이를 일본의 판도에 귀속시키는 것은, 다소 온당하더라도 굳이 지나친 보수가 아니라는 것은 굳이 논할 것이 없다. …
> 동(東)시베리아에서 러시아의 권력염세(權力焰勢)를 박멸하는 계획에 관해, 반드시 빠뜨려서 안 되는 것은 다음과 같다. 첫째, 청국과 완전한 협의를 해야 한다는 것은 이미 앞에서 설명했다. 그리고 이에 두 번째 요건을 들면, 일본은 차제에 조선에 대해 그 정략을 개혁하여 강경한 수단을 취해 간섭주의를 시행해야 한다. 그리고 그 목적은 조선 정부와 인민에게 점점 더 일본에 결착, 의뢰하는 것이 이익이라는 사실을 깨닫게 해서 끝내는 일본의 구원을 청하도록 만드는 것이다.[31]

(2) 외교의 종속

이후 일본 외무당국의 대한인식과 정책은 독자성을 상실하고, 그 역할은 오직 군부가 주도하는 침략전쟁을 뒷받침하기 위해 서양인들의 간섭과 반발을 피할 수 있는 식민화의 사례를 발굴하고 국제법적 논리를 개발하는 것으로 국한되어 갔다.

그러한 경향을 가장 상징적으로 보여주는 인물은 무쓰 무네미쓰(陸奧宗光)였다. 제2차 이토 내각의 외무대신을 역임한 무쓰는, 일본 근현대사의 수많은 외무경과 외무대신 중에서도 유일하게 일본 외무성 앞에 그 흉상이 세워져 있을 정도로 오늘날까지 높은 평가를 받는 인물이다. 그의 공적은 청일전쟁 직전에 영일통상항해조약을 체결하여 근대 일본외교의 숙원이었던 불평등조약 개정에 처음으로 성공한 것, 그리고 영국과의 협조를 유지하면서도 러시아 등 서양 열강의 간섭을 막음으로써 가와카미 소로쿠(川上操六) 등 군부가 주도한 전쟁계획을 외교적으로 뒷받침했다는 것이었다.

후자, 즉 청일전쟁에 이르는 과정에서 무쓰가 개전 명분을 확보하고 조선 정부를 통제하기 위해 제시한 것은 조선의 '개화', 즉 내정 개혁이었다. 하지만 이에 대한 본심은 그의 회고록인 『건건록(蹇蹇錄)』에 솔직하게 드러나 있다.

결국 조선내정의 개혁은 원래 일청 양국 사이에 얽혀서 풀리지 않는 난국을 조정하기 위한 정책이었던 것을, 시국이 일변해서 결국 우리나라의 혼자 힘으로 담당하지 않을 수 없는 것이 되었기 때문에 나는 애초부터 조선내정의 개혁사업에 대해서는 특별히 무게를 두지 않았고, 또 조선 같은 나라가 과연 만족스러운 개혁을 완수할 수 있을지 의심했다. 그렇지만 조선내정의 개혁은 이제 외교상 일종의 중대 문제가 돼서 우리 정부는 여하튼 그 실행을 시도하지 않을 수 없게 되었으니, 우리나라 조야(朝野)의 의론이 어떤 사정과 원인에 기초하고 있는지와 같은 문제는 미처 묻지 못하고, 어쨌건 이러한 일치협동(一致協同)을 본 것이 안팎으로 대단히 유리한 상황이라고 보았다. 나는 이 좋은 명목을 빌려서 이미 한 번 파열된 일청 양국관계를 다시 조화시킬 수 있을지, 또 만약 끝내 그것을 조화시킬 수 없다면 차라리 이것으로 파열의

계기를 재촉해야 할지, 아무튼 먹구름이 잔뜩 끼어 어두운 하늘을 크게 변화
시켜서 일대 강우를 내리게 할지, 일대 쾌청한 날씨를 얻을지의 풍우침(風雨
針)으로 이를 이용하고 싶었다.[32]

청일전쟁(1894~1895)과 러일전쟁(1904~1905)을 거치면서 대한정책
의 주도권은 점차 군부와 대장성으로 옮겨갔고, 그 속에서 한국이 갖는 의
미는 전승의 결과 일본이 차지해야 할 전리품 혹은 대륙침략을 위한 병참
기지로 전락해 갔다. 러일전쟁의 개전 직후인 1904년 4월 대장대신(大藏
大臣) 마쓰카타 마사요시(松方正義)는 이토 히로부미에게 보낸 서한에서
다음과 같이 이 전쟁의 목적을 일목요연하게 제시했다. 그것은 청이 수십
년 전부터 시도했지만 결코 달성하지 못했던, 조선의 외교권을 차지하여
일본 제국의 피보호국으로 삼는 것이었다.

> 한국 문제는 [일본] 제국이 홀로 이를 해결할 이유가 있습니다. 노골적으
> 로 말하면, 전승국의 당연한 권리를 행사한다고 해도 안 될 것이 있겠습니
> 까? 그렇다고 한다면 대한경영(對韓經營)에 착수하는 시기는, 한국이 완전히
> 우리 위력 아래 놓이고, 열국의 이목이 오직 전쟁국면의 장래에 집중하는 지
> 금을 제외하고 언제 있겠습니까? 참으로 천년에 한 번 있을까 한 호기일 것
> 입니다. … 먼저 착목해야 할 것은 한국의 외교입니다. 그동안 한국의 우환
> 은 내정보다 차라리 외교에 있었습니다. … 그러므로 만약 한국에 예전처럼
> 그 외교의 자유를 보장한다면 일한협약이 있어도 이를 휴지로 만들고 제3국
> 과 밀맹을 정하거나 밀약을 맺는 등 번거로운 근심이 생기리라는 것은 지금
> 도 예상하기 어렵지 않습니다. … 그러므로 한국을 이같이 무사하게 만들려
> 면 오직 그 외교를 제국의 지도하에 두는 수밖에 없습니다.[33]

이윽고 제2차 한일협약(을사보호조약, 1905.11.17.)의 강제 체결로 대
한제국은 그 외교권을 박탈당했다. 여기서 한 가지 특기할 것은, 이 조약이
그 내용과 형식에서 프랑스가 튀니지 왕국을 피보호국으로 만든 바르도 조

약(Treaty of Bardo, 1881.5.12.)을 원용한 사실이다.[〈표 1〉 참조] 이는 아직 '보호국'에 관한 국제법 이론이 확고히 정립되지 않은 상황에서, 우선 프랑스의 선례를 답습함으로써 서구 열강의 외교적 간섭을 피하기 위한 것이었다. 이 또한 대륙침략에 광분하기 시작한 군부와 관료들의 위세 앞에서 왜소해진 일본 외무당국의 역할과 위상을 보여준다. 그리고 이 조약과 함께 메이지유신 이래 일본 외무당국이 한국에 대해 품었던 근원적 질문, 즉 조선의 국제적 지위에 관한 국제법적 논란과 더불어 한국은 과연 일본에 무엇인가라는 사상사적 과제 또한 미해결된 채로 함께 소멸해 버렸다.

〈표 1〉 바르도조약(1881)과 제2차 한일협약(1905)의 주요 조항 비교

바르도조약(1881)	제2차 한일협약(1905)
제1조 프랑스와 튀니지아 사이에 존재하는 조약과 기타 약속의 확신을 갱신함. 제2조 프랑스가 필요하다고 인정하는 지점을 점령함. 제3조 베이의 일신 및 왕실의 안녕 유지를 위해 프랑스가 원조함. 제4조 튀니지아와 유럽 국가들 간의 조약 집행을 프랑스가 담당함. 제5조 베이의 궁중에 통감(ministre resident)을 주차시키고, 본 조약의 실시를 감독하게 하며 프랑스와 튀니지아 각 관청의 교섭을 중개하도록 함. 제6조 외국에 주재하는 프랑스 외교관과 영사가 튀니지아의 이익과 국민 보호를 담당하며, 베이가 프랑스에 알리지 않고 국제조약을 체결하는 것을 금지함.	제1조 일본국 정부는 동경 외무성을 경유하여 금후 한국의 외국에 대한 관계 및 사무를 감리(監理), 지휘하며, 일본국의 외교대표자 및 영사는 외국에 재류하는 한국의 신민(臣民) 및 이익을 보호한다. 제2조 일본국 정부는 한국과 타국 사이에 현존하는 조약의 실행을 완수할 임무가 있으며, 한국정부는 금후 일본국정부의 중개를 거치지 않고는 국제적 성질을 가진 어떤 조약이나 약속도 하지 않기로 서로 약속한다. 제3조 일본국 정부는 그 대표자로 하여금 한국 황제폐하의 궐하에 1명의 통감(統監)을 두게 하며, 통감은 오로지 외교에 관한 사항을 관리하기 위하여 경성에 주재하고 한국 황제폐하를 친히 내알(內謁)할 권리를 가진다. … 제4조 일본국과 한국 사이에 현존하는 조약 및 약속은 본 협약에 저촉되지 않는 한 모두 그 효력이 계속되는 것으로 한다. 제5조 일본국정부는 한국 황실의 안녕과 존엄의 유지를 보증한다.

바르도조약의 제1, 3, 4, 5, 6조는 제2차 한일협약의 제4, 5, 1, 3, 1·2조로 표현만 달리해서 그대로 포함되었다. 유일한 예외는 제2조이다. 제2차 한일협약에는 바르도조약 제2조에 대응하는 조항이 없다. 그 이유는 이미 러일전쟁 직후인 1904년 2월 23일에 체결된 한일의정서에 해당 조항이 포함되었기 때문이다.

5. 결론

1951년 일본 외무성의 정무과장 사이토 시즈오(齋藤鎭男)를 비롯한 몇
몇 젊은 외교관들은 요시다 시게루(吉田茂) 내각총리대신의 지시로 중일사
변으로부터 태평양전쟁과 그 패전에 이르기까지 일본외교의 행적을 정리
하고, 그 과오에 대한 의견을 덧붙여 『일본외교의 과오(日本外交の過誤)』
라는 보고서를 제출했다. 그 취지는 일본 외교가 군부와 우익관료의 폭주
를 제어하지 못한 채, 단지 이를 추종하다가 일본제국 패망의 공범으로 전
락한 근본적 원인을 반성하는 데 있었다. 그런데 이 보고서는 일본 외교가
그릇된 길로 접어든 시점을 1937년 이후로 간주하였다. 그렇다면 1868년
부터 1937년까지 일본 외교, 특히 대한외교에는 '과오'가 없었던 것일까.

지금까지 살펴본 것처럼, 메이지유신 이후 일본의 한국 인식, 그리고
외교정책에서 나타나는 가장 두드러진 특징은 일관성의 결여에 있다. 예
컨대 1876년의 조일수호조규(강화도조약)는 일본에 의해 강요된 불평등조
약이라는 세간의 평가와 달리 실제 그것은 '불완전한 불평등조약'에 지나
지 않았으며, 그 정치적 의미는 오히려 메이지유신으로 제기된 조일 간 국
격 문제를 미봉하고 양국의 신관계를 위한 발판을 마련한 데서 찾을 수 있
다. 또 1880년대 들어 임오군란과 거문도사건을 계기로 청이 조선에 대해
정치적 압력을 심화하자, 일본은 대조선 소극정책과 대청 협조주의로 일
관하였다. 일본이 본격적으로 지정학적 논리에 입각해서 한반도를 쟁취하
기 위한 경쟁에 본격적으로 뛰어든 것은 1890년대 들어서였다. 하지만 그
조차도 장기적 계획에 따른 것이라기보다는, 러시아의 시베리아 철도 부
설이라는 단기적 위협, 그리고 신제국주의가 전개되는 세계적 흐름에 낙
후돼선 안 된다는 초조함과 대세추종주의에 따른 것이었다. 그리고 이와

함께 일본 외무당국의 대한정책은 점차 독자성을 상실한 채 군부의 한반도 침략과 대륙 팽창을 기술적으로 지원하는 역할로 국한되었다. 그렇게 본다면, 1937년 이후 본격화된 '일본외교의 과오'의 싹은 이미 1890년대부터 자라나고 있었던 것이다.

이러한 관점에서 볼 때, 이리에 아키라가 지적한 근대 일본외교의 '무사상성'은 대한정책과 인식에도 여실히 반영되었다고 할 수 있다. 다시 말해서 근대 일본외교의 대한인식의 특징은 지리적으로 가장 가까운 곳에 한국이라는 나라가 존재하는 것은 알고 있지만, 그 실체를 직시하거나 진지한 연대와 협력의 대상으로 고려한 일이 없는 '무인식(無認識)'에 있었던 것은 아니었을까. 근대 이후 한일 양국은 식민지 경험과 해방, 냉전과 탈냉전을 거쳐 최근 중국의 급부상과 그로 인한 미중 전략경쟁에 이르기까지 많은 역사와 이해관계를 공유해 왔다. 하지만 이와 같은 일본외교의 대한인식에 근본적 변화가 있었다고 여길만한 계기는 유감스럽게도 많아 보이지 않는다.

미주

1) 왜관의 설치와 하납미(下納米)는 조선의 입장에선 상대적 대국(大國)으로서 이른바 유원정책(柔遠政策)을 시행한 것이었지만, 그 이면에는 왜구의 피해를 최소화하려는 현실적 고충이 있었다. 이는 조선 정부에 적지 않은 재정적 부담이 되었다. 1874년 박규수(朴珪壽)는 흥선대원군에게 보낸 서한에서 "영남 절반의 고혈(膏血)을 다 벗겨다가 저들에게 보내면서도 일개 도서(圖書)를 만들어 보내는 것을 능사로 여긴다면, 천하의 어떤 일이 이보다 더 가소롭겠습니까?"라고 힐문했다. 이는 조일수호조규 체결을 계기로 왜관에서의 기존 관행을 혁제(革除)할 것을 적극적으로 주장한 이유가 되었다.

2) 『星湖僿說』 5권(上) 「人事編」 "交隣".

3) 『星湖僿說』, 「日本忠義」

4) 『大日本外交文書』 1-1, 문서번호 245.

5) 『大日本外交文書』 1-1, 문서번호 288.

6) 쓰시마 번주 소씨(宗家)의 '가역파면(家役罷免)'이 결정된 뒤에도 대조선 외교는 완전히 외무성에 접수되지 않고, 그 감독하에 실질적으로는 옛 쓰시마 번이 담당하는 형태로 이뤄졌다. 1871년 7월 이른바 폐번치현(廢藩置縣)을 통해 소씨가 지번사의 직책을 상실하면서 대조선 외교권은 완전히 외무성으로 이관되었다.

7) 『大日本外交文書』 2-2. 문서번호 488.

8) 『만국공법』에는 조공책봉 관계에서의 책봉국과 유사한 개념으로서 'suzeraineté(suzerainty)'가 있었지만, 이는 어디까지나 명목적이고 상징적인 권위를 인정한 데 지나지 않았다. 특히 suzeraineté와 그 상대 개념인 vassal state의 자격, 권리와 의무 등을 구체적으로 규정하지 않은 채 국가 간에 위계(hierarchy)가 존재하고 공물(tributes)이 오가는 경우 이를 모두 suzeraineté-vassal state 관계로 포괄하였으므로 그 의미가 매우 모호하였다. 본래 suzeraineté라는 국제법적 개념은 19세기 초중반 러시아 등이 오토만 제국의 발칸 영토를 해체하는 과정에서 그 실질적 보호권을 차지하는 대신 정신적·종교적 권위를 제한적으로 인정한 데서 유래하였다. (剛本隆司, 『宗主權の世界史—東西アジアの近代と翻訳概念』, 名古屋大学出版会, 2014)

9) 『朝鮮事務書』 第三卷, 「朝鮮論」.

10) 전체 조사 항목은 다음과 같다. (1) 게이초(慶長)·겐나(元和) 이래 조선국에서 통신사를 파견해서 번속(藩屬)의 예(禮)를 취해온 경위, (2) 타이슈(對州: 쓰시마)에서 조선에 파견한 사신의 예전(禮典)과 조선에서 타이슈에 파견한 사신의 예전(禮典), (3) 조선국으로부터 감합인(勘合印)을 받은 경위, 이는 조선의 제도로 볼 때 조공을 받는 것으로 취급한 것인가?, (4) 조선의 국체(國體)는 청국에 신례(臣禮)를 취해서 북경의 정삭(定朔)을 받든다고 해도 국정(國政)에 있어선 자재독단(自裁獨斷)하는 권리가 있는가?, (5) 황사(皇使)를 파견할 때, 군함의 수부(首府: 서울) 근해(近海) 순회와 관련하여 양항(良港)의 유무, (6) 조선국이 러시아의 꼬임에 빠져 은밀히 보호를 의뢰한다는 풍문과 경계론(境界論), (7) 조선국 육해군 무비(武備)의 허실, 무기의 정밀도, (8) 내정(內政)의 상태가 『초량기문(草梁記聞)』에 적힌 것과 같은가?, (9) 무역 개시와 관련하여 물품의 교환, 물가 수준 및 화폐의 질, (10) 세견선의 향후 존폐, (11) 타이슈는 두 나라 사이에 있는 고도(孤島)로서, 교제의 비용 및 표류민의 인도 등 1개 번(藩)의 통상적인 정무비용 이외의 비용, (12) 조선은 초량항을 제외하고 내지에선 일본인의 여행이 어려운가?, (13) 다케시마(竹島)와 마쓰시마(松島)가 조선에 부속된 경위. 덧붙여 말하면, 제13조의 다케시마는 곧 오늘날의 울릉도, 마쓰시마는 독도를 가리킨다. 이에 대해 일본 태정관은 두 섬이 '조선에 부속된 경위(竹島松島朝鮮附屬二相成候始末)'의 조사를 지시함으로써 이 두 섬이 조선의 영토라는 인식을 공식적으로 드러낸 것이다.

11) 『征韓論の舊夢談』

12) 『만국공법』에는 "만약 그 국사를 자치하여 타국으로부터 명을 받지 않는다면 그 국가는 자주국(independent state)라고 할 수 있다.(凡有邦國 無論何等國法 若能自治其事 而不聽命於他國 則可謂自主者矣)"라고 하고, 또 "공법으로 논한다면 자주국은 그 나라의 국력과 무관하게 모두 평등하다. 어떤 나라가 만약 일이 있어서 우연히 타국의 명을 받거나, 혹은 항상 타국에 의론을 청하더라도 모두 그 주권에는 지장이 없다. 단, 그 명을 받고 의론을 청하는 것이 만약 조약에 기재되어 장정으로 정해졌다면 타국의 통제를 받는 것이니 주권이 저절로 감쇄된다.(就公法而論 自主之國 無論其國勢大小 皆平行也 一國遇事 若偶然聽命於他國 或常請議於他國 均其主權無碍 但其聽命請議 如已載於約而定爲章程 則係受他國之節制 而主權自減矣)"라고 규정되어 있었다. 이에 따르면 전통적 의미의 '속국=조공국'은 곧 '자주국(independent state)'에 해당하였다. (O.N.Denny, *China and Korea*, Shanghai, Kelly and Walsh, 1888)

13) 『大日本外交文書』 3, 문서번호 89.

14) 조선 문제가 청일수호조규 체결의 유일한 원인은 아니었다. 일본이 청에 대해 근대적 조약 체결을 제안한 배경에는 통상상의 관점에서 상인이 청에 진출해서 무역을 할 필요[出貿易]와 일본에 들어와 있는 청국인의 관리와 같은 현실적 이유에 더하여 서양의 침입에 대해 청과 연대해서 대응하고 또 장기적으로 청과의 무역을 통해 재정을 재건한다는 전략적 고려가 있었다. (森田吉彦,「幕

末維新期の對淸政策と日淸修好條規－日本・中華帝國・西洋國際社會の三角關係と東アジア秩序の二重性, 一八六二～一八七一」, 日本國制政治學會 編, 『國際政治』第139號, 2004)

15) 정한론 정변 결과, 이타가키 다이스케・에토 신페이・고토 쇼지로・소에지마 다네오미・마에바라 잇세이 등 개전론의 주창자들이 대거 메이지 정부에서 이탈했다. 이들은 사가의 난(1874), 하기의 난(1876), 세이난 전쟁(1877) 등 내란에서 사망하거나 자유민권운동에 투신하는 등 재야에서 정부를 비판하는 세력이 되었다.

16) 1872년 8월 일본 외무성은 동래 왜관을 무단으로 자국 공관으로 접수하고, 이듬해 4월에는 외무성 관리를 파견했다. 그로부터 약 20일 후 동래부사가 일본인의 밀무역을 금하는 포고문을 왜관 벽 등에 게시했는데, 그 가운데 '일본인들이 그 모습과 풍속을 바꾼 것[變形易俗]을 부끄러워하지 않는다.'라든지, '최근 그 소행을 보면 무법지국(無法之國)에 가깝다.'라는 등의 과격한 표현이 있었다. (『朝鮮交際始末』3권, 『再撰朝鮮尋交摘要』)

17) 『岩倉公實記』.

18) "上曰 見其問答狀啓 則果善爲說辭矣"『승정원일기』고종 13년 2월 6일.

19) 『淸季中日韓關係史料』제2권, 문서번호 342의 (1).

20) 훗날 양계초(梁啓超)는 『이홍장 평전』에서 이를 두고 "이는 모두 이홍장이 종속국은 외교를 할 수 없다는 국제법을 분명하게 이해하지 못했기 때문에 벌어진 일들이다."라며 신랄하게 비판했다.

21) 1880년 번역, 출간된 『공법회통(公法會通)』(원서명: J. C. Bluntschli, *Das moderne Völkerrecht der civilisierten Staatenals als Rechtsuch dagestellt*)에서는 『만국공법』과 달리 *suzeraineté*와 '보호'의 책임을 직접 연관시켰다. 즉, '보호를 구하는 국가'를 semi-sovereign state, '보호를 제공하는 상위의 국가'를 *suzeraineté*로 정의하고, 전자를 '屛藩', 후자를 '上國'으로 번역한 것이다.

22) 임오군란으로 일본 공사관이 소실되고 국민이 살해당했다는 소식이 전해지자 일본 정부는 도쿄와 구마모토 진대(鎭臺)를 동원해서 혼성여단을 편성하는 등 조선 파병 준비를 단행했다. 하지만 실제로 동원할 수 있었던 병력은 육군 상비병 1만 8,600여 명, 예비병 2만 7,600여 명 정도에 지나지 않았다. 일본 정부가 수비 위주의 진대 편제를 개편하여 전시병력 20만 명 규모의 7개 사단 야전군 운용계획을 추진하는 등 본격적으로 군비 증강에 착수한 것은 이후의 일이었다.

23) 김옥균에 대한 일본 외무당국의 냉대는 이러한 '소극정책'의 대표적 사례였다. 1882년 이후 김옥균은 조선의 독립을 위해 수차례에 걸쳐 일본 외무성에

자금과 무기의 제공을 요청했지만, 되돌아온 것은 냉대뿐이었다. 이 때문에 김옥균은 1883년 가을 차관교섭이 최종 실패한 후, 후쿠자와 유키치 및 고토 쇼지로 등 재야세력과 결탁하여 거사를 일으킬 수밖에 없었다. 하지만 급조된 정변은 청군의 개입으로 '삼일천하'로 끝나고 말았다.

24) 井上馨,「朝鮮政略」(1882.9.17.), 芝原拓自 外編,『對外觀』, 岩波書店, 1988. pp.53~54.

25) 1883년 제2차 조영조약의 체결을 앞둔 주일영국공사 파크스(H.S.Parkes)는 주청일본공사 에노모토 다케아키에게 다음과 같이 발언했다. "우리 정부는 조선을 독립국으로 인정하는 것에 있어선 귀국에 동의한다. 그러므로 우리와 조선과의 조약과 관련해선 지나(支那)와 전혀 상담하지 않은 것이다. 단, 작년의 조약은 실로 불충분한 것이었기 때문에 수정하지 않을 수 없었다. … 조선 백성들은 어리석어서 독립의 가치를 알지 못한다. 혹시 독립을 도모하는 움직임이 있더라도 지나(支那)가 필시 그것을 제압할 것이다."

26) 이 사건의 전모는 아직 분명하지 않지만, 정황상 조선 왕실이 조정 신하들과의 상의 없이 묄렌도르프와 일부 친러파 관료의 건의를 듣고 이들을 통해 비공식적으로 러시아와의 접촉을 시도한 것으로 보인다. 문제는 러시아가 비단 중국뿐 아니라, 일본과 영국 또한 가장 두려워하는 나라라는 데 있었다. 특히 일본의 공로증(恐露症, Russophobia)은 매우 뿌리가 깊은 것으로, 조선 정책은 항상 러시아의 남침을 막아야 한다는 지정학적 위기의식과 결부돼 있었다. 이러한 상황에서 러시아에 그 보호를 의뢰하고자 한 조선 왕실의 시도는, 비현실적이었을 뿐만 아니라 오히려 주변 열강들의 경계심만 더욱 자극하는 결과를 초래한 것이다.

27) 小田切萬壽之朝,『朝鮮』

28) 『光緒朝中日交涉史料』8권, 문서번호 385의 부건 5.

29) 芝原拓自 外,『對外觀』(1988), pp.41~44

30) 芝原拓自 外,『對外觀』(1988), pp.81~86

31) 『日本外交文書』제23권, 문서번호 247. "靑木外務大臣意見書「東亞列國之權衡」"

32) 『蹇蹇錄』.

33) 伊藤博文関係文書研究会,『伊藤博文關係文書』第七卷, 1973, pp.160~162

【참고문헌】

〈1차 문헌 및 문서집〉

『承政院日記』(高宗朝), 국사편찬위원회, 1967~68.

朴珪壽, 『瓛齋集』, 한국문집총간 312, 민족문화추진회, 2003.

李瀷, 『星湖僿說』, 민족문화추진회, 1966.

申櫶, 『沁行日記』, 1876. (김종학 역, 『심행일기: 조선이 기록한 강화도조
　　약』, 푸른역사, 2010)

多田好問, 『岩倉公實記』(3冊), 原書房, 1968.

大山梓 編, 『山縣有朋意見書』, 原書房, 1966.

陸奥宗光 著, 中塚明(校訂·解說), 『蹇蹇錄』, 岩波文庫, 1983.

小田切萬壽之朝, 『朝鮮』, 1890(『韓国併合史研究資料 13』, 龍溪書舍, 1996)

伊藤博文関係文書研究会 編, 『伊藤博文關係文書』(9冊), 塙書房, 1973~1981.

日本外務省 編, 『日本外交文書』(73冊), 日本外務省, 1933~1963.

佐田白茅, 『征韓論の舊夢談』, 中川研, 1903.

芝原拓自 外編, 『對外觀』, 岩波書店, 1988.

會澤安, 『新論』, 1825. (김종학 역, 『신론』, 세창출판사, 2016)

한국일본문제연구회 편, 『朝鮮外交事務書』(9책), 성진문화사, 1980.

Bluntschli,J.C., Martin,W.A.P.(trans.), 『公法會通』, 同文館, 1880.

Wheaton,H., Martin,W.A.P.(trans.), 『萬國公法』, 崇實館, 1864.

古宮博物院文獻館 編, 『淸光緒朝中日交涉史料』(2冊), 文海出版社, 1963.

梁啓超,『論李鴻章』, 臺灣中華書局, 1936. (박희성·문세나 역,『리훙장 평전』, 프리스마, 2013)

中央研究院 近代史研究所 編,『淸季中日韓關係史料』(11冊), 中央研究院近代史研究所, 1972.

Denny,O.N., *China and Korea*, Shanghai: Kelly and Walsh, 1888.

〈2차 문헌〉

김종학,『개화당의 기원과 비밀외교』, 일조각, 2017.

다보하시 기요시 저, 김종학 역,『근대 일선관계의 연구』(2책), 일조각, 2013·2016.

아라노 야스노리,「근세의 한일관계」, 역사학연구회 편, 山里澄江·손승철 역,『한일관계사의 재조명』, 이론과 실천, 1992.

오구라 가즈오 저, 가와모토 가네요시 역,『일본 외교의 실패』, 제이앤씨, 2006.

이리에 아키라 저, 이성환 역,『일본의 외교』, 푸른산, 1993.

剛本隆司 編,『宗主權の世界史―東西アジアの近代と飜訳槪念』, 名古屋大学出版会, 2014.

毛利敏彦,『明治六年政變』, 中央公論新社, 1979.

森田吉彦,「幕末維新期の對淸政策と日淸修好條規－日本·中華帝國·西洋國際社會の三角關係と東アジア秩序の二重性, 一八六二～一八七一」, 日本國制政治學會 編,『國際政治』第139號, 2004.

5

근대 일본의 한국 인식
: 역사의 재구성과 구조적 이해

근대 일본의 한국 인식

: 역사의 재구성과 구조적 이해

강동국 | 나고야대학교 법학부 교수

1. 서론

한일 간의 불평등한 권력 관계가 해소되고 있다. 한일 양국이 새로운 환경이 요구하는 상호이해에 대해서 탐구할 때이다. 이 장은 이러한 시대의 필요에 부응하여 근대 일본의 한국 인식에 대해 새로운 이해를 제공하려 시도이다.

근대 이후 일본의 한국 인식에 대하여 한국은 주로 아래와 같은 입장을 취했다.

압도적인 타자인 일본의 한국 이해에는 적지 않은 문제가 존재한다. 그러나 우리가 그들의 이해에 영향을 주는 것은 불가능하다. 가능한 것은 일본의 인식에 대한 인정과 저항 사이의 선택이다.

이러한 수동적 반응이 한국의 유일한 선택이었던 시대는 지나가고 있다. 우선 구매력평가(PPP·Purchasing-Power Parity) 기준 1인당 GDP가 대등해졌다는 등의 비교에서 양국 관계의 변화를 객관적으로 파악할 수 있다. 양국의 상호인식과 관련하여 더욱 중요한 변화는 비교가 아니라 일본 내부에 대한 관찰을 통해서 확인할 수 있다. 예를 들어, 일본 정치에서 한국 정책이 정권의 성격을 좌우할 중요 의제가 되고 한국 문화 콘텐츠가 대중에게 광범위하게 침투하고 있다. 일본 내부에서 한국의 존재감이 달라지고 있다는 것이다. 일본 우익의 히스테릭한 혐한은 이러한 변화가 심화하고 있다는 역설적인 증거이다. 이러한 일본 안의 한국의 중요성 증대는 한국의 움직임이 변수로 작용하여 일본의 인식에 대해서 영향을 미칠 수 있는 환경을 창출한다. 이러한 한국의 역할 증대는 양국의 상호이해를 증진시킬 새로운 기회로도 돌이킬 수 없는 악영향을 낳을 수 있는 위기로도 이어질 수 있다. 따라서 오늘날의 한국에는 스스로가 중요한 행위자라는 자각에서 출발하여 일본의 한국 인식에 대한 인정과 저항 사이의 양자택일을 벗어나 받아들일 점과 거부할 점, 그리고 우리가 간여할 지점을 현명하게 판단할 필요성이 제기된다. 이 판단의 정확성이 대등해진 타자인 일본의 한국 이해를 돕기 위한 한국의 간여가 낳을 결과를 좌우할 것이다.

이 장은 제국 일본의 한국에 관한 인식에 근본적인 문제점이 존재했다는 기존 연구성과를 존중하면서도 새로운 시대가 요구하는 목표를 달성하기 위해 세 가지 점에서 구별되는 서술을 시도할 것이다.

첫째, 일본의 한국 인식이 본질적인 한계를 가진다는 점을 명확히 하면서도 개인이나 세력별로 한계의 정도는 상당한 차이가 있다는 점을 강조할 것이다. 타자에 대한 이해에는 감정의 면에서 공감, 이성의 면에서 지식이 필요한데 근대 일본의 논자들 사이에서 한국에 대한 공감과 지식은 상당한 편차를 보였고 이 편차는 그대로 한국에 대한 인식의 차이로 나타났다. 이러한 다양성의 이해를 통해 지금까지의 일본의 한국 인식의 한계점과 앞으로의 변화의 시작점을 확인할 수 있을 것이다.

둘째, 일본인의 한국 인식에서 한국인이 행했던 역할에 대해서 주목할 것이다. 한국에 대한 공감을 보였던 일본인의 주위에는 거의 언제나 한국인이 있었다. 식민지와 제국의 시대에도 예외적이나마 상호 교류를 통한 이해 심화는 존재했던 것이다. 이러한 역사의 발굴과 확인은 일본의 한국 인식을 교정하기 위한 앞으로의 노력의 역사적 선례이자 기대의 근거가 될 것이다.

셋째, 근대 일본의 한국 인식의 한계를 가져온 요인을 한국과의 대비를 통해서 설명할 것이다. 인식하는 주체인 일본에 관찰되는 객체가 아닌 대등하게 대화하는 주체로 한국을 설정하면 두 주체 사이의 인식 차이를 가져오는 요인이 중요한 의제로 등장한다. 이 글에서는 한국과 일본 사이에는 역사적으로 형성된 사상구조의 차이가 존재하며, 이 차이가 일본의 한국 이해를 가로막는 중요한 이유임을 설명할 것이다. 이 구조적 요인에 대한 인식은 상호이해라는 과제의 어려움을 확인시키면서 동시에 문제 극복의 방향성을 제시로 이어질 것이다.

2. 예비적 고찰

(1) 사상구조 이해는 왜 필요한가?

본격적인 논의에 들어가기에 앞서 위의 세 가지 특징 중에서 학문적인 설명이 필요한 사상구조의 문제에 대한 간단한 소개가 필요할 것이다.

근대 일본은 한국에 대해서 얼마나 잘 이해하고 있었을까? 이 질문이 한국 관련 사실에 관한 것이라면 일본은 세계에서 한국을 가장 잘 아는 나라였다. 일례로 한국사학계에서는 20세기 말에도 일본이 남겨놓은 식민사학의 유산이 극복대상으로 논의되고 있었다. 제국 일본의 소위 조선사 연구는 그 편향된 시각에도 불구하고 반백 년 이상이 흘러도 완전히 극복하지 못할 만큼의 학문적 수준을 갖추고 있었던 것이다. 역사학만이 아니라 법학 분야 등에서도 시기와 정도의 차이는 있었지만 유사한 상황에 대한 자조적 푸념이 오랜 기간 지속되었다. 그런데, 이해의 대상이 사실이 아니라 인식이라고 한다면 대답은 완전히 달라진다. 한국인의 생각에 대한 일본의 이해는 결코 높게 평가할 수 없다. 단적으로 통감부나 조선총독부는 제국 일본이 가지고 있던 한국에 대한 지식과 정보를 온전히 이용할 수 있었지만 의병항쟁, 3·1운동, 독립투쟁 등으로 이어진 한국인의 저항에 대하여 지속적으로 틀린 판단을 내렸다. 그 결과로 정책의 실패와 변경이 반복되었다.

근대 일본의 한국 이해에서 보이는 사실에 대한 이해 심화와 인식에 대한 이해 정체 사이의 심대한 괴리를 어떻게 설명해야 할 것인가? 우선, 제국주의와 식민지 사이의 관계 일반으로 설명할 가능성이 있다. 에드워드 사이드(Edward Said) 이래 탈식민주의 연구가 지적한 것처럼 서양 제국주의는 식민지에 대해서 방대한 지식을 가지게 되었지만, 이는 식민지인들에 대한 진정한 이해로 이어지지 않았다. 세계적 차원의 제국주의와 식민지 관계의 동아시아 지역판인 두 나라 사이에도 동일한 문제가 존재하는 자연스럽다는 것이다. 이러한 이해는 사실에 대한 상당한 설명을 제공한다는 의미에서 타당하며 한일관계를 세계적 시각에서 파악할 필요성을 상기시킨다는 의미에서 바람직하다.

그러나, 식민지주의라는 세계적 현상의 적용만으로 한국인의 인식에 대한 일본의 몰이해를 설명함에는 한계도 있다. 예를 들어 영국의 식민지 관료들이 인도에 접근할 때에는 자신과 전혀 다른 타자에 대하여 무지로부터 이해에 도달하는 어려운 작업을 시작한다는 자각이 있었다. 따라서 그들의 지적 작업은 대체로 이해의 출발점이 되는 언어 연구로부터 시작되었다. 그런데, 근대 일본의 정치가와 지식인은 한국을 자신들과 전혀 다른 타자로 인식하지 않았다. 실제 19세기 조선과 일본에는 주자학을 중심으로 한 사상의 공통점이 명확했고 지식인들 사이에는 필담(筆談)을 통해서 의사소통이 가능할 정도의 한문 능력이 공유되어 있었다. 한국은 동아시아 문화의 핵심을 공유하는 국가였기 때문에 자신에 대한 이해의 틀을 확장하여 한국을 이해하려는 태도가 근대 일본의 주류였다. 현재의 연구에서도 이러한 문명적 공통성에 대한 지적은 이어지고 있고 더 나아가 메이지 유신이 가지는 유교적 성격이 발굴되는 등 부분적으로는 더 강한 공통성에 대한 지적도 나타나고 있다. 따라서, 한일 간에는 "제국 일본의 한국 이해는 서양제국과 달리 같은 문명적 배경을 가진 식민지를 대상으로 한 것이었으므로 상대적으로 용이했을 터인데 왜 실패를 반복했는가"라는 독특한 문제가 부상한다.

본고에서는 사상적 내용의 공유에 가려져 인식되지 못했던 사상의 구조적 요인에 주목하여 이 문제에 접근한다. 즉, 근대가 도래하기 이전에 두 나라의 사상에는 내용의 유사성과 대비되는 명확한 구조적 차이가 존재했고 이 차이는 근대 이후에도 양국의 사상 전개에서도 계승되있다는 가실이다. 이 가설에 대한 확인을 통해 제국주의 일본은 이러한 차이를 이해하지 못했기 때문에 한국인의 인식에 대한 이해에는 근본적인 한계가 있었다는 점을 설명함과 동시에 현재에도 이어지고 있는 두 나라 국민 간 소통의 어려움에 대한 이해와 극복의 전망에 대해서도 보다 심화된 이해를 제공할 수 있을 것이다.

(2) 근세와 근대 한일의 사상구조

① 근세

18세기 조선통신사와 일본 유학자들의 논의를 보면 유학이라는 세계
관의 공유에도 불구하고 의사소통이 원활히 이루어지지 않는 경우를 종종
볼 수 있다. 예를 들어 1748년 통신사가 일본을 방문했을 당시 일본에서
는 이토 진사이(伊藤仁齊) 유래의 고의학(古義學)이 유행하고 있었다. 고
의학은 주자학 텍스트에 대한 실증적인 비판을 통해 송대 이래의 형이상
학적인 논의가 고대의 경전과 동떨어진 것임을 주장하였다. 그 결과 이기
론 등의 철학적 논의를 배척하고『논어』와『맹자』등의 텍스트를 고대의 문
맥, 그리고 당시 일본의 문맥에서 재해석하였다. 통신사 서기 이봉환(李鳳
煥)은 이러한 일본 유학의 변화를 접하고 "귀국의 문헌은 훌륭하지만 유독
경전해석의 방법에서 대부분 주자를 등지고 털을 불어 하자를 찾는 흠집
찾기에 이르렀다"고 비판했다.[1] 주자학의 철학적 측면을 계승하는 입장에
서 사소한 문헌학적 결함을 물고 늘어지는 학문 경향에 대한 비판이었다.

이어지는 시기에 일본 유학의 주자학 비판이 더 급진화됨에 따라 조선
유학자의 위화감은 더 커질 수밖에 없었다. 1764년에 통신사가 일본을 방
문했을 때 일본은 오규 소라이(荻生徂徠) 유래의 소라이학이 일세를 풍미
하고 있었다. 소라이는 유교 경전이 고대 중국을 배경으로 쓰여진 외국어
문헌임을 인식할 필요성을 제기하였다. 당대 일본어 개념이 경전해석에
서 무의식적으로 혼입되는 문제를 지적하고 고대 중국의 개념을 복원한 정
확한 텍스트 해석을 시도하였다. 이와 같은 고문사학(古文辭學)의 방법론

을 사용한 결과 소라이학은 급진적으로 전개되었다. 주자학 텍스트는 물론 『맹자』마저도 경전의 본래의 뜻을 왜곡한 것으로 간주하여 『논어』이전의 텍스트만을 경전으로 인정하기에 이르렀다. 이러한 일본 유학의 전개를 목도한 원중거(元重擧)는 "불로가 성(性)과 덕(德)이란 무엇인지 논하는 것과 같은 기발함은 없고 육산상과 왕양명이 논한 양지양능(良知良能)이란 무엇인가를 거의 다루지 않는다"고 비판하였다.[2] 주목할 점은 원중거가 양명학과 같은 유학 분파뿐만 아니라 불교나 도교까지도 소라이학에 대한 비교 대상으로 제시하고 있다는 점이다. 그는 같은 경전을 믿는 당시 일본의 유학자보다 불교같은 이단(異端)이 더 낫다고도 해석할 수 있는 논의를 전개하였다. 즉, 18세기 후반의 일본 유학은 주자학과 양명학 같은 유교는 물론, 불교 그리고 도교를 포함한 동아시아 삼교(三敎)와도 대비되는 문제점을 가졌다는 것이다. 비판의 초점은 일본 유학의 내용보다 더 근본적인 것이었는데, 유불도 모두가 나름의 주장으로 다투는 사상의 대상에 대하여 일본 유학은 아예 논하지 않는다는 것이었다. 말하자면 양명학, 불교, 도교 등이 주자학과 내용이 다르므로 논파의 대상이 될지언정 논의는 성립하는 것에 반해 일본 유학은 성, 덕, 양지양능과 같은 주제를 대상으로 삼고 있지 않기 때문에 논의 자체가 이루어지지 않는 점에 대한 지적이었다. 현대적인 학문 용어로 표현하면 일본 유학은 문헌학(philology)의 방법으로 주자학 철학(philosophy) 체계를 무너트려 형이상학(metaphysics) 영역 자체를 없앤 결과 조선 유학의 핵심적인 의제(agenda)는 그 공간과 함께 사라져버렸다는 것이다. 조선과 일본의 주자학 계승과 비판의 결과로 생긴 사상공간 구성의 거대한 차이를 확인할 수 있다.

이러한 차이의 맥락을 보다 명확하게 이해하기 위해 동아시아 사상공간의 역사적 전개를 간단히 확인해 보자.

〈표 1〉 동아시아의 사상공간

원시유교　　　→　　　불교　　　→　　　주자학

각 공간은 안쪽에서부터 내면-일상-초월을 나타냄. 검정색으로 채워진 부분이 각 사상체계가 중시하는 공간.

공자의 유교는 일상의 공간에 집중하였다. 『논어』에서 공자는 죽음이나 괴력난신(怪力亂神) 등의 주제는 얘기하지 않고 일상의 삶에 집중하고 있음을 상기하면 충분할 것이다. 중국에서 당대(唐代) 전성기를 맞이한 불교는 번뇌에 속박된 현상세계를 상대화하고 집착에서 벗어나기 위해 인간의 내면과 초월의 공간에 논의를 집중하였다. 한편, 불교가 이미 침투한 사상 환경 속에서 유교의 가르침을 재생시키려는 지적 운동이 송대에 활발해졌다. 이 운동의 결과인 주자학에서는 일상을 중시하는 공자의 가르침을 계승하면서도 불교가 확장한 내면과 일상의 사상 공간도 채워나가야만 했다. 그 결과 주자학에서는 내면-일상-초월의 모든 공간을 중시하게 되었다. 이러한 사상 공간 재편성의 결과 모든 영역을 포괄하게 된 주자학은 자신의 체계의 통일성을 유지하기 위해서도 공간의 경계를 넘어서는 통합적 원리가 필요하게 되었다. 리(理)야말로 이러한 필요에 부응하는 개념이었다.

이와 같은 동아시아 사상 공간의 역사적 유형을 근세의 한일 간에 적용해 보면 조선은 주자학의 사상 공간을 유지했던 것에 반해서 에도시대 일본은 원시유교의 사상 공간으로 돌아갔다고 이해할 수 있다. 조선에서는 예송(禮訟)과 같은 일상 공간의 문제는 물론 사칠논쟁(四七論爭)을 필두로 내면과 초월 공간을 둘러싼 논쟁이 끊임없이 이어졌다. 그런데, 이토 진사이가 교토의 생활을 배경으로 일상의 윤리에 집중한 것이나 오규 소라이가 겐로쿠(元祿) 시기 일본이 직면한 위기를 배경으로 당대 정치개혁에 집중한 것은 모두 일상 공간을 대상으로 한 것이었다.

이러한 변화의 결과 유학이라는 공통의 사상 내용을 가진 18세기 중반의 한일 유학자가 만났을 때도 이들의 사상구조는 이미 어긋나 있었다. 일본 유학자가 문헌학 방법에 의존하여 형이상학적인 주제는 다루지도 않는다는 이봉환과 원중거의 비판은 사상 공간의 구조적 문제가 당시 실제로 대화의 걸림돌로 작용한 결과였다.

결국, 근세 한일의 사상적 대화에 대한 고찰은 동아시아 문명을 공유한다는 이유로 한국과 일본의 유사성만을 전제로 삼는 것이 위험하다는 점을 보여준다. 양국 간의 사상구조에는 본질적인 차이가 엄존했기 때문이다.

② 근대

근세 한일 간의 사상구조의 차이는 근대 이후 시기에도 이어졌을까? 우선 일본의 경우를 보자. 일본에는 사상구조가 바뀔 몇 번의 계기가 있었다. 1790년 '간세이 이학의 금지(寬政異學の禁)' 이후 주자학이 다른 학문과 구별되는 정통성을 가지게 되어 이전 시대보다 오히려 주자학 세력이 강해져 갔다. 또한 영향력을 키워오던 서양 문명도 고대 이래 형이상학 개념이 가지는 중요성에서 알 수 있듯이 일상 공간만이 아니라 내면이나 초월 공간을 채우는 내용을 갖추고 있었다. 그 결과 19세기 일본에서는 주자학을 이용하여 서양 근대를 전면적으로 받아들이는 과정에서 사상 공간이 변화할 가능성이 등장했다. 실제, 메이지 초기에 일본은 상대적으로 자유

로운 지적 분위기 속에서 서양 근대의 다양한 측면을 탐구했다. 예를 들어 서양국가의 제도적 기초인 근대법을 수용하는 과정에서 주자학의 추상적 개념어를 사용하여 서양 근대법의 원리적인 측면의 수용을 쉽게 하는 등 현실적인 수요에 따른 비일상의 사상 공간의 역할이 두드러지게 되었다.[3] 더 나아가 메이지 일본에서 주자학의 초월적 특징을 강조하는 형이상(形而上) 개념이 서양의 metaphysics의 번역어로 채택된 것에서도 보이듯이 학문적인 면에서 사상공간을 공유하는 두 사상이 연결되기도 하였다.

그러나, 근대 일본에서 주자학과 서양 근대의 소통을 통해 일상 공간 이외의 사상 공간이 활발해지는 현상은 길게 이어지지 않았다. 그 계기는 1881년의 정변이었다. 이 정변을 계기로 이토 히로부미(伊藤博文)를 중심으로 하는 세력이 본격적으로 메이지 체제를 정비하게 된다. 이들은 근세 일본의 사고를 계승하여 사회의 세속화, 즉 비종교화를 문명화로 파악하고 있었는데 새로운 체제를 구상하는 과정에서 자신들이 문명으로 이해한 근대 서양이 여전히 기독교라는 종교를 믿고 있다는 곤혹스러운 사실에 직면하였다.[4] 사상구조에서 본다면 대항해시대의 가톨릭과 에도시대의 주자학이 가진 포괄적인 사상구조를 해체한 결과 근세 일본이 공유했던 일상 공간에의 집중이라는 결론에 다시 찾아온 위기였다. 결국, 이들은 메이지 체제 형성 과정에서 국체(國體)로 대표되는 천황 이데올로기로 일상 이외의 사상 공간을 채우는 정치적 선택을 했다. 이에 따라 메이지 일본에서 사상 공간을 포괄적으로 점유하는 사상은 비일상적 공간을 장악하게 된 국체와 충돌하게 되었다. 사상공간을 포괄적으로 점유하면서도 각각 성(聖)과 속(俗)에 집중하는 기독교와 사회주의가 보인 국체와의 비극적 갈등을 예로 들 수 있다. 이제까지 보아온 사상구조의 특징이라는 관점에서 보면 메이지 체제가 완비되는 시점부터 이들 신념체계의 담지자들이 국체를 부정하는 비국민(非國民)으로 낙인찍히기 시작하는 것은 예견된 일이었다.

결국, 일본의 근세에서 근대로의 전환과정에서 첫째, 일상 공간의 중요성은 유지되었고, 둘째, 새롭게 부상한 내면과 초월 공간을 결국 국체가 점유하여 활성화를 막았다고 할 수 있다. 따라서, 근세와 근대 사이에 일본의 사상구조에 나타났던 현상은 부분적 변형을 동반한 연속으로 이해할 수 있을 것이다.

한편 한국에서도 사상구조는 기본적으로 계승되었다. 조선왕조, 대한제국, 식민지 조선에서 유교, 그중에서도 주자학을 부정한 세력이 대두되었고 이들은 다양한 비판을 전개하였다. 그러나 이들의 공격은 서양 근대를 모델로 하여 주자학의 서양 근대와 대비되는 내용에 집중되었다. 그 과정에서 수백 년간 지속된 주자학의 사상구조 문제는 의제로 설정되지 않았다. 그 결과 근대로의 전환과정에서 본격적인 검토를 거치지 않은 채 온존되었고 주자학을 내용적으로 부정하는 세력들에게조차 사상구조는 지속적인 영향을 미쳤다. 예를 들어 주자학의 사상구조는 주자학이 부정됨에 따라 나타난 사상 공간의 공백을 주자학과 공통된 구조를 가진 사상을 통해 채우도록 작용했다. 따라서 근대 한국에서 일상 이외의 사상 공간을 포괄하며 복수의 사상 공간에 대한 일관된 원리를 제공하는 사상이 강력한 세력을 얻는 현상이 나타났다. 그 대표적인 사상이 신(神)이나 잉여가치(剩餘價値)라는 일관된 원리로 복수의 사상 공간에 대한 포괄적 설명을 제공하는 기독교와 사회주의였다.

결국, 근대 한국과 일본은 사상구조 면에서 근세의 역사를 계승하고 있었다. 따라서 18세기 조선통신사와 일본 유학자 사이의 소통을 방해했던 사상구조의 측면도 계승되고 있었다. 이런 의미에서 일상 공간을 중시하며 나머지 공간을 국체로 채운 일본 주류의 한국에 대한 이해가 쉽지 않을 것, 그리고 주자학과 유사한 사상구조의 특징을 가진 기독교나 사회주의의 사상가 등에서 한국에 대한 깊은 이해를 기대할 수 있는 사실은 근대의 출발점에서 이미 결정되었다고 볼 수 있다. 이어지는 본문에서 사상구조와 연관하여 일본 주류의 한국 인식이 가진 본질적인 한계와 함께 소외된 일본인들이 보여주었던 한국에 대한 이해를 분석하게 될 것이다.

3. 식민지화 이전 일본의 한국 인식

19세기 초부터 러시아를 필두로 한 서양의 접근이 명확해지기 시작하자 일본에서는 국제관계에 대한 새로운 이해가 활발히 전개되었다. 예를 들어 지정학적 관점의 논의를 대표하는 해방론(海防論)에서 한반도는 일본의 안보라는 관점에서 새롭게 이해되었다. 자국의 안보를 기준으로 하는 이들 논의에서 당시의 조선이라는 타자에 대한 공감이나 이해가 결여된 것은 당연하였다. 소통하지 않는 채 자국의 이해관계를 기준으로 조선의 위치를 멋대로 규정하는 이들의 방법은 막말의 지사들에게도 공유되었다. 예를 들어 아이자와 세이시사이(會澤正志齋)의 「신론(新論)」은 후기미토학(後期水戶學)의 대표적인 저작으로 막말 지사들에게 큰 영향을 끼쳤다. 아이자와는 서양이 닥쳐오는 상황에서 일본의 대응을 논의하는 전제로 국체에 대한 논의를 전개하는데 이 속에서 한국은 삼한정벌이나 임나일본부의 무대로 다루어짐에 그쳤다. 한국은 국체의 역사를 증명하는 열등한 이웃 국가에 지나지 않았다.

이와 같은 근대적 안보환경을 고려한 한반도의 지정학적 이용과 기존의 차별적 역사관의 결합은 메이지 유신 과정에서도 이어진다. 유신 과정을 이끈 조슈(長州)의 지사들에게 큰 영향을 끼친 요시다 쇼인(吉田松陰)

의 한국관이 그 대표이다. 그는 1854년의 서간에서 "러시아와 미국과의 강화가 일단 정해지면 결연히 행하여 우리가 강화를 깨어 이적들의 신의를 잃어서는 안된다. 단, 장정(章程)을 엄하게 지키고 신의를 두텁게 하면서 그 사이에 국력을 키워 뺏기 쉬운 조선, 만주, 중국을 떼어내어 교역에서 러시아에게 잃는 것을 또한 토지로서 조선과 만주에서 보상받아야 한다"고 썼다.[5] 또한 1858년의 서간에서는 "먼 경략의 출발은 우리 번이 조선과 만주에 임하는 것만한 것이 없다. 조선과 만주에 임하려면 울릉도가 제일의 근거지가 된다"라고도 썼다.[6] 그의 제자들 다수가 번벌의 대표로 메이지 정부를 장악한 것을 고려하면, 요시다의 이러한 태도는 메이지 정부 중심세력의 한국관의 원형이라고 할 수 있다.

그러나, 이러한 한국관은 메이지 유신 이후 전 사회에서 본격화된 문명개화의 과정에서 수정될 가능성도 있었다. 즉, 자유, 민권, 그리고 계몽 등을 추구하던 세력들의 새로운 관점이 국제정치 일반에 대한 인식을 바꾸고 그 결과 조선에 대한 이해도 극적으로 바뀔 여지가 있었다. 이러한 가능성의 좌절 과정을 메이지 시대를 대표하는 지식인인 후쿠자와 유키치(福澤諭吉)의 예를 통해서 살펴보자.

후쿠자와는 조선을 유교의 나라로 보았지만 유교의 본질이나 다양성에 대하여 깊게 알려고 하지 않았다. 일본의 경험에 기초하여 당대 조선을 파악하면 충분하다고 보았고, 조선의 유학자에 대해서도 막말 일본의 유자와 같이 문명개화에 반하는 허약한 세력으로 파악하였다. 그의 유교 이해의 요체는 유교가 에도시대의 문벌제도(門閥制度)를 뒷받침하는 이데올로기라는 것이었다. 『복옹자전(福翁自傳)』에서 그는 능력이 있으면서도 문벌제도에 의해서 좌절하여 어린 시절 자신에게도 불교교단에서는 문벌이 출세의 방해가 되지 않는 승려가 되기를 권했던 아버지의 일화를 소개하였다.

후쿠자와는 유교를 '부모의 적(親の敵)'으로 규정하기에 이르렀다. 그러나 이러한 유교 이해는 지나치게 피상적이다. 중국, 조선, 베트남에서 유교에 기초한 과거야말로 문벌제도와 대립되는 능력주의(meritocracy)를 뒷받침했다. 반면 일본에서 유교 수용이 부분적이었기 때문에 이미 존재하던 사무라이를 중심으로 한 문벌제도를 정당화하기 위해서 유교가 동원되었다. 후쿠자와는 막말 일본의 유교 이용 만을 경험하고 이를 유교의 본질인 것처럼 착각했던 것이다.[7] 더 나아가 최근의 연구는 그의 일본 유교에 대한 이해조차도 문제가 있음을 보여준다. 예를 들어 메이지 유신은 사무라이가 유교화되어 누가 정당한 지배자인가 등의 문제를 공론(公論)의 장에서 논의하기 시작했기 때문에 가능했다.[8] 후쿠자와의 삶에서 가장 중요했던 정치적 변혁은 적어도 부분적으로는 유교적이면서 동시에 근대적이었던 것이다. 그런데, 당대의 많은 이들이 그랬듯 후쿠자와는 이 점을 인식하지 못했다. 그는 이러한 편협하고 왜곡된 유교에 대한 관점에 서서 조선을 근대에 남아 있는 유교의 나라로 이해하려 시도했는데, 그 중 아래 두 가지 사항은 주목할 필요가 있다.

첫째, 유교의 나라 조선에 대하여 지속적으로 비판하였다. 앞서 본 후쿠자와의 유교 일반에 대한 이해에서 조선이 봉건적이며 따라서 후진적이라는 평가가 자연스럽게 따라왔다. 이 논의의 전제가 되는 근대와 유교와의 관계에 대한 이해에서도 일본의 경험은 결정적이었다. 그는 일본의 막말과 메이지유신의 경험에서 봉건적 이데올로기인 유교는 더 나은 문명인 서양 근대가 도입됨과 함께 역사의 뒤안길로 사라진다는 역사 법칙 일반을 구상했다. 즉, 후쿠자와는 유교의 내용, 그리고 유교와 근대와의 관계에서 모두 일본의 경험을 특권화하여 자신의 관점을 확립한 후, 그 이해를 조선에 일방적으로 적용했다. 앞서 보았듯이 18세기에 벌써 명확했던 조선과 일본 유교의 상이함을 고려하면 그의 조선 유교에 대한 이해는 전혀 현실과 동떨어진 것이었고 따라서 후쿠자와의 유교의 나라로서 조선 이해는 부정확한 것이었다. 이러한 부정확함은 갑신정변 등 그의 조선에 대한 관여가 실패의 할 수밖에 없었던 중대한 이유였다.

둘째, 후쿠자와는 갑신정변의 실패 이후, 유교에 대한 자신의 이해에 기초하여 일본의 한국 인식에 결정적 영향을 미치는 사상적 유산을 남겼다. 바로 사대주의(事大主義) 개념의 발명이었다. 사대는 『맹자』에 따르면 지(智)를 갖춘 소국이 행해야 할 예(禮)를 나타내는 개념이었다. 이와 쌍을 이루는 개념은 인(仁)을 갖춘 대국이 행해야 할 예를 나타내는 자소(字小)였다. 즉, 유가 텍스트에서 사대는 자소와 함께 예가 지배하는 유교적 국제관계의 이상적인 행위를 나타내는 개념이었다. 더하여 주자학의 체계가 도입되면서든 사대를 뒷받침하는 지는 리가 사람의 마음에 갖춰지는 형태인 성(性)의 일부가 됨에 따라 그 사상적인 위치는 더욱 확고해졌다. 한편, 후쿠자와는 갑신정변이 실패한 이후, 정부의 정책에 어긋나게 관여한 것에 대한 비판을 피하기 위하여 갑신정변을 조선 내부의 사건으로 규정하려 하였다. 그러기 위해서는 갑신정변을 일으킨 독립당과 대비되는 조선 내부의 강력한 정치세력을 설정해야 했다. 이에 그는 이전에는 곧 사라질 세력으로 규정했던 유교적 보수세력을 강력한 힘을 가진 사대당(事大黨)으로 재규정하였고 이들이 가진 이념을 사대주의로 규정하기에 이르렀다. 이 과정에서 사대 개념에는 두 가지 변화가 발생했는데 첫째는 사대의 쌍이 되는 개념이 자소에서 독립으로 바뀌었다는 점이고, 둘째는 사대주의가 서양 근대 국제관계의 기본적인 가치인 독립과 반대되는 개념으로 재정위된 결과 가치판단이 완전히 달라져서 악덕의 대명사가 되었다는 점이다. 이 사대주의는 이후 시기에 일본의 한국 이해에 결정적인 역할을 할 뿐만 아니라 한국인의 자의식에도 중대한 영향을 미치게 되는데 이 점에 대해서는 후에 다시 논의할 것이다. 결국, 후쿠자와로 대표되는 메이지 초기 지식인들도 한국에 대한 공감과 이해를 시도하지 않은 채 일본의 입장에서 자신들의 입맛대로 한국상을 재구축했다는 점에서 정부 측과 방법적인 공통점을 가진다고 하겠다.[9]

그런데, 메이지 말기에 대한제국에서 적지 않은 환영을 받은 일본인이 있다는 점은 주목할 필요가 있는 예외이다. 일본의 젊은 아시아주의자 오가키 다케오(大垣丈夫)는 대한자강회와 대한협회의 고문이자 당시의 영향력 있는 외국인 논자로 애국계몽기에 서울을 중심으로 활약하였는데 그는 유교와 메이지 유신의 관련에 대하여 아래와 같이 썼다.

> 무릇 우리 일본 문명은 비유하자면 유교의 신체에 서양과학의 의복을 감은 것이라 하루아침에 새롭게 만들어진 것이 아니다. 보라. 전국 수 백만명의 학생에게 훈시한 교육칙어(教育勅語)는 유교의 신수(神髓)로 만들고 국민정신의 기초를 충효라는 말에 두었으니 누가 유교를 유해무익하다 할 것인가. 특히 문명 이래 국민의 뇌수(腦髓)에 침륜(沈淪)한 유교의 대의는 하루아침에 폐지할 것이 아니다.[10]

오가키는 메이지 유신을 통해 만들어진 당시의 일본 문명을 유교와 서양과학의 조화로 설명했는데 유교가 신체로 표현되어 서양의 과학보다 더욱 본질적인 것으로 제시되었다. 이러한 유학의 예로 들고 있는 것이 교육칙어와 충효였고 일본의 사례는 유교 대의를 폐지하지 않아야 할 이유로 제시되었다. 이러한 유교에 대한 평가의 연장선 상에서 당시 일본인으로서는 예외적으로 오가키는 조선의 후진성만이 아니라 유교에 기초한 발전 가능성을 논의했다. 4~50년전의 일본도 미개했는데 야마토혼(大和魂)을 발휘하여 서양문명을 배우고 더 나아가 구미를 능가했다고 하며 한국도 한국혼(韓國魂)을 발휘하여 일본과 같은 성과를 얻어야 할 것이라고 연설하는 등 대한제국이 일본의 메이지 유신 모델을 받아들이도록 하기 위한 활동을 전개하였던 것이다. 이러한 조선 인식은 애국계몽기의 개신유학자들의 사상적 필요를 가장 정확하게 만족시켜주는 사상체계였기 때문에 크게 환영받았다.[11]

그러나 오가키의 한국 인식은 두 가지 면에서 본질적인 한계를 가지고 있었다. 첫째는 그의 유교에 대한 이해 자체가 충분하지 못했기 때문에 유교의 나라 조선에 대한 이해도 깊을 수 없었다. 오가키가 유교와 근대의 문제에 대하여 위에 인용된 추상적인 담론의 제시를 넘어 보다 구체적이고 실용적인 형태로 논의를 전개한 흔적은 보이지 않는다. 이러한 오가키의 중단은 그의 의도 여부 이전에 능력에 의해 이미 결정되어 있었던 듯하다. 유교와 메이지 유신의 정합적 관계가 조선의 유교적 지식인들에게도 사상적으로 의미를 가지기 위해서는 유교와 서양을 아우르는 사상적 보편성이 제시될 필요가 있었는데 이 작업에는 유교에 대해서도 깊은 이해가 필요했다. 그런데 오가키에 대한 전기적 연구에 의하면 그는 유교에 대하여 본격적인 공부를 한 흔적이 전혀 발견되지 않는다. 오가키가 제시한 메이지 유신과 유교의 정합정 관계의 상은 나카무라 마사나오(中村正直)와 같은 깊이를 갖춘 논의가 아니라 메이지 체제 속에서 국가의 이익을 위해 순치된 유교에 대한 당대의 일반적 이해를 제시한 것에 머무르는 것으로 보인다. 둘째, 그의 논의는 제국 일본의 정치적 필요성에 의해서 만들어진 선전(propaganda)이었다는 점이다. 오가키는 초대 통감 이토 히로부미와 밀접한 관련을 가지고 있었다. 그는 대한제국에서 활동할 당시에 통감부 경무국의 정보위원이었으며 대한자강회 해산 이후 대한협회를 창립하는 과정에서 통감 이토의 내락을 받는 등 철저히 통감부와 연계하여 활동했다. 일본 아시아주의자들의 논의에서 한국과 중국을 유교의 나라로 이해하고 정치적 목적을 달성하기 위하여 일본의 유교적 특징을 큰 의미를 담지 않고 강조하는 경우가 빈번하였는데, 오가키의 조선에 대한 담론은 이러한 개인적 경향과 통감부의 정책적 선호가 결합된 논의였다고 볼 수 있다.

이상에서 메이지기 일본의 한국 인식 전개의 전반적인 양상을 중요한 인물을 중심으로 소개하였는데, 1906년에 통감정치가 시작되면서 이러한 인식이 권력을 통해서 한국에 직접적인 영향을 미치게 되었다. 이 작업의 중심인물은 초대통감 이토 히로부미였다. 그의 한국 인식에 대해서는 당시부터 한국과 일본에서 서로 다른 입장에서 비판이 이어졌다. 한국에서는 을사늑약을 강제하여 대한제국의 외교권을 빼앗아간 제국주의자의 전형이라는 비판이 지속된 반면, 일본의 일부 세력으로부터는 한국의 가능성에 대하여 기대를 걸고 지나치게 많은 것을 제공한 인물이라는 비판도 나타났다. 이 두 비판의 간극은 비판하는 한국과 일본의 입장이 전혀 달랐기 때문이기도 했지만 동시에 비판받는 이토의 한국 인식에 서로 다른 두 측면이 공존했기 때문이기도 했다. 우선, 이토는 당시의 대한제국의 현실에 대해서 비판적이었고 이 문제를 일본의 관점, 특히 안보의 관점에서 보는 당시 정치가들의 인식을 공유했다. 그가 앞서 소개한 요시다 쇼인의 제자였다는 점을 고려하면 자연스러운 사상의 전개였다. 이토가 대한제국이라는 국가에 대하여 극단적으로 비판하고 황제와 대신들을 협박한 것은 이러한 인식에 의한 것이었다. 그런데 한편으로 이토는 한국에 대하여 높이 평가하는 연설이나 문장도 남기고 있다. 예를 들어 제2차 한일협약을 체결하고 1905년 12월 3일에 시모노세키(下關)에 도착하여 행한 연설에서 그는 한국인을 아프리카 흑인이나 미대륙의 선주민, 남태평양 말레이 민족 등과 동일시해서는 안 된다고 전제하고 한국인에 대하여 삼천 년래의 문화를 가지고 있고 문학상의 조예도 깊다고 평가하며 시모노세키 시민과 함께 발달하여 문명의 은택을 누리게 하자고 말하였다.[12] 이런 평가에서 통감이 된 이토는 대한제국의 시정개선(施政改善)이 가능하다고 생각하고 제국 일본의 예산을 동원하여 근대화 사업을 추진하였다. 한국에 대하여 철저하게 차별적인 시각을 가지고 있던 일부 일본인들이 이토의 한국 인식을 비판하는 것이 이 부분이었다.

이러한 서로 다른 두 측면의 한국 이해는 대한제국이라는 국가의 위기를 해결하지 못하는 지배층과 그 이외의 다수의 한민족을 분리함을 통해서 가능했다. 즉, 기존의 지배층 대신 제국 일본을 대표한 자신이 능력 있는 지배를 통해 시정을 개선하는 것으로 한국을 바꿀 수 있다고 생각했던 것이다. 당시 한국 지배층의 문제점에 대해서는 논의의 여지가 있겠지만, 지배층의 무능력이 곧 능력 있는 다른 나라의 지배의 수용으로 이어질 것이라는 기대는 전혀 현실적이지 않았다. 이토는 계급에 관계없이 한국인들이 외국세력의 지배를 정당한 것으로 받아들이지 않는 신념을 이해하지 못했는데, 그 핵심에는 조선 시대 이래의 지배적인 사상인 유교, 그리고 유교적 가치에 기초한 정치적 움직임에의 무지와 무시가 있었다. 이토는 통감정치에 반대하는 의병에 대해서 일본 경관 수십 명을 파견하면 곧 흩어질 것이며 작은 야심가들이 도적 같은 빈궁한 무리에 섞여서 정치 운동의 흉내를 내는 것이라고 평가하였다. 존경받는 유학자이자 의병장이었던 최익현에 대해서는 아래와 같은 평가를 남겼다.

한국 유생의 완고하고 어두워 시세에 우원(迂遠)한 것은 거의 예상외이다. 쓰시마 유폐 중에 병사한 최익현은 한국 일류의 유생임에도 그의 유폐 중의 일기를 보면 실로 포독절도(抱腹絶倒)를 참을 수 없었다. 세계는 나를 통감 통감하며 치켜세우는데 이런 완고한 자들을 상대로 정치를 베푸는 것은 실로 어려운 일로 나는 벌써 그만두고 싶을 정도이다.[13]

이토의 포복절도는 타자에 대한 이해에 완전히 실패했다는 자인으로 볼 수 있을 것이다. 이토는 일상 공간의 시세를 중시하는 자신의 가치관에 서 최익현과 같은 유생이 완고하고 시세에 어둡다고 평가할 수 있을 것이 다. 하지만, 동시에 상대의 사상과 행동에 대한 공감과 이해가 동반되어야 할 것인데, 일본의 대정치가로 불렸던 이토에게 이 과제에 대한 진지한 접 근은 보이지 않는다. 당시 최익현은 세계적 차원의 전국시대(戰國時代)가 도래하는 상황에서 춘추(春秋)의 의리를 지키기 위한 사상적, 그리고 현실 적인 투쟁을 전개하고 있었다. 주자학의 사상구조는 내면과 일상과 초월을 관통하는 보편적인 리에 의해서 지탱되기 때문에 무엇이 옳은가라는 윤리 적 물음은 정치적 현실을 상대화하는 생명력을 지녔다. 그 결과 일상 공간 에 집중한 일본의 유교가 메이지 유신 이후에 새로운 현실에 쉽게 적응했 던 것과 달리 한국의 유교는 외국의 지배를 포함한 현실이 옳은 것인가에 대한 질문, 그리고 대답에 따르는 행동을 이어나갔다. 결국 의병은 일본 본국의 정예 병력을 동원하여 삼남에 걸치는 작전을 펼쳐야 할 규모로 진 행되었다. 경관 수십 명으로 대처할 만한 정치 흉내라고 잘못 파악한 이토 자신에 대한 비판이 필요했는데 그러한 노력은 끝내 이루어지지 않았다.

최익현이 절명할 당시 승리자는 이토로 보였다. 망해가는 나라의 의병 장의 생각 따위 이해하지 않아도 제국 일본의 원로에게 아무런 문제가 없 을 것같이 보였다. 그러나 이토의 무관심의 대가는 컸다. 정치적으로 의병 항쟁의 결과 이토가 추진한 대한반도 정책은 동력을 잃었고 그는 통감 자 리에서 물러나고 만다. 더 나아가 개인적으로 그는 가톨릭이라는 다른 형태의 포괄적 사상체계를 가진 한 대한제국 청년의 손에 비극적인 죽음을 맞이한다. 최익현에 대한 이토의 비웃음이 안중근의 세 발의 총탄으로 돌아와 그의 몸에 꽂혔던 것이다. 이토의 정치적 실패와 비극적 죽음은 제국 일본이 한국인의 인식을 이해하는 것이 얼마나 중요한가를 깨달을 수 있는 기회를 제공했지만 적어도 제국 일본의 지도자들에게 이 기회는 인식되지 못했다.

4. 식민지 지배의 한국 인식

1910년 이후 식민지 조선을 보는 제국 일본의 인식의 주류는 제도적으로 확정된 지배자의 위치로 인해 차별적 관계를 더욱 정당화하는 쪽으로 전개되었다. 이러한 전개를 전형적으로 보여주는 인물이 호소이 하지메(細井肇)이다. 그는 1908년 10월 대한제국으로 건너와 한반도에 거주하는 일본인들과 교류하며 주로 언론활동에 참여하였다. 1910년 10월에는 기쿠치 겐조(菊地謙讓) 등과 조선연구회를 조직함에 이른다. 이 시기『현대 한성의 풍운과 명사(現代漢城の風雲と名士)』(1910)나『조선문화사론(朝鮮文化史論)』(1911) 등을 집필했다. 1920년에는 자유토구사(自由討究社)라는 출판사를 설립하여 한국 관계 팜플렛과 책을 잇따라 출판했다. 이러한 활동으로 호소이는 당대의 조선통으로 평가받았다.

호소이의 조선 인식은 후쿠자와와 이토로 대표되는 메이지기의 한국 인식 주류가 식민지 상황에서 어떻게 전개되어가는지를 보여준다. 우선 그는 한국 민족의 가장 근본적인 성격으로 사대사상을 강조한다. 그의 한국 인식의 원형이 나타난『조선문화사론』의 모두에서 "생각컨대 사대사상은 거의 반도 개국 이래 시종일관하는 국민보편의 신앙으로 … 사대의 대가로 나라와 국민을 파는 것도 마다하지 않았다"라고 강조했다.[14] 후쿠자와가 발명한 사대주의가 한국 역사 전체에 걸친 것으로 확대되고 민족의 신앙으로까지 본질화되기에 이르렀다. 사대사상은 "국민보편"의 신앙이므로 국가가 멸망한 책임은 이 사상을 신앙하는 한국민에게 있다는 것이다.

이러한 국민 전체에 대한 비난을 전제로 한국인들 사이의 관계를 설명하면서 호소이는 이토와 마찬가지로 지배계층에 대하여 가혹한 비판을 전개하였다. 『현대 한성의 풍운과 명사』에서 "특히 양반이라고 칭하는, 놀고 먹으며 나태하고 잠만 자는 계급은 문벌에 기대어 권위를 농단하고 폭렴주구를 꺼리지 않아서 민력이 갈수록 피폐해지고 국운이 점점 쇠퇴하게 되었다"라고 비판하였다.[15] 한편, 병합에 대한 한국인의 반응을 전하는 기사에서 보부상 등의 상민들이 서로 기뻐하며 양반에 대한 적대감과 자신들의 앞으로의 활약을 기대하는 발언을 했다고 전하며 이러한 태도가 대개 상민의 병합에 대한 대표적 사상으로 봐도 지장이 없을 것이라고 확신하다고 판단하며 조선의 하층민은 한국병합을 지지하고 있다고 단언했다.[16]

이러한 제국 일본 주류의 한국 인식이 얼마나 크게 틀렸는지는 정치적 사건을 통해서 명확히 드러났다. 헌병통치 하에서 한국에 대한 식민지배가 안정화된 것으로 생각하던 일본인들에게 3·1운동의 발발과 전개는 충격적이었다. 일본에서는 근세 이래 민중들의 저항적 움직임이 약했고 운동이 발생해도 정권을 바꾸는 등의 지향은 거의 보이지 않았다. 따라서 지배층은 그들의 정치적 움직임을 단순 소요로 규정하였고 대수롭지 않게 생각했다. 그런데, 사회의 활력에서 일본과 비교가 되지 않는다고 무시했던 식민지 조선에서 그들의 역사에서 경험해보지 못한 대규모 정치적 저항에 부딪혔던 것이다.

3·1운동의 충격에 대한 일본 주류의 반응을 볼 수 있는 대표적 문헌으

로 가토 후사조(加藤房藏)의 『조선소요의 진상(朝鮮騷擾の真相)』(1920)을 들 수 있다. 가토는 3·1운동 당시 조선총독부의 어용신문인 『경성일보』의 사장이었다. 그는 이 책에서 제국일본과 식민지 조선 사이 문제의 해결책으로 양해(諒解)를 제시하였다. 내지인와 조선인이 양해하여야 한다고 모두 말하지만 어떻게 하면 그럴 수 있는지에 대해서 답할 수 있는 사람이 없다고 지적하고 양해가 이루어지지 않은 사항에 대해 아래와 같이 설명했다.

> 불량해의 가장 큰 것으로 보아야 하고, 또 불량해의 근본이라고도 보아야
> 할 것은 실은 아래 두 가지라고 생각한다.
> 1. 내지인은 조선인의 자존심을 인정하지 않는다.
> 2. 조선인은 일본과 조선과의 진실한 관계 및 조선 자체가 어떠한 실질을 가
>   지고 어떠한 지위에 서 있는가를 이해하지 못한다.[17]

형식적으로 보면 일본인과 한국인들에게 동등하게 한 가지씩 문제점을 지적하는 듯이 보인다. 그러나 내용을 뜯어보면 차별적이며 일방적인 진단이었다. 일본인에게 요구되는 것은 상대의 자존심의 인정이라는 배려였던 것에 반해 한국인에게 요구되는 것은 상황에 대한 이해, 즉 무지의 극복이었다. 결국, 일본인은 알고 있는 것을 한국인은 모르고 있다는 차별이 이 논의의 전제였다. 그 결과 가토는 "제3장 한국인의 무이해"를 설정하고 한국인들에 대해서 이해를 촉구하고 반성을 바라는 내용을 쓴 반면 일본에 대한 장을 따로 설정하지 않았다. 이 책이 일본어로 쓰여져 있음에도 불구하고 한국인에게 대한 요구만 제시되었다는 것은 앞서 본 일본에의 지적이 실질적인 의미를 가지고 있지 않았음을 반증한다.

이러한 문제점은 구체적인 내용에서도 확인된다. 가토는 제2장에서 일본인의 한국인에 대한 생각과 한국인의 일본인에 대한 생각을 각각 7가지

씩 제시하고 있다. 일본인의 생각에는 "조선인은 사대사상이 있다. 이것은 자주자립의 자격이 없는 증거이다" 등 일본 주류의 한국 인식이 반영되어 있었고, 한국인의 생각에는 "일본은 침략주의의 나라이고 조선은 그에 희생되었다" 등 당대 한국인의 주장이 실려 있었다. 이러한 생각의 교정에 대해서는 주로 조선인을 상대로 한 내용이 제시되었는데, 가토는 이러한 편향에 대해서 아래와 같이 설명하였다.

> 내지인이 조선인을 보고 조선인이 내지인을 봄에 그 시각이 모두 과녁을 벗어나고 있다. 즉, 양쪽 모두 틀린 관념을 가지고 상대에 대해서는 틀린 관찰을 하고 있다고 나는 생각한다. 그중에서도 틀린 관찰을 함이 어느 쪽이 많은가 하면 그것은 조선인 쪽이 큰 오해를 하고 있다고 해야하는데 이는 조선인이 대개 내지의 사정을 알지 못하고 또한 세계의 형세에 통하지 못하기 때문에 일어남으로 당분간은 어쩔 수 없는 것이다.[18]

가토에게 일본이나 세계를 모르는 것은 한국인들에게 문제가 되지만 한국인들의 인식을 일본이 알지 못하는 것은 의제조차 되지 않는다. 그의 글을 보면 내지의 일본인들의 무지에 대해서 비판하는 부분이 나오는데 식민지 조선에 있는 그 자신의 이해에 대해서는 대단한 자신감을 보이고 있다. 그의 예상과는 달리 현재의 한국인은 일본의 사정과 세계의 형세를 훨씬 잘 알게 된 이후에도 일본에 대한 판단이 그리 달라지지 않았다는 점은 그의 이해, 더 나아가 일본 주류의 이해가 가지는 본질적인 한계를 증명한다.

이러한 인식이 소위 문화통치기 이후에도 주류로 군림하였음은 호소이와 사이토 마코토(齋藤實) 총독의 관계에서 확인할 수 있다. 호소이는 조선과 관련된 집필과 출판에 대하여 사이토에게 도움을 요청했고, 1920년부터 그가 죽는 1934년까지 사이토의 원조가 이어졌다. 호소이와 가토의 한국인식은 메이지기의 정치가와 지식인의 주류적 한국 인식의 구조를 계승하였는데 이는 식민지 당국의 인식으로 받아들여지고 있었던 것이다.

5. 공감의 탁월함과 이해의 한계

1920년대에 들어서면서 앞 장에서 본 제국 일본의 주된 한국 인식과 명확히 구별되는 담론이 등장하기 시작한다. 야나기 무네요시(柳宗悦)는 현대 일본에서 민예(民藝)연구자로 널리 알려져 있는데 이는 1945년 이후에 본격적인 전개를 본 성과에 기반한다. 1945년 이전 그 중에서도 1920년대까지 그의 주된 활동은 조선의 예술에 관한 평론과 실천이었다. 그는 한국의 예술에 대한 선구적인 연구자였을 뿐만 아니라 당시 식민지 조선 전반에 대한 이해를 선도하던 지식인이기도 하였다.

그의 한국 인식은 앞서 본 제국 일본 주류와 본질적으로 구별되는 측면이 있었다. 『개조(改造)』 1922년 9월호에 발표한 「사라지려 하는 한 조선 건축을 위하여(失われんとする一朝鮮建築のために)」라는 문장이 이 측면을 가장 잘 보여준다. 당시 조선총독부는 새로운 청사를 경복궁 정문 자리에 짓기로 하였고 그 결과 광화문은 해체될 위기에 처하였다. 이에 야나기는 아래와 같은 글로 일본인들에게 이 결정을 재고할 것을 호소했다.

> 만약 조선이 발흥하고 일본이 쇠퇴해 일본이 조선에 합병되고, 궁성(에도성)이 폐허가 되며 그를 대신해 그 위치에 큰 서양풍의 일본총독부 건물을 짓게 되고, 저 푸른색 물이 흐르는 해자를 넘어 높고 흰색 벽으로 솟는 에도성이 파괴되는 모습을 상상해보라.[19]

야나기는 일본인들에게 제국 일본이 당시의 경성에서 벌이고 있는 일이 식민지 조선에 어떤 의미인지를 이해시키기 위해서 간단한 사고실험을 제안한다. 역지사지(易地思之)로 조선이 일본을 식민지배하고 일본총독부를 짓기 위해 에도성을 파괴할 경우 일본인은 어떻게 느낄지를 묻고 있다. 이 질문에 대하여 그가 상정한 대답은 "반드시 모든 일본인은 이 무모한 조치에 분노를 느낄 것이다. 그러나 같은 일이 실제로 지금 경성에서 강요된 침묵 속에서 벌어지려고 하고 있다"라는 것이었다.

이와 같은 야나기의 식민지 조선에 대한 공감에 기반한 논의가 당시 일본 주류의 인식과 본질적으로 대립하였다는 것은 이 문장의 기구한 운명에서 알 수 있다. 이 문장은 1922년 8월 24~28일자 『동아일보』 1면에 5회에 걸쳐 한글로 번역되어 실렸다. 앞서 인용한 문장은 전체 글의 두 번째 단락이었는데 이 부분이 실린 동아일보 8월 24일자에 이 단락 전체가 삭제되었다. 제국 일본은 주류와 대립되는 한국 인식이 식민지 조선에 전달되는 길을 검열이라는 제도로 막아섰던 것이다.

야나기 자신은 이러한 예외적 공감에 대해서 다음과 같이 설명한다.

> 나는 앞에서도 말했듯이 조선에 대해서 어떤 학식을 가진 사람이 아니지만, 다행히 나는 그 예술에 나타난 조선인 마음의 요구를 음미하는 것에 의해서 충분한 애정을 가진 한 사람인 것을 느끼고 있다. 내가 누누이 생각한 것인데, 어떤 나라 사람이 다른 나라를 이해하기에 가장 깊은 방법은 과학이나 정치상의 지식이 아니라 종교나 예술적인 내면의 이해에 있다고 생각한다.[20]

그는 식민지 조선에 살고 있던 아사카와 노리타카(浅川伯教)·타쿠미(巧) 형제를 통해 한국의 예술과 만났고 아름다운 예술품을 만들어낸 한국인의 마음을 이해하려고 하였고 노력하였다. 종교와 예술을 중심으로 한 한국인의 내면에 대한 이해의 노력이 야나기의 예외적인 공감을 가능케 했던 것이다.

이러한 야나기의 한국 인식에 보이는 공감은 물론 높이 평가해야 한다. 그러나 공감은 상대방에 대한 인식의 필요조건이지만 충분조건은 아니다. 다른 한편으로 이성에 기초한 이해가 필요하게 된다. 이 측면에 주목하면 야나기의 한국 인식에서 간과할 수 없는 문제점을 발견하게 된다. 예를 들어 그의 조선 예술론을 대표하는 「조선의 미술」에서 야나기는 유명한 '선(線)의 미술'을 제시하는데 그 논리는 정리하면 아래와 같다.

> 자연과 역사는 언제나 예술을 낳는 어머니이다 → 반도라는 것이 이 나라의 운명의 방향을 결정지었다 → 조선에서 역사는 실로 대외의 역사였다. 사대(事大)할 수밖에 없던 역사였다. 사람들은 얼마나 해방을 구하고 독립을 바랐을까 → 하나의 비애(悲哀)의 운명을 질 수밖에 없던 것이 조선의 예술이다 → 힘과 즐거움이 허락되지 않고 슬픔과 괴로움이 숙명으로 따라다닌다면 그것에서 태어나는 예술은 형태나 색보다도 선을 스스로 선택할 것이다.[21]

야나기가 직관으로 이해하고 애정을 가진 조선 예술에 대한 해석은 선의 예술이라는 것이다. 위의 논리 전개에서 문제가 되는 점은 이해와 이성에 관련된 논의들이 기본적으로 제국 일본의 식민지 조선에 대한 차별적 인식의 내용에 기초하고 있다는 점이다. 예를 들어 후쿠자와에서 출발하여 호소이로 계승된 사대주의, 즉 독립에 대비되는 사대를 들어 한국사를 재단하는 논리가 그대로 사용되고 있다. 광화문을 둘러싼 정책에서 제국 일본 주류의 한국 인식과 대립하던 야나기를 생각하면 당황스러운 유사성이다.

이와 같은 야나기의 한국 이해의 성취와 한계의 공존을 어떻게 설명해야 할까? 이 질문에 힌트가 되는 야나기의 회상을 보자.

이 시기 조선 측으로부터 생각지도 않았던 반대에 부딪혔다. 천한 백성이 만든 물건들로 조선의 아름다움이라고 하는 것은 정말로 민폐라는 것이다. 이 반응에는 정말 놀랐다. 실제 도공 등은 조선에서는 사회적 지위가 낮고 대개는 교양도 갖추지 못한 사람들이었다. 그래서 이들 직인들의 작품에 수준 높은 아름다움이 있을 리가 없다는 견해인 것이다. 나로서는 무학문맹(無學文盲)의 사람들까지고 이런 대단하고 아름다운 작품을 만든다는 점을 강조하고 싶었기 때문에 "그렇게 생각할 수도 있구나"라고 이상하게 느꼈던 것을 지금도 잊지 못한다. 그러나 조선인들로서는 내 생각이야말로 "그렇게 생각할 수도 있구나"라고 이상하게 느꼈을지도 모른다.[22]

1920년대 야나기는 식민지 조선인의 아름다움에 대한 의외의 반응에 대하여 놀랐다. 이 놀라움을 가져온 차이는 결국 해결되지 못한 채 몰이해는 남겨졌다. 이 소통 문제의 발단으로 우선 야나기의 한국 이해에 앞서 본 제국 일본의 한국 이해와 통하는 면이 있다는 점이 눈에 띤다. 즉, 이토와 호소이의 예에서 보았듯이 한국인을 이전의 양반과 나머지로 분리하고 전자에 대해서는 비판적이고 후자를 상대적으로 평가하는 구조가 동일하다. 앞서 본 바와 같이 야나기가 현실 공간에 대한 논의 과정에서 제국 일본 주류의 한국 인식에 동화되는 측면이 있었기 때문에 동일한 문제가 발생했다는 측면이 있다. 그런데 이 에피소드는 식민지 조선인의 목소리가 들어가 있다는 점에서 달랐다. 즉, 한국인의 의견을 통해서 문제를 인식하고 해결할 가능성이 나타났다. 야나기가 도공과 그들의 작품에 대한 식민지 조선의 차별적 시선에 대항한 자세는 충분히 평가할 수 있을 것이다. 스스로가 잘 모르던 예술적 가치를 타자가 발견하는 일은 문화교류가 인류의 예술적 삶을 더 풍부하게 해 주는 방법일 수 있기 때문이다. 그러나, 야나기가 한국인들 스스로가 가치가 있다고 느끼는 예술에 대해서 무관심했던 것은 문제로 남는다. 식민지 조선인들은 야나기가 교양이라고 표현했던 유교와 관련된 예술의 재평가를 요구하고 있었다. 조선왕조에서 유교가 군림하였고 따라서 많은 예술작품이 유교와 밀접한 관련을 맺고 있었다는 것을 고려하면 조선의 예술을 이해하기 위해서는 도공들만 아니라 문인들의 작품에도 관심을 가져야 하는 것은 너무나 자연스러운 일이었다. 그런데, 한국인에게 공감하려는 자세가 있었던 야나기가 유교를 배우고 이와 관련된 문인화 등 예술작품을 평가하려 하지 않은 점은 의아할 정도이다.

그렇다면 야나기는 왜 이토록 유교에 대한 이해를 집요하게 거부했던 것일까? 야나기는 조선 도자기를 논의하는 중에 불교와 유교에 대하여 아래와 같은 이해를 제시했다.

> 불교는 어떻게 땅 위의 대립을 벗어나 모든 백성들이 정토에 결합할 수 있는가를 가르쳤다. 그것은 자신을 잊고 자타를 초월하는 가르침이었다. 반면에 유교는 어떻게 나라를 사랑하고 땅 위에서 편안히 살 수 있는지를 가르쳤다. 피안을 설법하는 불교가 사라지고 지상의 가르침인 유교가 세력을 얻은 것이다. 이 때문에 드디어 국가와 국가가 대립하게 되고 한편으로 집안이란 존재가 깊이 인식되었던 것이다.[23]

우선, 야나기가 초월의 불교와 지상의 유교로 두 사상을 구별하고 있음에 주목할 필요가 있다. 즉, 야나기의 불교에 대한 높은 평가와 유교에 대한 거부감은 내용의 차이가 아니라 사상이 다루는 공간의 차이에서 출발하고 있다. 야나기의 예술과 내면의 이해는 윌리엄 블레이크(William Blake)나 스즈키 다이세츠(鈴木大拙)의 강한 영향을 받아 직관(直觀)을 통한 내면에 대한 이해를 추구하는 특징을 가지고 있었다. 조선의 예술에 대한 그의 관심도 이러한 방법을 통해서 이루어졌다. 즉, 불교나 낭만주의가 위치하는 인간의 내면 공간에서 조선의 예술에 대한 이해가 시도되었다. 이러한 내면 공간에의 천착은 당시의 일본인들에게는 찾기 힘든 것이었고, 이 방법은 그의 공감 능력과 결합하여 깊은 미적 깨달음을 가져오고 또한 식민지 조선에 대한 역지사지적 이해도 나타났다. 그러나, 동시에 내면 공간의 내용에 있어서 유교의 조선을 내재적으로 이해하지 않고 일본이나 서양의 예술적 심성을 조선에 적용함에 그친다는 한계를 보였다.

더 나아가 내면 공간에 탐구를 집중한 결과로 일상 공간에 대한 식민지 조선의 사상의 경시로도 이어질 위험성을 내포하고 있었다. 실제 야나기의 유교의 배제에는 역사적이고도 구조적인 측면이 존재했다. 앞서 본 대로 그는 유교를 지상의 가르침에 한정하고 있는데 이는 한국의 유교에 대한 이해로는 본질적으로 틀린 것이었다. 앞서 본 대로 주자학은 결코 땅 위에서 편안히 사는 것만을 다루는 사상이 아니었다. 내면과 초월의 공간도 논의하는 종합적 사상체계였던 것이다. 단적으로 야나기는 유교에 대해서 가족과 국가의 등장을 통한 분리와 대립에 주목하는데 이는 주자학의 기본 경전인 『대학』에서 제시한 군자의 배움과 활동에 관련된 팔조목 중의 단 두 영역에 불과했다. 즉, 격물-치지-성의-정심이라는 내면의 도야를 통한 수신의 면은 전혀 논의되지 않았고, 『주역』 등에서 논의되는 초월적 측면도 배제되었다. 야나기가 이해한 유교의 사상구조는 에도 시대 이래의 일본 유학의 특징을 일반화 한 것이었고, 그는 이러한 특징을 무비판적으로 한국 유교에 적용한 것으로 보인다. 이러한 유교이해의 한계는 그의 철학 공부가 일본 유학의 특징을 긍정적으로 파악하면서 메이지 국가가 요구하는 국민도덕론을 제창했던 이노우에 테쓰지로(井上哲次郎) 등이 가르치던 도쿄제국대학에서 이루어졌던 점을 고려하면 오히려 자연스러운 것이었다. 결국, 야나기는 끝내 조선의 유교가 내면 공간까지 포괄하고 있는 종합적 사상체계임을 이해한 위에 조선 예술에 대한 내재적인 접근을 시도하지 못한 채, 자신의 예술 이해서 유교를 지속적으로 배제했던 것이다.

이러한 사상구조의 차이를 원인으로 하는 야나기의 식민지 조선에 대한 이해의 한계는 유교적 예술의 배제에 그치지 않았다. 그가 조선의 예술에 대한 설명 과정에서 한국과 한국인에 대한 전반적 이해를 제시하였기 때문이다. 「조선의 미술」에서 보았듯이 예술에 대한 종합적 설명을 위해서는 정치 등 일상 공간의 사안에 대한 이해가 필요했는데 야나기의 내면 공간에 집중된 종교와 철학 논의는 일상 공간에 대하여 독자적인 관점의 제시와 이어지지 못했다. 앞서 본 대로 야나기는 이 공간에 대해서 사대주의 등 제국 일본의 주류 담론을 받아들임으로써 한국 이해에 한계를 노정하게 되었다.

이상에서 본 야나기의 사례는 일본의 한국 이해라는 숙제는 충분한 공감만으로는 풀 수 없음을 보여준다. 야나기의 조선 예술에 대한 이해는 당시 일본에서 보기 드문 사례였다. 제국 주류의 한국 인식이 비일상 공간에서는 국체를 따르고 일상공간에서는 세켄(世間)의 논리를 따르는 것에 한정되었던 것에 반해 야나기는 서양 낭만주의와 불교를 기초로 하여 내면 공간에 집중하였다. 그는 내면 공간에 대한 빛나는 직관을 통해 조선의 예술에 대한 나름의 이해를 획득하였고 이 이해는 공감으로도 이어졌다. 그런데 그의 예술 이해도 반드시 조선에 대한 내재적인 접근은 아니었고, 내면 공간에만 집중한 결과 일상 공간에 대해서는 제국 주류의 인식에 대항할 원리를 가지지 못했다. 따라서 일상 공간의 사안과도 연결하여 조선 예술의 전체상을 그릴 때 제국 일본의 주류적 인식이 그의 한국 이해에 무차별적으로 침투해 들어오고 말았다. 야나기가 1942년에 대동아의 새로운 건설을 주장하며 조선을 언급하기에 이른 것은 그 한계가 가져오는 결과가 얼마나 극단적일 수 있는가를 보여준다.[24]

6. 포괄적 사상 구조를 통한 이해와 대화

메이지 일본의 주류나 야나기와 같은 예외가 보여준 한계를 고려하면 한국 이해의 궁극적인 가능성은 한국인과 사상구조에서 유사성을 가진 지적 흐름에서 나올 수밖에 없었다. 즉, 일상 공간은 물론 내면 공간과 초월 공간까지 포괄하는 사상체계를 가진 일본인의 역할이 기대된다는 것이다. 그런데 앞서 언급한 것처럼 제국 일본은 내면과 초월 공간을 국체로 채웠기 때문에 포괄적인 사상구조의 담지자는 국체와 갈등하여 억압받는 소수파일 가능성이 컸다. 이러한 사상의 대표적인 예가 기독교였다. 앞서 논의한 대로 기독교는 서양 근대를 수용하려는 메이지 초기 일본에서 비일상의 사상 공간의 필요성을 제기하였고 두 문명을 연결하는 역할을 수행했다. 그러나 비일상의 공간을 국체가 채움에 따라 기독교도 국체의 대립자로 낙인찍혔다. 사상구조의 특징으로 인한 제국 일본의 권력에 의한 탄압, 그리고 한국인에 대한 깊은 이해의 양면을 체현한 대표적인 기독교인이 우치무라 간조(內村鑑三)였다.

우선, 기독교인 우치무라가 겪었던 탄압을 확인해 본다. 그는 17살이 되던 1877년에 삿포로농학교 생활 중 기독교인이 되었다. 그를 포함한 삿포로농학교 생도들의 기독교 신앙은 이후 삿포로 독립교회의 활동에서 알 수 있듯이 서구의 교회의 일방적인 수용이 아닌 일본적 교회의 자발적 설립을 지향한다는 특징을 가지고 있었다. 우치무라는 미국에서 신학을 공부한 후 귀국할 때에도 여전히 이 자세를 유지하고 있었다. 귀국 후 1891

년에는 제일고등중학교에 재직하고 있었는데 천황이 서명한 '교육칙어' 앞에 머리를 숙이는 것을 거부하는 소위 불경사건이 일어나 교사직을 박탈당하였다. 국체와의 충돌과 이어지는 탄압이었다. 그럼에도 불구하고 그는 1903년 「일본국의 대곤란(日本國の大困難)」에서 "일본국의 대곤란, 그 최대곤란은 무엇일까요? 저는 명백하게 말씀드립니다. 그것은 일본인이 기독교를 채용하지 않고 기독교문명을 채용한 것입니다"라고 일갈했듯이 기독교 신앙을 포기하지 않았다.[25]

그런데 소위 불경사건 때는 물론 그 이후에도 우치무라가 한국에 대한 이해를 심화시켰던 것은 아니다. 예를 들어 그는 1894년에 「청일전쟁의 의(Justification of the Corean War)」라는 글을 써서 당시 조선에 대한 간섭을 아래와 같이 정당화했다.

　우리들은 이웃 사람의 건전한 평화를 방해하는 권리를 가지고 있지 않지만 그녀를 구하려고 하면 한낮의 태양을 보는 것보다 명확한 폐해로부터 그녀를 벗어나게 하기 위해서는 우리가 강하게 그녀에게 간섭하는 것은 우리가 가진 신성한 이웃 친구의 권리라고 믿는다.[26]

식민주의의 특성이 잘 드러나는 이 논의는 당시의 주류와 다르지 않았다. 그런데 전쟁의 승패 그리고 전후 일본의 한국 정책이 명확해진 1896년에 그는 일본의 전쟁에 대한 평가를 바꿨다. 그는 자신이 영어로 「청일전쟁의 의」를 썼던 것에 대하여 일본의 정치가나 신문기자들은 의전(義戰)이 한낱 명분이었음을 인식하고 속으로 비웃었다며 분개했다.

　전쟁을 끝내고 전승국의 위치에 서자 이전에 주안으로 삼던 이웃 나라의 독립은 제쳐둔 채 묻지도 않고, 새 영토의 개척 및 새 시장의 확장이 전국민

의 주의를 끌고 단번에 전승의 이익을 넉넉히 차지하려고 급급하다. … 일본
국민이 만일 인의(仁義)의 국민이라면 왜 동포 중국인의 명예를 중하게 여기
지 않는가. 왜 이웃나라 조선국의 유도에 힘쓰지 않는가. 나의 탄식은 우리
국민이 진실하지 않은 데 있다.[27]

우치무라가 당시 일본의 대다수의 정치가와 지식인과 달랐던 점은 일
본의 전쟁이 조선의 독립을 도와주려는 의도를 가졌다고 진심으로 믿었다
는 점에 있었다. 그는 「청일전쟁의 의」를 썼던 시점에서 진심으로 한반도
를 침략 대상이 아닌 이웃 나라로 보고 있었고 다른 일본인도 이러한 인식
을 공유하고 있다고 믿고 있었다. 이 믿음이 틀린 것을 밝혀졌을 때 그는
당시의 주류 의견에 맞서기 시작했던 것이다. 그런데 주의할 점은 그가 비
판한 것은 일본이 진정한 의전을 하지 않았다는 것이지 의전 자체는 아니
었다는 점이다. 예를 들어 우치무라는 1900년에 쓴 『흥국사담(興國史談)』
에서 조선을 중국 등과 함께 장차 망하려고 하는 나라로 분류하고[28] 일본
이 동아시아 4억 민중에 새로운 문명을 주입하는 매개가 되는 것을 기대
하고 있다.[29] 조선이 스스로 독립할 수 있는 능력을 가지고 있지 못하고
판단했고 그러한 상황에서 독립을 돕기 위한 것이라면 일본의 간여는 바
람직하다는 주장은 앞서 본 대로 이토 히로부미 등의 입장과 구조적으로
완전히 동일한 것이었다.

우치무라가 조선에 대한 진실한 감정과 차별적 이해가 종합된 인식을
극복하기 위해서는 일본의 정체성의 본질적인 부분에 관여하는 후자를 교
정할 필요가 있었다. 그는 기독교라는 새로운 관점을 가진 결과 그 극복을
이루어냈다. 우선, 1903년에 「평화의 복음(平和の福音)」에서 "세계에 의전
이 있다고 하는 설은 지금은 평화의 주를 섬기는 기독교신자가 입에 담아
서는 안됩니다. 저 자신은 지금은 절대적 비전론자입니다"[30]라고 하여 기

독교의 가르침을 전쟁에 적극적으로 적용한 결과 의로운 전쟁의 존재 자체를 부정했다. 이러한 비전론의 관점에서 보면 일본의 조선을 대상으로 한 전쟁은 부정될 수밖에 없었다. 더 나아가 기독교의 관점에선 한국 자체의 재인식도 나타났다. 그는 1907년 소감 중 「행복한 조선국(幸福なる朝鮮國)」이라는 문장을 썼는데 아래와 같은 내용이 포함되어 있었다.

> 들으니 조선국에 현저히 성령의 강림이 있었다고 한다. 행복한 조선국. 그녀는 이제 그 정치적 자유와 독립을 잃고 그 심령적 자유와 독립을 얻은 것과 같다. 바라기를 예전에 동양문화의 중심이었고 그것을 해동의 섬나라 제국에까지 미치게 했던 그녀가 지금 다시 동양복음의 중심이 되고 그 광휘를 사방에 뻗치려 하는 것을.[31]

1907년은 평양대부흥이 일어난 해였다. 우치무라는 국체가 아니라 기독교라는 기준을 가지고 이 사건을 파악하였다. 성령의 강림이 한반도에서 일어났다는 것은 기독교라는 관점에서는 압도적인 중요성을 가진 사실이었다. 그 결과 복음이라는 기준에서 조선이 동양의 중심이 되었다고 이해하고 그 복음이 동양에 퍼져나가기를 바랬던 것이다. 우치무라는 서양 근대를 기준으로 조선에 대하여 제국 일본 주류와 다르지 않은 판단을 보이고 있었지만 이 시기 이후로는 기독교라는 자신의 절대적 기준에서 한국을 새롭게 이해하고 평가하기 시작했던 것이다.

이러한 새로운 이해는 한일 간의 관계에 대해서도 변화를 가져왔다. 1909년에 『성서지연구(聖書之硏究)』에 「조선국과 일본국: 동양평화의 꿈(朝鮮國と日本國: 東洋平和の夢)」이라는 문장을 썼다.

이렇게 조선국도 구원되고 일본국도 또한 구원되어 양국이 구원의 신에 의해 화합하고 평화는 후지산 정상에서 백두산 정상까지 미쳐 그들이 즐거워하고 우리도 기뻐하여 함께 목소리를 합쳐서 찬미의 노래를 부를 것이다.[32]

이전과 같이 일본의 일방적인 도움으로 인해 한국이 발전해야 한다는 것이 아니라, 양국이 함께 구원받아야 한다는 이해에서 양국의 불평등이 사라졌음을 확인할 수 있다.

그런데, 이러한 이해와 평가의 변화도 여전히 근본적인 한계를 가진 것으로 보일 수도 있다. 앞서 본 야나기의 아름다움의 기준이 그랬던 것처럼 우치무라의 기독교도 결국 서양과 일본의 토양에서 그가 만들어 한국에 일방적으로 적용한 것이었다. 그의 평가 기준에 한국인의 인식이 간여할 여지가 없었다는 점에서 같은 야나기에 대한 비판을 그대로 적용할 여지가 분명히 있었다. 그런데, 우치무라의 기독교에 기초한 한국 인식의 전개는 야나기와는 전혀 다른 길을 걷게 되었다. 이러한 차이의 궁극적인 원인은 기독교과 유교의 사상구조의 유사성에 있었는데 이러한 구조가 실제로 의미를 가지게 하기 위해서는 그의 한국에 대한 이해가 어느 정도까지 깊어질 필요가 있었다. 한국인과의 소통을 거쳐 사상구조의 유사성이 가지는 잠재력이 드러나는 과정을 추적해보자.

우치무라는 1920년대 들어 그는 자신을 찾아온 한국인 특히 청년들과의 만남과 교류를 통해서 한국과 한국인에 대한 인식을 심화시켜나갔다. 우치무라는 그 대표가 되는 김정식과의 만남에 대해서 아래와 같이 회고하였다.

매주 토요일에 와서 내 성서 강의를 듣기 시작했습니다만, 내가 놀란 것은 2-3개월이 지나자 이제까지 오신 다른 교우들보다 깊은 질문을 하는 것입니

다. 그와 같은 질문은 우리나라 사람들에게는 매우 보기 드문 것입니다.[33]

우치무라가 김정식의 질문에 대해서 내린 평가는 두 가지이다. 첫째는 질문의 깊이가 깊다는 것이고 두 번째는 그런 깊은 질문은 일본사람들에게서는 거의 발견할 수 없다는 것이다. 우치무라에 의하면 일본인과는 다르게 깊은 질문을 한다는 특징은 김정식이라는 개인의 특징만은 아니었다. 예를 들어 그는 1929년 4월 1일자 일기에서 "신앙에 대해서는 조선인이 전체적으로 일본인 이상으로 보인다. 아마도 내 신앙이 조선인 사이에 뿌리를 내린 후 일본에 전해질 것이다. 소수의 조선학생을 가르치는 것만으로도 성서연구회를 일으킬 가치는 있었다"라고 썼다.[34] 우치무라가 보기에 김정식 이후에 도쿄에서 만난 김교신(金敎信) 등의 청년, 더 나아가 만나지 못한 이름 모를 신자까지 포함하여 자신과 같은 일본인보다 식민지 조선인이 기독교라는 신앙에 대한 이해에서 더 잘 소통하는 경험에 대해서 반복되는 기록을 남겼던 것이다.

이렇게 식민지 조선인의 기독교 이해가 일본인들과 구별되는 깊이를 가지는 경향을 보이는 이유는 무엇일까? 우선 우치무라가 당시의 일반적인 일본인들과 구별되는 사상적 특징을 가지고 있다는 점에 주목할 필요가 있다. 불경사건에서 드러나듯 그의 기독교는 일본에서 비일상의 사상 공간을 차지하고 있는 국체와 경합한다는 점에서 주류가 될 수 없었다. 우치무라의 얕은 일본인(浅い日本人)이라는 표현은 이러한 사상 공간의 구조에 대하여 인식하고 있었음을 보여준다.[35] 비일상의 사상 공간은 근세 이후 부정되었기 때문에 대부분의 일본인들에게 중요하지 않았을 뿐만 아니라 근대에 들어서는 국체로 채워졌기 때문에 이 사상 공간에서 자유로운 사고는 억압되고 있었다. 따라서 일반적인 일본인에게는, 절대자인 신

에 대한 믿음이 교부철학 이후 형이상학적 전통과 결합되어 비일상적 사상 공간에서 그 궁극적인 가치를 발현하고 있던 기독교라는 종교의 전체상을 이해하기 위한 사상 공간의 자체가 결여되어 있었다. 한편, 수백 년 동안 군림하고 있던 주자학이 몰락해가고 있던 한국의 사상적 상황은 전혀 달랐다. 즉, 주자학은 일상과 비일상의 사상 공간을 모두 점유하고 있었는데 이 포괄적인 사상체계가 생명을 다했을 때 많은 한국인들은 그 공백을 채워줄 수 있는 대안을 찾을 수밖에 없었다. 한국인들이 서양에서 들어온 새로운 사상을 대면했을 때 일상은 물론 비일상의 사상 공간에 대한 담론에 대해서도 관심을 가졌고 그러한 포괄적 구조를 가진 사상에 끌리는 것은 자연스러운 전개였다. 김정식 등에게서 보이는 일본인들과는 다른 깊은 질문은 비일상의 사상 공간이 살아 있는 한국의 입장에서 보면 그리 예외적인 현상은 아니었다. 신실한 기독교도로 기독교의 내용과 함께 구조를 받아들인 우치무라가 당대 일본에서 소외를 느낀 반면 한국에서 자신의 이해자를 찾게 되는 과정은 사상구조의 관점에서 보면 이상할 것이 없다.

우치무라의 사상공간의 유사성에서 출발한 한국인의 인식에 대한 깊은 이해의 가능성은 이후 한국인들과의 반복되는 교류 과정에서 심화되어 갔다. 우치무라는 앞서 본 야나기의 경우보다 더욱 넓은 범위의 지속적인 교류를 보여준다. 1919년의 일기에 "경성의 김정식씨가 내방. 저녁을 함께 하고 신앙과 시세에 대해서 이야기했다. 그는 주 예수 그리스도에 있어 나의 좋은 형제이다"[36]라는 기록에서 보이듯 김정식과의 교류는 기독교와 시사에 대한 논의를 거듭하면서 이어졌다. 거의 같은 시기의 『성서지연구』에는 3·1 운동이 일어난 이 시기에 김정식이 "고국에 대해서 말하면서 눈에 눈물이 도는 것을 보고 나도 따라 울 수밖에 없었다"는 기록을 남기고 있는데,[37] 이를 통해 기독교의 범위를 넘어 식민지를 겪고 있는 조선인과의 공감을 볼 수 있다. 더 나아가 그는 식민지 조선인들에게는 "독립문제쪽이 신앙문제보다 더 중요한 것 같다"는 인식에까지 도달했다.[38] 자신이 한국을 평가하게 된 계기인 신앙이 그들에게는 절대적이지 않다는 상황도 이해하고 받아들이고 있었던 것이다.

제국 주류와 명확히 구별되는 깊은 한국에 대한 이해가 우치무라만에 한정된 것은 아니었다. 특히 제국 권력이 지배하는 일상공간을 상대화할 수 있는 포괄적 사상구조의 흐름 속에서 그 확산을 볼 수 있다. 우선 기독교를 보면 야나이하라 타다오(矢內原忠雄)는 우치무라를 계승하여 식민지 조선과의 기독교적 연계를 지속했을 뿐 아니라 도쿄제국대학에서 식민정책학을 연구하였다. 그는 제국 일본의 식민지 조선정책이 제국 일본의 관점에서만 이루어지는 점이나 동화정책의 문제점 등을 날카롭게 비판하였다. 이러한 자세는 1934년에 미나미 지로 총독에 의해 비판되었고 1937년에는 사실상의 추방인 교수직 사임으로 이어졌다. 그럼에도 야나이하라는 1940년에는 김교신 등의 노력으로 식민지 조선을 방문하여 로마서에 대하여 강연하는 등 한국과의 교류를 이어나갔다. 또한 사회주의에서도 제국 주류와 구별되는 한국 인식의 흐름이 이어졌다. 고토쿠 슈스이(幸德秋水)는 1904년 『평민신문(平民新聞)』에 「조선병탄론을 평함(朝鮮併呑論を評す)」이라는 글을 발표하여 "보라! 영토보전이라고 하고, 합동(合同)이라고 해도 그 결과는 단지 보다 큰 일본제국을 만드는 것에 지나지 않는 것을. 또한 보라! 오늘날 합동이라고 하는 자도 영토보전이라고 하는 자도 마찬가지로 이전에 한국의 독립부식(獨立扶植)을 말하던 자라는 것을. 이렇다면 즉 장래의 것도 또한 알 수 있지 않겠는가. 요는 단지 그때의 사정(都合)에 달린 것이다."[39]라고 썼다. 변화하는 현실의 상황에 적응하는 것

을 자연스럽게 여기던 제국 일본에서 그는 한국에 대한 정책에서 변치 않은 정의를 논의하였다. 이러한 보편적 정의 추구의 사상적 귀착점은 아나키즘이었다. 이 포괄적 사상은 내면 공간과 초월 공간을 지배하던 국체와 대립할 수밖에 없었는데 그 현실적 귀결이 1911년 천황암살을 기도했다고 날조된 대역사건(大逆事件)에 의한 죽음이었다. 이러한 사회주의 계열의 한국 이해는 나카니시 이노스케(中西伊之助)로 이어진다. 평양에서 신문기자의 경험을 가진 그는『붉은 흙에 싹트는 것(赭土に芽ぐむもの)』이나『불령선인(不逞鮮人)』등의 소설을 통해 식민지 조선의 상황과 한국인의 현실에 대한 깊은 이해를 증명했다. 또한, 일본 내에서 박열 등의 불령사 활동에 관계하여 그들의 투쟁을 계속 후원했으며, 식민지 조선을 방문하여 조선프롤레타리아예술가동맹(카프)의 탄생에 기여하기도 했다.

이상과 같이 포괄적 구조를 가진 사상체계, 즉 기독교나 사회주의를 신념으로 하는 일본인 사이에서 한국 인식에 큰 진전이 나타났다. 그러나 이들의 인식에서도 해결해야 할 두 가지 문제가 남아 있었음을 지적해두려 한다. 첫째, 민족문제의 상대적 경시가 보인다. 포괄적 사상구조는 보편적 원리를 제공하여 일본의 일상 공간의 논리를 상대화시켰기 때문에 한국이라는 타자에 대한 이해를 가능케 했다. 하지만, 이 보편적 논리는 한국의 양국 사이의 근본적인 문제인 제국주의와 식민지 문제마저도 상대화시키는 경향이 있었다. 우치무라의 식민지 조선 이해가 기본적으로 기독교를 중심으로 이루어졌기 때문에 관동대지진 때 조선인 학살에 대하여 적극적인 논의를 제기하지 않는 등의 편향이 있었던 것은 그 예이다. 둘째, 포괄적 사상구조를 가진 이들이 일본에서는 예외적인 소수자라는 본질적인 문제도 여전히 남았다. 제국 일본의 심리적 특징은 제국주의의 종언과 함께 사라질 수 있지만, 적어도 에도 시대부터 이어지는 사상구조의 특징은 더 오랜 생명력을 가진다. 일본의 한국 이해라는 의제는 근대 이후의 역사적 사건에 대한 공통의 인식 형성에 그치지 않고 근세까지 거슬러 올라가는 문명사적 문제를 포함하고 있음도 기억해야 할 것이다.

7. 결론

근대 일본의 한국 인식의 주선율은 차별적인 것이었다. 기존 연구에서 지적하듯이 이 시기 한국 인식은 결국 제국과 식민지라는 지위를 전제로 한국을 타자화시켜 우월한 자기인식을 확인하는 과정에 불과하였다. 그런데, 21세기 대등한 위치에서 일본의 한국 인식에 관여하려는 입장에 선 이 장의 논의에서는 제국 일본의 주류 인식에 가려져 망각하기 쉬운 세 가지 중요한 특징을 확인하였다. 첫째, 비록 주류는 아니었고 불철저한 측면도 있었지만 우치무라 간조 등과 같이 한국에 대하여 공감하고 더 깊이 이해하려는 움직임도 지속되었다. 둘째, 상대적으로 깊은 한국 이해라는 성취에는 김교신 등 거의 예외 없이 한국인과의 교류가 중요한 요인으로 작용하였다. 셋째, 공감과 이성의 두 측면 모두에서 한국 이해를 위해 노력했던 일본인들의 한계와 성취의 차이에는 적어도 근세 이후에 명확히 존재해 온 양국의 사상구조의 차이라는 측면이 깊이 연관되어 있다.

이러한 특징에 대한 인식이 오늘의 한일관계에서 가질 수 있는 의미를 보기 위하여 2차 대전 이후 일본의 한국 인식을 짧게 그려보자. 제국의 붕괴와 함께 기존의 주류 인식도 위기에 봉착했다. 그런데, 전후 일본 지식계를 대표하는 마루야마 마사오(丸山眞男)는 국내정치에 대해서는 제국 일본과 명확한 단절을 시도했지만 과거 식민지와의 관계 문제는 거의 다루지 않았다. 전후 리버럴의 제국 일본 청산은 일본 국내에 한정된 결과 한국 인식의 문제는 여타의 식민지 관계 사안과 마찬가지로 부차적인 과제로 남겨졌다. 한편, 제국 일본을 계승하는 세력은 역코스 정책 이후로 부활하여 전후에도 지위를 보전했을 뿐만 아니라 탈냉전기에는 더욱 힘을 얻고 있다. 이와 같은 전후 리버럴 다수의 무관심과 보수세력의 제국 일본의 인식 계승이라는 험로 속에도 한국 인식의 문제에 대해서 문제를 제기하고 실천하는 소수의 움직임은 이어졌다.

본고의 고찰은 이러한 일본의 상황을 고려하여 한국인이 일본의 한국 인식을 바로잡기 위하여 행해야 할 과제를 아래와 같이 구체화한다. 첫째, 전후 일본의 한국 인식 중에서 소수나마 한국 인식을 위해 노력했던 평가할 만한 흐름에 주목하고, 둘째, 그들과의 대화를 통해 더 깊은 한국 인식에 필요한 체험을 제공해주어야 하며, 셋째, 양 국민의 인식의 차이를 가져오는 사상구조 문제 등에 대한 이해를 공유해야 한다는 것이다. 특히 마지막 과제와 연관해서는 포괄적인 사상구조를 가진 소수의 일본인들에게는 한일 간의 문제를 인류 보편의 문제로 승화시켜 제시하는 노력이, 일상 공간을 중심으로 하는 사상구조를 가진 다수의 일본인들에게는 양국의 사상구조의 차이를 전제로 상호이해를 심화시키려는 노력이 필요할 것이다.

미주

1) 松崎惟時: 1788.

2) 원중거: 1764경, 제2권.

3) 内田貴: 2018, 11~33쪽.

4) 渡辺浩: 2005, 392쪽.

5) 藤田省三等校注: 1978, 192쪽.

6) 藤田省三等校注: 1978, 224~225쪽.

7) KANG Dongkook: 2015, pp. 197~202.

8) 박훈: 2014, 131~218쪽.

9) 姜東局: 2007, 145~170쪽.

10) 大垣丈夫: 1906, 3면.

11) 강동국, 2020, 263~267쪽.

12) 博文館編輯局編: 1910, 278~281쪽.

13) 伊藤博文: 1927, 460쪽.

14) 細井肇: 1911, 5쪽.

15) 細井肇: 1910, 2쪽.

16) 細井肇: 1910. 10, 95~100쪽.

17) 加藤房蔵: 1920, 6쪽.

18) 加藤房蔵: 1920, 9쪽.

19) 柳宗悦: 1922, 284~285쪽.

20) 柳宗悦: 1922, 4쪽.

21) 柳宗悦: 1922, 160~184쪽.

22) 柳宗悦: 1982, 200~201쪽.

23) 柳宗悦: 1922, 313~314쪽.

24) 柳宗悦: 1982, 473쪽.

25) 内村鑑三: 1953-a, 219쪽.

26) 内村鑑三: 1953-a, 28쪽.

27) 内村鑑三: 1953-a, 79쪽.

28) 内村鑑三: 1910, 8쪽.

29) 内村鑑三: 1910, 166쪽.

30) 内村鑑三: 1953-a, 250쪽.

31) 内村鑑三: 1953-b, 227쪽.

32) 村鑑三: 1954, 256쪽.

33) 山本泰次郞編: 1961, 290쪽.

34) 村鑑三: 1955-b, 468쪽.

35) 内村鑑三: 1954-b, 227쪽.

36) 内村鑑三: 1955-a, 54쪽.

37) 内村鑑三: 1919. 7, 42쪽.

38) 内村鑑三: 1922. 5, 42쪽.

39) 幸徳秋水全集編集委員会編, 1968, 174쪽.

【참고문헌】

〈국내 자료〉

강동국, 「청일전쟁과 동아시아 소프트 파워: 메이지유신의 유교적 재해석
　　　과 관련하여」 동북아역사재단 한일역사문제연구소편 『청일전쟁과
　　　근대동아시아의 세력전이』, 동북아역사재단, 2020.

박훈, 『메이지유신은 어떻게 가능했는가』, 민음사, 2014.

원중거, 『和國志』, 1764경.

〈해외 자료〉

伊藤博文, 「日本は韓国の独立を承認す(1907)」 『伊藤公全集・第二巻』, 伊藤
　　　公全集刊行会, 1927.

内田貴, 『法学の誕生: 近代日本にとって「法」とは何であったか』, 筑摩書
房, 2018.

内村鑑三, 『興國史談』, 警醒社書店, 1910.

内村鑑三, 「日々の生涯」 『聖書之研究』, 1919.7.

内村鑑三, 「日々の生涯」 『聖書之研究』, 1922.5.

内村鑑三, 『内村鑑三著作集(第2巻)』, 巖波書店, 1953-a.

内村鑑三, 『内村鑑三著作集(第4巻)』, 巖波書店, 1954-a.

内村鑑三, 『内村鑑三著作集(第5巻)』, 巖波書店, 1953-b.

内村鑑三, 『内村鑑三著作集(第6巻)』, 巖波書店, 1954-b.

内村鑑三, 『内村鑑三著作集(第20巻)』, 巖波書店, 1955-a.

内村鑑三, 『内村鑑三著作集(第21巻)』, 巖波書店, 1955-b.

大垣丈夫, 「論儒者之通弊明孔孟之眞意」 『대한매일신보』 1906.6.21.

加藤房蔵,『朝鮮騒擾の真相』,京城日報社, 1920.

姜東局,「[事大主義]の起源」『名古屋大学法政論集』第217号, 2007.4.

幸徳秋水全集編集委員会編,『幸徳秋水全集(第5卷)』,明治文獻, 1968.

博文館編輯局編,『伊藤公演説全集』,博文館, 1910.

藤田省三等校注,『日本思想大系(五十四) 吉田松陰』,巖波書店, 1978.

細井肇,『現代漢城の風雲と名士』,日韓書房, 1910-a.

細井肇,「発表前後の京城政界の裏面」『太陽』,16卷13號, 1910.10.

細井肇,『朝鮮文化史論』,朝鮮研究會, 1911.

松崎惟時,『來庭集』, 1788.

柳宗悦,『朝鮮とその芸術』,叢文閣, 1922,

柳宗悦,『柳宗悦全集(第6卷) 朝鮮とその芸術』,筑摩書房, 1981.

柳宗悦,『柳宗悦全集(第10卷) 民芸の立場』,筑摩書房, 1982.

山本泰次郎編,『内村鑑三聖書註解全集(第11卷) 使徒行傳・ロマ書』,教文
館, 1961.

渡辺浩,「教の陰謀:国体の一起源」渡辺浩・朴忠錫,『韓国・日本・「西洋」:
その交錯と思想変容』,慶応義塾大学出版会, 2005.

KANG Dongkook "Toward a Trans-Civilizational Perspective
on Good Democracy: A critique of Maruyama masao's
Understanding of Confucianism and Democracy" Insub Mah
and Heeok Lee eds., The Search for good democracy in
Asia: essays on politics and governance , New Delhi, Manak
Publications Pvt. Ltd, 2015.

6

현대 한일관계의
구조변화와 다이내미즘

6

현대 한일관계의 구조변화와 다이내미즘

이원덕 | 국민대학교 일본학과 교수

1. 한일관계 어떻게 볼 것인가?

(1) 한일관계를 움직이는 변수

1965년 국교가 정상화된 이래 한일관계의 역사를 조망해보면 시대 변천에 따라 한일관계의 성격이 변화무쌍하게 움직이고 있음을 알 수 있다. 이론적인 차원에서 한일관계의 존재방식을 종속변수로 놓고 생각해 보면, 그에 영향을 미치는 독립변수로 고려할 수 있는 요소는 대체로 동북아시아 국제시스템과 양국의 파워 관계 그리고 양국의 국내체제가 될 것이다.[1)]

물론 한일관계의 존재방식은 이러한 구조적 변수에 의해서만 결정되는 것은 아니다. 즉, 구조적 변수와 더불어 한일 양국 정부 지도자의 리더십의 발휘 양상과 리더십의 발휘를 가능케 하는 국내정치의 역학(여론 포함) 또한 한일관계의 성격에 크게 영향을 미치는 요소가 된다. 이렇게 보면 한일관계의 존재 방식은 한편으로 국제시스템, 양국의 파워 관계, 양국의 국내체제라는 각 수준의 구조적 요소에 의해 제약을 받으면서도 또 한편으로는 양국 정부 지도자의 리더십이라는 행동적 요소에 의해서 영향을 받아 결정된다고 할 수 있을 것이다.[2]

(2) 동북아시아 국제질서와 한일관계

1965년부터 오늘날에 이르기까지의 한일관계사를 대별하면 세 시기로 나누어 볼 수 있다. 먼저 제1시기는 1965년부터 1989년까지의 시기이다. 이 시기는 한일관계가 냉전체제의 강력한 영향권 속에 존재했기 때문에 한국과 일본은 미국과의 동맹을 기반으로 하여 정치 안보, 경제적 결속을 강화시켜 나갔다. 소련-중국-북한으로 이어지는 이른바 공산진영의 북방 삼각동맹과 대결하기 위해 한일 양국은 자유주의 진영의 안전과 평화를 지키려는 미국과의 긴밀한 우호협력 관계를 추구했다. 이 시기는 한일관계에서 반공 연대가 무엇보다도 중요한 요소였기 때문에 양국 간 과거사를 둘러싼 갈등, 대립은 최대한 억제되었고 수면 하에 잠복될 수밖에 없었다.[3]

제2시기는 1990년부터 2009년까지의 시기로 이 기간 동안 한일관계는 냉전 질서의 해체로 인해 반공에 기반 한 결속력이 급속도로 이완되었다. 그 동안 잠복되었던 역사-영토 문제를 둘러싼 갈등이 표면 위로 분출됨으로써 양국 간의 역사 마찰이 격화되었다. 한국의 정치사회 민주화와 한일 간 파워 격차의 축소는 과거사 문제에 대한 한국의 강경한 대일정책을 추동하는 요소로 작용하여 역사 마찰을 심화시켰다. 한편 이 시기를 거치면서 한일 양국 간에는 민주주의, 시장경제, 인권 등의 기본적 가치를 공유하는 아시아의 대표적인 양국 관계라는 인식도 강화되었으며 개방적이고 자율적인 시민사회 간 교류는 더욱 활성화 되었다.

제3시기는 대체로 2010년 이후로 이 시기를 통해 한일관계는 큰 변화를 맞이하게 되었다고 생각된다. 우리는 2010년을 전후하여 한일관계를 규정하는 구조적인 요소에 커다란 변화가 도래하고 있음을 목격하고 있다. 물론 이러한 변화는 경우에 따라서는 수 년 동안 급격하게 단기적으로 진행되었다기보다는 냉전체제의 붕괴 이래 1990년대부터 장기적인 시간 축 속에서 지속되어 온 추세적인 변화로도 볼 수 있다. 21세기 동아시아 국제질서는 바야흐로 미중 양강 구도로 급속도로 재편되고 있다는 것은 부인하기 어려운 사실이다. 즉, 21세기 동아시아 국제질서는 2008년 금융위기 이후 상대적인 힘의 저하 속에서도 여전히 초강대국의 지위를 유지하고 있는 미국과 빠른 속도로 강대국으로 대두하는 있는 중국, 양국 중심으로 새롭게 짜여 지고 있다고 해도 과언이 아니다.

2010년의 2분기 통계에 따르면 국내총생산(GDP) 규모에서 중국이 일본을 앞지르는 역전 현상이 벌어졌고[4] 이후 중일 간 격차는 점차 확대되고 있다. 이는 거시적으로 보면 중국이 1894년 청일전쟁에 패배한 이래 일본을 경제 규모에서 앞지른 매우 상징적인 사건으로 기록될 것이다. 장기적인 세계사의 관점에서 보면 19세기 후반과 20세기에 걸친 150년이라는 기간은 어쩌면 예외의 시대였는지도 모른다. 이 예외의 시기인 약 150년간 중국은 근대화에 실패하여 세계 열강국가에게 굴종을 강요당하며 강대국의 지위를 박탈당한 반면, 일본은 20세기의 전반기에는 군사대국으로, 그 후반기에는 경제대국으로서 위용을 떨쳤다.[5] 그러나 21세기에 들어서 일본은 심각한 재정적자, 성장 동력의 상대적 상실, 고령화–저출신으로 상징되는 인구구조의 변화 속에서 국력의 상대적 저하로 고민에 빠져 있다. 어떤 의미에서 보면 일본은 예외의 150년을 경과하여 본래의 정상적인 자리로 돌아가고 있는지도 모른다.

(3) 수직적인 관계에서 수평적인 관계로

1990년대 이후 한일 이국 간 관계가 수직적인 관계에서 수평적인 관계로 점차 이동하게 된 점 또한 양국 관계의 성격을 변화시키는 요소로 작용하고 있다고 생각된다. 권위주의 정권이 한국을 지배하던 80년대 전반까지만 하더라도 한일관계는 전형적인 약소국과 강대국 간의 비대칭적 성격을 지니고 있었다.

가령 과거사 문제만 하더라도 이 시기 한국 정부는 대일관계 악화가 초래할 악영향을 고려하여 가능한 한 과거사 쟁점이 핫이슈로 부각되는 것을 꺼려 하여 일본에 문제 제기 자체를 억제하거나 혹시 문제가 되더라도 이를 조기에 수습하고자 노력했었다. 당시 한국 정부는 과거사 문제보다 일본과의 안보적 협력이나 경제협력을 획득하는 일에 외교적 우선순위를 두는 경향이 강했다. 또한 당시 한국 정부는 북한과의 첨예한 군사적 대결 구도 하에서 우방국인 일본과의 우호 협력관계를 해칠 수 있는 대일행동을 자제하는 자세를 취했다. 산업화와 경제성장을 추진하는 과정에서 일본의 자본과 기술에 의존하는 바도 컸기 때문이었다.

1960년대 이래 한국은 꾸준한 고도경제 성장을 추진한 결과 마침내 선진 경제국으로 도약했으며 한편으로 80년대 후반 이래 정치사회적 민주화의 성과도 착실하게 달성하였다. 특히 1990년대 한국의 OECD가입은 한국이 비로소 선진국의 일원으로 진입했음을 상징적으로 보여주는 사건으로 여겨졌다. 이후 한국은 선거에 의한 정권교체를 통해 정치적 민주화를 정착시키는 한편 경제적으로도 명실 공히 선진국으로서의 면모를 갖추게 되었다. 2000년대에 들어 한국의 정치적 민주화와 경제성장은 더욱 가속화 되어 2010년 마침내 G20의 일원이 됨으로써 세계 선진국의 반열에 들어서게 되었다. 이처럼 한국이 정치적 민주화와 경제성장을 동시에 이룩함에 따라 한국 국민들은 국력신장을 바탕으로 일본과의 관계를 수평적인 것으로 인식하는 경향이 강화되었다.

국내총생산(GDP) 지수를 통해 한일 간 국력의 격차가 1965년 이래 55년간 어떻게 변해왔는지를 살펴보면 한일관계가 수직적 관계에서 수평적 관계로 변해왔음을 잘 알 수 있다. 일국의 경제규모가 국력을 표현하는 유일한 지수라고 할 수는 없지만 전통적 의미의 군사력 경제력 소프트 파워 중 경제력을 나타내주는 주요 지표가 된다는 데는 이의가 있을 수 없다.

1965년 당시 통계를 보면 1인당 GDP 차이로 보면 한국이 약 108달러 일본이 900달러로 확인된다. 일본이 한국 인구의 약 3배라는 점을 감안하여 GDP 격차로 환산해보면 한일 간 격차는 1 대 30으로 추정된다. 국교수립 이후 한국은 한강의 기적이라고 일컬어지는 괄목할 만한 비약적 경제성장을 이뤘고 일본도 이 기간 중 상당한 고도 경제성장을 이룩했다. 즉, 국교수립 후 25년이 지난 1990년의 GDP를 보면 한국이 2,800억 달러 일본이 3.1조 달러로 GDP의 격차는 약 1 대 10으로 좁혀졌고 2010년 현재 한국이 1.1조 달러 일본이 5.7조 달러로 약 1 대 5로 좁혀졌다. 가장 최근 통계인 2019년에는 한국이 1.6조 달러, 일본이 5조 달러로 약 1 대 3의 국력 격차로 더욱 좁혀졌음이 확인된다.

(4) 가치와 규범을 공유하는 한일관계

1990년대 이후 한일 양국 간 관계가 민주주의와 시장경제의 기본가치를 공유하는 양국 관계로 발전하였다는 사실은 향후 한일관계의 기본성격을 규정하는 매우 중요한 요소로서의 의미를 지닌다.[6] 1980년대 후반부터 한국은 군부 권위주의 체제를 타파하고 민주화를 착실하게 달성시킨 결과, 선거에 의한 수 차례의 평화적인 정권교체를 이룩함으로써 민주주의적인 정치체제를 안착시켰다. 기본적인 인권은 놀라울 정도로 신장되었으며 사회경제적인 다원화, 자유화도 어느 정도 정착되었다. 이로써 한국은 일본과 더불어 아시아를 대표하는 자유민주주의, 시장경제, 기본적 인권이라는 보편적인 가치와 규범을 중시하는 선진 민주국가로 발돋움 하게 되었다. 이렇게 이뤄진 한일의 가치체계 및 규범의 수렴 현상은 양국의 긴밀한 우호협력 관계의 굳건한 토대가 되고 있다.

안보적 차원에서 보면 양국은 전후 줄곧 미국과의 동맹관계를 안전보장 정책의 중핵으로 삼고 있다는 공통점을 지니고 있음을 지적할 수 있다. 미국의 입장에서 보면 냉전체제 하에서 한국과 일본은 공히 아시아에서 가장 중요한 동맹 국가로 취급되었으며 냉전이 해체된 이후에도 미국에게 한국과 일본이 지니는 군사 전략적 가치는 여전히 매우 큰 의미를 지니고 있다. 한국과 일본의 입장에서 볼 때에도 미국과의 한미동맹과 미일동맹은 각국의 민주주의와 시장경제 시스템의 담보를 보장하는 체제 안전판으로서 간주되고 있으며 대외적 군사위협으로부터 평화와 안전을 지켜주는 든든한 방벽으로 인식되고 있다.

한일 양국은 경제, 산업적인 측면에서도 매우 유사한 구조를 지니고 있다. 양국은 전후 미국이 주도하는 국제경제 질서 속에서 국가주도형 발전국가 모델을 지향함으로써 경제성장을 이룩하였다는 특징을 공유하고 있다. 양국은 부존자원이 부족한 상황에서 제조업 분야의 경쟁력을 키움으로써 공산품의 해외수출을 통한 경제성장을 꾀하는 국가발전 전략을 취해 왔다는 유사성을 가지고 있다. 또한 양국은 급속하게 글로벌화 하는 세계경제에 적응하기 위해 개방과 경쟁을 통한 경쟁력 제고에 박차를 가하는 국가전략을 구사하고 있는 점에서도 큰 차이는 없다.

민주와 자율의 가치에 기반을 둔 시민사회가 탄탄하게 자리 잡고 있다는 점 또한 아시아에서 한국과 일본이 지니는 중요한 유사점이라고 할 수 있다. 양국의 시민사회는 정부 간 관계 못지않게 90년대 이후 매우 활발한 교류와 협력을 추진하고 있다. 양국 간 시민사회의 교류 기반은 국익을 넘어선 인권, 평화, 환경, 인간 안전보장 등과 같은 보편적인 가치임은 말할 나위도 없다. 특히 최근 들어 한일 양국의 시민사회 간 교류는 엄청난 폭과 속도로 발전되고 있는데 이는 향후 한일양국의 국익을 넘어선 보편적 규범과 가치의 공유 기반이 획기적으로 넓어지는데 크게 기여할 것으로 기대된다.

이상 살펴본 바와 같이 한일양국은 민주주의, 시장경제, 인권이라는 기본적 가치를 공유하고 있을 뿐 아니라 안전보장, 경제체제, 시민사회 등 제반 영역에서의 체제 수렴현상 또한 광범위하게 확산되어 왔음이 확인된다. 이는 향후에도 한일관계의 지속적인 우호 협력적 발전의 가능성을 담보하는 기능과 역할을 담당할 것으로 기대된다. 실제로 한국과 일본은 규모와 질적 수준이라는 양면에서 볼 때 정치적 민주주의와 선진적인 시장경제, 자유로운 시민사회를 지니고 있는 동아시아의 핵심적인 양국 관계라는 점은 매우 중요한 의미를 지닌다.

2. 한일관계 1965년 체제: 성립과정과 평가

(1) 난항했던 한일회담

한일관계 65년 체제는 14년간에 걸쳐 이뤄진 한일 국교정상화 교섭(한일회담)과 그 결과로 구축된 한일기본조약과 청구권협정, 어업협정, 재일교포 법적지위에 관한 협정, 문화재 협정의 4개 협정과 기타 부속 합의서를 포괄하여 통칭하는 한일협정에 의해 성립된 한일관계를 지칭하는 개념이다. 한일회담은 한일 양국 간에 존재하는 과거사 인식의 깊은 괴리를 극복하고 새로운 우호협력의 관계를 설정하기 위한 교섭이었다. 그러나 14년간의 마라톤 교섭에도 불구하고 양국의 과거사 인식의 근본적인 차이는 좁혀질 수가 없었다. 35년간의 식민통치를 원천적으로 불법, 부당한 것으로 보는 한국 측의 인식과 그것을 적법하고 합당한 것으로 보는 일본 측의 인식이 외교협상을 통해 근접한다는 것은 애초부터 불가능에 가까운 일이었다. 이처럼 과거 일본의 조선통치에 대한 역사적 평가를 둘러싼 한일 양국의 현격한 인식 차로 말미암아 이 교섭은 심각한 갈등과 대립을 겪은 후에야 타결될 수밖에 없었다.[7]

(2) 타결의 힘: 안보논리와 경제논리

14년간의 회담 전개과정에는 다음의 두 가지의 상반된 힘이 지속적으로 작용하였다는 사실을 지적할 수 있다. 즉, 회담을 타결로 이끌어 가는 힘은 안보 논리와 경제 논리에 의해 주어졌다. 안보 논리와 경제 논리가 한일관계의 구심력으로 작용하여 교섭의 타결을 촉진시켰다. 반면 과거사 청산 논리는 회담을 대립과 갈등으로 끌고 가는 힘으로 작용하였다. 교섭을 결렬의 방향으로 끌고 가는 원심적인 힘의 원천은 과거사 청산의 논리에 의해 주어졌다.

냉전체제와 연계된 안보논리는 한편으로 미국의 아시아 전략이라는 형태로 작용해 왔다. 즉, 미국은 회담의 개시 단계에부터 타결 시점에 이르기까지 한일회담의 타결을 위해 끊임없이 다양한 형태의 노력을 기울여왔다. 애당초 한일 양국을 회담의 테이블에 앉힌 것이 다름 아닌 미국이었으며 나아가 반복되는 회담의 중단과 결렬사태를 회담재개와 타결로 이끌어가기 위해 때로는 배후에서, 때로는 표면적인 압력을 가한 것도 미국이었다. 일본 측의 입장에서 볼 때에도 회담타결의 중요한 근거를 제공한 것은 안보적 고려였다. 역사적으로 보아도 "조선은 일본의 심장을 겨누고 있는 비수"라는 인식은 명치유신 이래 일본의 한반도 정책에 흐르고 있는 일관된 사고방식이라고 할 수 있다. 박정희 정권 또한 북한과의 체제경쟁에서 우위를 확보하고 북한의 군사적 위협으로부터 벗어나기 위해서는 미국이 희구하는 한일국교 정상화를 달성할 필요성을 느꼈다.

안보논리와 더불어 또 하나의 추진 동력은 경제논리였다고 생각된다. 경제논리가 회담타결의 주요한 추진력으로 작용했다는 점은 1950년대에 답보를 면치 못하던 한일교섭이 1960년대 들어서 급격하게 타협을 모색하는 방향으로 선회했다는 사실을 보아도 명백하다. 사실 1950년대까지만 하더라도 한일 경제관계는 미국을 매개로 한 간접적인 것에 불과했으며 상대를 경제적 필요성이라는 관점에서 바라볼 만큼 긴요하지 않았다.

그러나 1960년대에 접어들면서 양국의 경제적 여건은 크게 달라졌다. 특히 한국의 경우 1950년대 말부터 미국으로부터의 원조가 양적으로 크게 삭감되는 한편 질적으로도 많은 변화를 겪게 되면서 그로 인한 경제적 침체와 불황이 심각하게 나타나게 되었다. 미국은 전후 대소 전략의 일환으로 천문학적인 숫자의 경제 원조를 서유럽을 비롯한 동맹국에 쏟아 넣은 결과 달러의 과도한 방출로 인한 후유증에 직면하게 되었다. 미국은 1950년대 말부터 달러방위라는 명목하에 동맹국에 대한 경제 원조를 대폭으로 감축하는 정책을 추진하게 되었는데 한국에 대한 경제원조도 그 예외는 아니었다. 또 케네디 정권이 들어선 이후부터는 원조의 성격이 소비재 위주의 무상 원조 방식에서 개발을 지원하는 차관형 원조로 전환되었다.

이렇게 되자 한국으로서는 대미 의존형 경제체질을 탈피하여 자립적인 산업화의 기반을 구축하여 본격적인 경제개발정책을 추진하지 않으면 안 된다는 인식을 갖게 되었다. 때마침 1961년 5월 군사정변으로 정권을 장악한 박정희는 정권의 제일목표로서 조국의 근대화와 경제개발을 내걸고 야심찬 경제개발 5개년 계획을 추진하기에 이르렀다. 박정희 정권은 경제개발계획의 추진에 필수적으로 요구되는 자본과 기술의 부족에 직면하여 고뇌하지 않을 수 없었다. 이러한 곤경에서 탈출하기 위해서 박 정권이 구상한 것이 다름 아닌 대일 관계의 타결이었다. 박 정권은 만약 대일회담이 타결된다면 상당한 액수의 청구권 자금이 들어올 것이고 더 나아가 일본과의 경제관계가 정상화된다면 다량의 자본과 기술을 도입하여 경제개발에 활용할 수 있다고 계산한 것이다.

더욱이 미국은 박 정권에게 장기적인 관점에서 스스로의 경제개발 계획을 추진하도록 권유하는 한편, 대일회담의 타결을 통해 경제개발에 필요한 자본과 기술을 일본으로부터 도입하도록 강력한 압력을 행사하였다. 미국은 박 정권이 대일회담의 타결에 나서지 않을 경우 경제 원조를 중단 내지 삭감할 것이라는 압박을 가했다.

한편 일본의 경우도 회담타결의 기운이 무르익기 시작한 1960년대로 접어들면서 한일관계를 경제적인 각도에서 바라보기 시작했다는 점에서는 한국과 미국의 입장과 다를 바가 없었다. 안보투쟁의 소용돌이 속에서 물러난 기시 정권의 뒤를 이어 등장한 이케다 정권은 될 수 있으면 국내의 혼란을 야기할 수 있는 안보 정치적 쟁점을 회피하고 그 대신 정치의 중심 축을 경제로 옮겨놓는 쪽으로 노선을 설정했다. 이케다 수상이 야심적인 정책으로 내놓은 '소득배증계획'이야말로 이케다 노선의 성격을 단적으로 보여주는 것이었다.

한일회담의 최대 난제였던 재산청구권 문제가 이케다 정권하에서 경제협력 방식에 의해 타결되었다는 점은 결코 우연한 일이 아니었다. 이케다 수상은 한일회담의 본질을 경제문제라고 인식하고 대한관계를 경제외교의 일환으로 풀어 나가려고 시도하였다. 즉, 이케다 정권은 청구권 문제의 본질이 과거사의 청산에 있음에도 불구하고 이를 경제적 이해의 관점에서 접근하였다. 이케다 정권이 청구권의 해결방안으로 고안해낸 것이 경제협력 방식이었다. 경제협력 방식은 다음의 두 가지 측면으로 구성되어 있다. 첫째, 한국의 청구권 요구를 명목과 지불의 둘로 나누어 지불 액수에서는 한국의 요구에 최대한 접근하고 명목에 관해서는 사죄와 보상의 의미를 배제하는 대신 경제협력의 의미를 부여한다. 둘째, 한국에 일본의 공업제품과 역무를 제공함으로써 이를 장래 한국에 대한 경제 진출의 토대로 활용한다는 것이다.

경제협력 방식의 요체는 지불의 방식을 자본이 아닌 공업제품과 용역으로 한다는 데 있었다. 경제협력 방식은 전후 일본이 인도네시아, 버마, 필리핀, 베트남 등의 동남아시아 국가들과의 전후 처리에도 적용했던 방식이었다. 일본은 이러한 전후처리의 방식을 오히려 동남아 지역에 대한 경제 진출을 적극화하는 토대로 활용해 왔다. 일본은 한국에도 이 방식을 적용시키고자 의도했다. 경제협력 방식이 채용된다면 일본으로서도 결코 경제적으로 손해 볼 것이 없으며 오히려 득이 될 수 있다는 것이 일본의 계산이었다.

(3) 한일조약과 과거사 청산의 한계

이처럼 한일회담의 타결은 냉전적 상황과 그에 기반을 둔 안보논리 및 경제논리에 의해서 촉진되었을 뿐 정작 회담의 본질이라고 할 수 있는 과거사 청산의 논리는 뒷전으로 밀려났다. 한일회담의 타결과 한일조약의 체결에도 불구하고 과거사 문제가 여전히 정상적인 한일관계를 가로막는 걸림돌로 남아있는 것은 회담타결에 있어서 과거사 처리문제가 유보된 채 안보와 경제논리에 입각한 편의적인 해결만이 도모되었기 때문이다. 결국 지루하고도 긴 교섭을 통해 양국 정부가 도달한 해법은 과거사 청산 문제에 대한 정면 돌파를 회피하고 유보하는 선에서 타협을 모색한다는 것이었다. 그러한 타협은 한일기본조약의 비준국회에서 가장 극명하게 표출되었다. 즉, 한일 양국 정부는 비준국회에서 한일회담의 최대 초점이 되었던 청구권 문제와 과거인식 문제에 관해서 전혀 상반된 해석을 내놓았다.

한국병합 조약에 관해서 한국 정부는 '이미 무효이다'라는 규정을 '당초부터 원천적으로 무효였다'라고 해석한 데 대하여 일본 정부는 '지금은 무효이나 당시는 유효하고 합법적이었다'고 해석하였다. 또한 일본이 한국에 제공하기로 약속한 유상, 무상의 자금의 지불 명목에 대해 한국 정부는 '과거의 식민지 지배에 대한 정당한 보상'으로서 해석한 데 반해서, 일본 정부는 어디까지나 청구권과는 관계없이 '한국의 경제 재건을 지원하기 위한 경제협력'이라고 해석하였다. 과거 청산이라는 핵심 문제에 관해서 한일 양국의 이와 같은 상반된 해석은 한일조약이 지닌 한계를 그대로 보여주는 것이라고 할 수 있다.

한일협정 중 과거청산 문제와 연관된 조항은 세 부분으로 1)한일기본조약의 전문과 2)한일기본조약 제2조 그리고 3)청구권 경제협력에 관한 협정의 제2조라고 할 수 있다.

첫째 한일기본조약의 전문이다. 일반적으로 조약의 전문은 조약의 목적과 성격을 표명하는 문구가 들어간다. 한일기본조약은 일본제국주의에 의한 불법적 점령과 지배의 역사를 종식시키고 평화와 우호의 기반에서 새로운 양자관계를 설정하는 것을 목적으로 체결되었어야 한다. 과거를 청산하고 그 바탕 위에서 양국 관계의 구축을 꾀한다는 조약 본래의 취지를 생각할 때 그 전문에는 조선에 대한 강압적인 주권 박탈과 가혹한 식민통치의 역사를 일본이 인정하고 그에 대한 사죄와 더불어 식민통치 과정에서 조선인들에 입힌 피해와 손실에 대한 보상, 배상의무를 명시했어야 한다.

그러나 조약의 전문에는 일반적인 이국 간 우호통상 조약, 우호조약에서 흔히 보는 내용만이 서술되어 있을 뿐 과거사 청산에 관한 내용이 일체 포함되어 있지 않다. 즉, 전문에는 조약 체결의 목적에 관해서 선린우호, 주권의 상호 존중, 복지 및 이익의 상호 증진 그리고 국제 평화와 안전을 열거한 후 역사적 경위에 대해서는 "샌프란시스코에서 체결된 평화조약의 관계 규정 및 유엔 결의 제195호(3)을 상기하여"라고 설명하고 있을 뿐이다.

한일회담의 초기 단계부터 일본은 '우호조약'이라는 명칭을 제안한 데 반해 이승만 정부가 우호가 아닌 '기본조약'을 주장했던 것도 기본조약을 사실상의 '평화조약'이 체결을 기본 목적으로 생각하고 있었다. 이승만 정부는 애초부터 일본과의 국교 관계의 재개를 연합국과 패전국 일본 간에 체결된 샌프란시스코 강화조약의 틀 속에서 고려하고 있었다. 그러나 대일강화의 일환으로 수교를 이루려던 한국 정부의 구상은 한국이 강화조약의 정식 서명국에서 탈락함으로써 좌절되고 말았다. 즉, 한국의 강화조약 참여 가능성은 강화조약 체결을 위한 영미협의 과정에서 한국 참여 배제 방침이 결정됨에 따라 최종적으로 포기되었다.

둘째, 한일기본 조약의 제2조 "이미 무효" 부분이다. 제2조는 "1910년 8월 22일 및 그 이전에 대한제국과 일본제국 간에 체결된 모든 조약 및 협정이 이미 무효(already null and void)임을 확인한다고 되어 있다. 그런데 이미 무효가 된 시점에 관해서는 한일 정부의 명백한 합의가 부재하며 완전히 상이하다.

한국 정부는 일관되게 1910년 한국병합조약 자체가 원천적으로 불법에 의해 강요된 것이므로 애초부터 무효라고 해석한다. 한일회담 백서는 "1910년의 한일병합조약과 그 이전의 대한제국과 일본제국 간에 체결된 모든 조약, 협정, 의정서 등의 명칭 여하를 불문하고 국가 간의 합의문서는 전부 무효이다." 무효의 시기에 관해서는 "무효라는 용어 자체가 별단의 표현이 부대되지 않는 한, 원칙적으로 당초부터 효력이 발생하지 않으며 이미 라고 강조되어 있는 이상. 소급하여 무효이다"라고 서술하고 있다.

한편 일본 측은 해방 후 대한민국 정부가 수립된 1945년 8월 15일 이후 한국 병탄을 규정한 구조약이 비로소 무효가 되었다는 입장을 일관되게 주장한다. 사토 수상은 한일협정 비준 국회에서 "1910년의 한국병합조약은 양자의 완전한 의사, 평등한 입장에서 체결된 것으로 효력을 발생하였다"고 강변했다. 일본 정부의 공식적인 해석은 1965년 대장성이 발간한 『일한조약과 국내법해설』에 잘 표현되어 있다. 이 책자에 따르면 "무효라는 것은 현재의 시점에서 무효가 되었다는 객관적인 사실을 서술한 것에 지나지 않는다. 구조약 및 협정이 대일본제국과 대한제국 간에 정당한 절차를 밟아 체결된 것으로 이것이 유효하게 성립, 실시된 것이라는 점은 의심의 여지가 없다"고 해설하고 있다.

이 조항을 둘러싼 대립은 1952년 2월에 개최된 제1차 한일회담 기본관계위원회에서부터 시작되었다. 한국 측은 애초부터 문서상이라도 굴욕의 식민 역사를 불식하고자 하는 의지를 표하기 위해 구 조약의 무효 확인 조항 설치를 주장했으나 일본 측은 마치 승전국의 입장에서 평화조약을 체결하려는 태도를 취한 것으로 보고 못마땅하게 여기고 이 조항의 설치를 반대하고 삭제를 주장했다. 이러한 대립 끝에 조약 안에는 "일본국과 구

대한민국 간에 체결된 모든 조약 및 협정이 한일관계에 있어서 효력을 갖지 않음을 확인한다"는 문장이 삽입되었다.

이후 이 초안을 기초로 조약문의 최종 성안작업이 이뤄진 것은 1965년 1월부터 개최된 제7차 회담 때였다. 한국 측은 구조약의 원천적 무효(null and void)를 규정한 안을 일본 측에 제출하였다. 이에 일본 측은 강화조약에 의해 구조약이 무효가 되었다는 점을 강조하며 무효 시점이 최초가 아닌 어느 시점부터라는 의미를 내포하도록 have become null and void로 할 것을 제안하였다. 그러나 한국 측의 거부로 교섭이 교착상태에 빠졌다. 사무레벨에서의 교착 상태를 해결하기 위해 이동원 외무장관과 시이나 외상 둘만의 담판에 의해 already null and void로 낙착되었다.

여기서 합의된 "이미 무효"라는 표현은 양국의 팽팽한 견해 차이를 근본적으로 해결했다고 하기보다는 도저히 좁혀질 수 없는 양국의 입장을 그대로 둔 채 양국이 자국의 국내정치 상황 속에서 편의에 따라 이를 자의적으로 해석할 수 있는 여지를 남겨놓으려는 의도로 성안된 것이었다. 즉, 기본조약 제2조는 양국이 식민통치의 불법성 여부에 관해 자국 국민을 향해 서로 다른 해석을 할 수 있도록 양해(Agree to Disagree)한 태생적인 한계를 지닌 합의였다고 할 수 있다. 어떤 의미에서는 외교적 차원의 전략적 애매성(Strategic Ambiguaty)으로 포장한 타결 아닌 타협에 불과한 것이었다.

셋째, 청구권 미 경제협력에 관한 협정 제2조 관련이다. 동 협정의 제1조는 일본은 한국에게 10년간에 걸쳐 무상 3억 달러, 유상 2억 달러를 제공한다고 하고 이어 제2조는 "양국은 양국 및 그 국민의 재산 권리와 이익 그리고 청구권에 관한 문제가 1951년 9월 8일의 샌프란시스코 평화조약 제4조(a)에 규정된 것을 포함하여 완전하고도 최종적으로 해결되었다는 것을 확인한다"고 규정하고 있다.

그런데 일본 정부는 5억 달러의 자금 제공과 청구권 문제의 해결과의 관계를 제1조의 경제협력의 수반적인 결과로서 제2조의 청구권이 완전히 해결되었다는 점만을 인정할 뿐 제1조와 제2조의 법률적인 인과관계는 철저하게 부인하는 입장을 취하고 있다. 비준 국회에서 일본 정부는 유무상의 5억 달러 제공은 청구권의 변제가 아니라 어디까지나 한국에의 경제협력 내지 한국의 독립을 축하하기 위한 명목으로 이뤄진 것이라고 역설하였다. 일본 정부는 유무상 5억 달러의 제공은 청구권의 변제가 아니라 어디까지나 한국에의 경제협력 내지 한국의 독립을 축하하기 위한 명목으로 이루어진 것임을 역설하였던 것이다.

역설적이게도 5억 달러의 자금공여가 재산청구권의 변제라고 주장한 것은 일본 정부가 아닌 한국 정부였다. 한일조약의 비준국회에서 장기영 경제기획원 장관은 "협정 제1조의 무상 3억 유상 2억 달러는 경제협력이 아니고 청구권이 주가 된 것이며 실질적으로 배상이라는 견해를 가지고 있다"고 정부의 공식입장을 밝힌 바 있다. 또 이동원 외무장관도 "청구권 협정은 청구권의 해결을 주로 하고 경제협력을 종으로 결정한 것이다. 무상공여는 어디까지나 우리가 청구한 결과 일본이 지불한 것이다"라고 주장하였다. 이처럼 한국 정부의 공식견해는 5억 달러의 자금 제공은 청구권의 변제 혹은 일본의 식민 지배에 대한 보상이라는 것이다.

(4) 한일조약의 종합적 평가

한일 간의 전후처리는 이처럼 청구권과 경제협력이라는 애매한 명목으로 타결을 보게 되었다. 그렇다면 일본이 점령했던 기타 아시아 제국과의 전후처리는 어떻게 해결되었는가? 먼저 대만과 중국의 경우는 여타 연합국의 경우와 같이 각각 일본과의 양자조약을 통해 배상 청구권을 포기하였다. 일본이 일으킨 전쟁의 최대피해국이라고 할 수 있는 중국이 일본에 대한 배상청구권을 포기했다는 것은 일본에게는 엄청난 축복이었다고 할 수 있다. 일본이 전후 줄곧 중국에게 막대한 규모의 정부개발 원조를 제공한 것은 이 배상청구권 포기 조치와 무관하지 않을 것이다.

다음으로 동남아 4개국에 대해서는 강화조약 제14조에 입각하여 개별 교섭과 배상협정을 통해 전쟁 배상금을 지불하였다. 정식으로 배상을 받은 4개국이란 미얀마, 필리핀, 인도네시아, 베트남인데 미얀마에 2억 달러, 필리핀에 5.5억 달러, 인도네시아에 2.2억 그리고 베트남에 4,000만 달러가 각각 지불되었으며 이와 더불어 추가적으로 차관의 형태로 경제협력 자금이 제공되었다. 싱가포르, 말레이시아 등의 기타 동남아 국가들에 대해서도 준 배상적 조치로 다소간의 경제협력이 제공되었다. 현재 일본과 미수교 상태에 있는 북한에 대해서는 전후 처리가 미결 상태로 남아있다. 일본은 장차 북일 국교정상화가 달성된다면 1965년 당시 한국에 제공했던 금액에 상당하는 청구권 자금을 북한에게도 지불하겠다는 방침을 공식화하고 있다.

한마디로 요약하자면, 일본의 대 아시아 전후처리는 한반도의 남북한에 대해서는 강화조약 제4조에 입각한 재산, 청구권의 틀로 해결을 보았고 중국-대만에 대해서는 배상 청구권의 포기라는 방식으로, 그리고 동남아 제국에 대해서는 강화조약 제14조의 틀에 입각하여 배상 및 준 배상을 지불하는 방식으로 종결지었다. 일본이 배상, 준 배상, 청구권, 경제협력 등의 명목으로 아시아 국가들에게 지불한 금액은 역사상 패전국이 지불한 배상금에 비한다면 아주 가벼운 것이었다. 또한 일본이 지불한 전후처리 비용은 철저하게 현금의 형태가 아닌 현물과 역무의 방식으로 지불

됨으로써 이후 이 지역에 대한 일본경제 진출의 토대가 되었다. 이렇게 일본이 유리한 조건에서 전후 처리를 마무리 할 수 있었던 것은 전후 냉전체제의 도래 때문이었다. 미국은 새로운 적국으로 등장한 공산 소련과 중국에 맞서기 위해 패전국 일본의 배상 책임을 가능한 한 최소화하고 그 대신 경제 및 산업재건을 후원하는 전략을 추진하였던 것이다. 전후 냉전체제의 급속한 확산과 이에 따른 미국의 동아시아 전략의 전환으로 말미암아 패전국 일본은 전쟁 배상의 막대한 부담에서 벗어나 오히려 경제대국으로 도약할 수 있는 절호의 기회를 맞이했던 것이다.

한일회담에 대한 균형 잡힌 해석과 공정한 평가를 위해서는 당시의 역사적 상황에 대한 올바른 이해가 그 전제조건이 되어야 한다. 무엇보다도 다음의 두 가지 조건 속에서 한국 정부가 일본을 상대로 외교교섭을 벌였다는 점을 알아야 한다.

첫째, 한일회담의 출발점은 샌프란시스코 대일 강화조약이었다는 사실이다. 한국 정부는 이 강화조약에서 전승국의 지위를 획득하려고 각고의 노력을 펼쳤지만 최종적으로는 좌절하고 말았다. 그 결과 일본에게 막대한 배상, 보상을 요구하려던 애초의 계획은 조정될 수밖에 없었다. 한국이 배상 권리를 향유하는 제14조국에서 탈락함으로써 한일 간 전후처리는 제4조에서 규정한 대로 재산청구권의 테두리 안에서 이루어지게 되었다. 이 점은 한일회담 내내 한국의 대일 협상력을 제약하는 변수로 작용했다.

둘째, 당시 한일의 국력 차를 고려해야 한다. 외교는 상대가 있는 게임이다. 경제력으로 보면 1960년대 중반 한국은 1인당 국민소득 100불이 안 되는 세계 최빈국의 하나였고 일본은 이미 경제대국으로 성장해 있었다. 또한 한국은 식민지와 전쟁의 폐허 위에서 수립된 허약한 신생국가에 불과했으나 일본은 명치유신 이래 탄탄하게 정비된 막강한 관료조직을 지닌 강대국이었다. 이 상황에서 일본은 철저한 법률론과 증거론을 내세워 한국의 과거사 청산요구를 철저하게 차단하는 전략을 구사했다.

이러한 여건 속에서 한국 정부는 14년간 일본과 '외교전쟁'을 벌인 것이다. 박 정부는 대일교섭을 통해 일본으로부터 식민지 과거사 청산과 개발자금의 획득 그리고 서측 진영의 결속을 통한 안전보장의 확보를 추구하려 했다. 박 정부는 이 세 가지 목표 중 경제적 이익의 확보와 안보 이익을 최우선적으로 고려하는 전략적 선택을 하였다. 빈곤과 안보 위기를 탈출하기 위해서 일본과의 국교수립을 통해 경제개발 자금을 도입하고 미국으로부터 안보 공약을 공고히 하는 것이 우선적 국익이라고 박 정부는 판단했던 것이다. 박 정부의 이러한 전략적 선택이 이후 한국의 고도 경제성장의 동력으로 작용했다는 점은 1950년대 배상자금을 성공적인 경제개발로 연결시키지 못한 동남아의 국가들과 비교해 볼 때 대조적이라고 할 수 있다.

한편 경제와 안보이익을 최우선적으로 추구하는 과정에서 과거사 청산 과제가 상대적으로 소홀하게 취급된 점은 한일회담의 최대 문제점으로 지적될 수 있다. 따라서 일제하 강제징용, 위안부 문제 등 미해결의 과거사 청산 문제가 오늘날까지도 여전히 한일관계를 짓누르게 된 원인을 제공한 것이 한일회담이었다고 볼 수 있다. 그런 의미에서 그간 국내에서 일제 피해자들에 대한 구제조치가 다양하게 추진되어 온 것은 당연한 일이며 바람직한 일이라고 생각된다. 그러나 과거사 청산 문제는 당시의 한국 정부 못지않게 일본 정부의 책임이 크다는 점을 지적하지 않을 수 없다. 이렇게 보면 일본 정부도 이 문제와 관련해서는 실정 국제법이나 형식논리에만 집착하지 말고 징용 문제, 위안부 등 미흡하게 매듭지어진 과거사 현안의 해결에 적극 나섬으로써 한국과의 역사적 화해에 동참하는 것이 요구된다고 하겠다.

3. 21세기 동북아 세력전이와 한일관계 악화

(1) '전 방위 갈등' 상태가 된 한일관계

2010년대 이후 한일관계 악화는 장기적으로 지속되고 있다. 최근 들어 한일관계가 크게 악화된 계기는 2012년으로 보는 견해가 많은데 그해 주목할 만한 세 가지 사건이 있었다. 하나는 이명박 전 대통령의 전격적인 독도 방문이고 둘째는 일본 천황에 대한 식민 지배 사죄 요구 및 일본의 국제정치적 지위 하락에 대한 평가 발언이고 셋째가 징용 피해자에 대한 일 기업의 배상 책임을 인정한 한국 대법원의 강제징용 판결이다. 일본 국민은 특히 이명박 대통령이 천황에 대해 과거사 사죄 요구를 한 것에 대해 크게 반발했고 대법원의 판결도 이후 한일관계에 큰 악영향을 줄 것으로 여겨졌다.

이 상황에서 한일관계가 한층 악화되어 그야말로 최악의 국면으로 떨어지게 된 것은 2018년 말부터라고 할 수 있을 것이다. 2018년 11월에 위안부 합의로 출범한 화해치유재단을 한국 정부가 일방적인 해산 결정을 내렸다. 이에 앞서 2018년 10월 30일에는 일본 징용기업의 피해자에 대한 법적 배상을 명령한 강제징용 대법원 판결이 확정되어 일본은 이에 격분한 나머지 불만과 반발을 노골화하게 되었다. 결국 한마디로 한일관계를 최악의 상황으로 빠트린 도화선은 징용재판이라고 할 수 있다.

최근 한일관계에서 주목되는 현상은 일본 국민 사이에 혐한 기류가 심각하게 강화되고 있다는 점이다. 2000년대 이래 일본국민의 한국에 대한 호감도는 50~60%를 상회했으나 2012년 이후 30%대로 떨어졌고 2018년 이후 호감도는 더욱 급감하고 있는 추세이다. 한일관계 갈등이 정부 간 관계에 그치지 않고 국민 대중의 감정에까지 파고 들고 있는 상황이라는 점에서 심각성이 존재한다. 일본인의 혐한 감정은 어느 때보다 높아지고 있고 한국 국민의 반일감정, 정서도 고조되고 있다. 통계에 따르면 한국 국민과 일본 국민의 절반이 상대국에 대해 비호감을 보이고 있다.

양국의 국민감정을 더욱 부축이고 갈등을 조장하는데 미디어가 큰 역할을 담당하고 있다는 점은 널리 지적되고 있다. 일본의 미디어는 문재인 정부를 '친북 반일 정권'이라는 프레임으로 보도하는 경향이 농후하다. 한편 한국의 미디어는 '아베 악마화' 프레임으로 아베 정부의 역사정책, 외교안보 정책, 교육정책 등에 초점을 맞추어 비판적으로 보도하는 경향이 있음을 부정하기 어렵다.

과거 한일관계는 일본의 과거사 도발에 대해 한국이 공세를 취하고 일본이 수세적으로 방어하는 양상이 지배적이었으나 최근 들어서는 일본이 오히려 위안부, 징용 문제들 들어 공세적인 태도를 취하고 이에 한국이 방어를 하는 상황이 벌어지고 있다. 즉, 한일 간 공수가 전환되고 마치 가해자- 피해자 관계가 역전된 것과 같은 착각을 일으킬 정도로 한일관계의 전개양상이 이전과 180도 달라졌다.

이러한 상황에서도 2019년 8월 현재까지의 통계를 보면 한일 간 인적 왕래는 여전히 건재한 상황이다. 1년간 한국에서 일본을 방문한 인원은 약 720만을 상회하고 일본에서 한국을 방문한 인원은 약 270만 명으로 한일 간 인적왕래의 불균형은 여전히 존재한다. 2019년 여름 일본의 경제 보복 조치 이후 시민사회에서 벌어지고 있는 일본제품 불매운동 및 일본 안가기 운동의 영향으로 9월 이후 일본 방문자 수는 격감하였다. 2020년 3월부터는 코로나19 사태로 말미암아 한일 간 인적관계 지체가 불가능하게 되었다. 한일관계의 악화에도 불구하고 일본의 젊은 세대 내 K-Pop 등 한류에 대한 열풍은 여전히 존재하고 있다는 점은 흥미로운 요소이다. 10대-20대

젊은 세대는 상대적으로 정치 외교적 이슈에 무관심하거나 적게 영향을 받는 것으로 해석할 수 있다.

종래에는 독도, 망언, 위안부, 야스쿠니 등 일본 발 역사문제가 한일 갈등에 원인을 제공하는 측면이 많았으나 최근에는 한일관계 쌍방에서 전방위적 갈등이 양산되고 있는 양상이다. 위안부 문제와 징용 문제의 경우, 갈등의 촉발자 역할을 했던 것은 한국 사법부라고 할 수 있다. 즉, 2011년 헌법재판소는 위안부 문제가 기본적 인권의 문제임에도 불구하고 한국 정부가 이를 해결하기 위한 노력을 경주하지 않은 것은 '부작위 위헌'이라고 판결했다. 이어 2012년 대법원은 강제징용 피해자들에 대해 해당 일본 기업은 불법행위에 따른 배상을 지불해야 한다고 판시하였고 2018년 10월 이를 재확인하는 최종판결이 내려졌다.

징용재판의 결과에 대한 한국 측의 무책에 대한 반발로 일본은 마침내 수출규제 강화라는 보복적 조치를 내렸고 한국은 이에 대한 대항조치의 하나로 GSOMIA 종료라는 강수를 두었다. 이제 한일관계 갈등 전선은 과거사 문제에서 외교적 갈등으로 외교에서 경제로, 경제에서 안보 분야로까지 확산되고 있는 양상이다.

한편, 한일 갈등의 일본 측 원인자는 아베 정부의 국가주의적 색채가 농후한 정책들이다. 아베 정부는 2012년 말에 집권한 이래 평화헌법의 개정, 집단자위권의 용인을 허용하는 법제의 도입, 역사 수정주의적인 정책 추구, 독도에 대한 주권주장의 강화를 추구하고 있는데 이는 한국의 강열한 반발과 저항을 불러일으키고 있다.

(2) 한일관계 주요 갈등 쟁점의 분석

첫째는 위안부 갈등이다. 문재인 정부 출범 이후 한국은 2015년 12월 위안부 합의의 사실상 사문화(형해화)를 시도해 왔다. 아베 총리는 합의의 준수와 이행을 요구하였고 문 대통령은 기회가 있을 때마다 피해자들과 국민들이 이 합의에 납득하지 못하고 있다는 이유를 들어 합의에 대한 비판과 불만을 제기하였다. 문재인 정부 출범 후 설치된『위안부 합의 검토 Task Force』는 위안부 합의가 절차적으로도 내용적으로도 잘못되었다는 결론을 내렸고 이 결론에 따라 정부는 한일합의에 의해 설립된 화해치유재단에 대해 결국 일방적 해산조치를 내렸다. 아베 정부는 이에 크게 반발하고 거듭된 항의를 했다. 아베 총리 개인 입장에서 보면 한국과의 우호협력관계를 유지하기 위해 일본 국내 우익, 보수 세력의 저항을 누르면서 한국과 어렵사리 타협했음에도 불구하고 신정부가 합의를 사실상 파기하려고 하는 것에 대해 배신감과 분노를 품게 되었다. 이는 아베 정부의 대한국 불신을 강화하는 요소로 작용하였다.

설상가상으로 2021년 1월 8일 서울지방법원은 위안부 소송에서 일본 정부에게 1억 원의 배상을 명령하는 원고 승소 판결을 내렸다. 이에 대해 일본 정부는 국제법 관행상 인정되는 주권면제를 무시한 판결이라고 반발하며 징용판결과 더불어 위안부 판결이 국제법 위반이라고 한국 정부를 비난하고 있다. 법원의 판결에도 불구하고 배상을 이행하기 위해 대사관 등 일본 공부의 공기관에 대한 압류나 강제집행으로 직결될 가능성은 크지 않을 것이다. 재판의 변호인도 판결과 강제집행은 별개의 사안이라고 발언하였고 한국 정부도 일본 정부에게 배상을 요구하기보다는 위안부 합의의 틀 속에서 배상 판결을 이행하는 방안을 강구하는 듯하다.

한국 정부는 배상판결 직후 일본에 대해 진정한 사죄를 요구하면서도 "위안부 합의를 상기한다"고 논평하였고 문 대통령도 기자회견에서 판결이 곤혹스럽다며 위안부 합의가 양국 정부 간의 공식적인 합의였다는 사실을 인정한다"고 발언하였다. 이렇게 볼 때 한국 정부는 배상판결에도 불구하고 위안부 배상문제를 일본에 제기하기보다는 위안부 합의의 틀에 입각하여 위안부 문제를 해결하는 방향으로 입장을 선회한 것으로 판단된다. 위안부 합의 후 일본 정부가 출연한 110억 원 중 약 56억 원이 미집행 상태로 남아있으므로 위안부 배상 문제는 미 잔여금 범위 내에서 처리될 수 있을 것이다.

둘째는 징용 문제를 둘러싼 갈등이다. 징용 문제는 당분간 한일관계의 악화를 심화, 확대 재생산시킬 수 있는 최대 악재로 볼 수 있다. 일본 정부나 기업은 대법원의 판결에도 불구하고 배상금을 지불할 의도가 없고 대법원 판결이 한일 청구권 협정의 위반이라고 해석하고 있다. 따라서 한국 투자 일본 기업의 자산에 대한 압류조치 등 강제집행 과정에 대해 크게 반발하며 이에 대한 대항조치를 강구해야 한다는 강경한 입장을 견지하고 있다.

한편 한국 정부는 대법원의 재판이 민사재판이므로 정부가 관여하는 데 한계가 있으며 3권 분립 원칙하에 대법원이 내린 결정에 정부가 개입하는 데는 한계가 있으므로 일본 기업은 배상에 응해야 한다는 원칙적 입장을 견지하고 있다. 다만 2019년 6월 19일 한국 정부는 한국의 청구권 수혜기업과 일 측의 징용기업이 자발적 출연에 의한 자금으로 대법원 판결에 따른 배상의무를 이행한다는 것을 전제로 한일 정부 간 협의를 개시하자는 제안을 했다. 그러나 일본 측은 즉각적으로 이를 거부했다. 이후 한일 정부 간 협의는 재개되지 못한 채 대립이 답보상태를 유지하고 있는 상황이다.

징용 문제를 둘러싼 갈등은 장기적으로 지속될 가능성이 클 뿐만 아니라 한일관계를 대결 국면으로 끌어갈 최대의 악재임에도 양국의 협상에 의해 문제가 해결될 가능성이 별로 크지 않다는 점이 우려된다. 법원에서는 일본 기업의 자산에 대한 강제집행 조치가 진행되고 있는 가운데 일본은 일본 기업의 자산이 매각되어 현금화된다면 보복조치를 강구하겠다고 다짐하고 있는 형편이다. 법원에서 자산을 매각하여 현금화하여 피해자에 대한 배상 조치가 취해지면 한일관계는 루비콘 강을 건너게 된다고 비유할 정도로 현금화는 한일 간의 가장 예민한 이슈가 되고 있다. 그런 의미에서 징용 문제 해결 없이 한일관계 개선은 사실상 어려울 것으로 생각된다.

셋째는 바다에서 벌어진 해군 갈등이다. 2018년 말 징용 재판과 더불어 한일관계를 악화시킨 또 하나의 악재는 제주 관함식 욱일기 파동과 일본 초계기 화기관제 레이더 사건이라고 할 수 있다. 제주 관함식에 욱일기를 게양한 해상자위대의 참가가 우리 당국에 의해 거절되자 일본 측은 크게 반발하였다. 과거 유사한 행사참가에는 욱일기가 문제되지 않다가 갑작스런 거절 의사 표명에 일본 측은 큰 불만을 표출했다. 한국 측은 국내 정서 및 여론을 고려할 때 욱일기를 단 자위대 함정의 입항은 곤란하다는 입장을 전달했고 일본은 관함식에 불참했다.

또 하나는 레이더 갈등 사건이다. 동해 해상에서 조난중인 북한선적을 구조하기 위해 출동한 한국 구축함과 일본 초계기가 근접하는 상황에서 한국이 사격관제 레이더를 조준했다고 주장하는 일본과 한국 구축함에 일본 초계기가 근접비행 함으로써 위협을 가했다는 한국 측 주장이 팽팽하게 맞서는 갈등이 지속되었다. 한국 국방부와 일본 방위성은 몇 차례에 걸쳐 보도문 발표와 기자회견을 통해 자신의 입장을 주장함과 동시에 상대방의 입장을 반박하는 이례적인 상황이 몇 달째 이어졌다.

실제로 청와대의 인식은 일본 측이 우리 해군이 사격관제 레이더를 조준하지 않았음에도 불구하고 일본이 국내 정치적 이용 목적으로 자기주장을 반복하고 있다는 것이고 반면 일본 총리 관저는 한국 측이 레이더 조사를 했음에도 그 사실을 부인하고 있다는 인식이 존재한다. 사실상 한일 양국 해군 사이에 발생한 해프닝적인 사고임에도 불구하고 정치적 대립으로 비화되었다는 것은 매우 특이한 일이다. 더욱이 한국 해군과 일본 해상자위대 간의 교류와 협력의 경위를 생각할 때 이 사태는 예외적인 것으로 해석된다.

이 사태는 한일관계 악화가 원인이라기보다는 오히려 악화의 결과로 발생한 것으로 해석하는 것이 타당할 것이다. 즉, 한일 정부 간 불신이 최고조에 달해 있기 때문에 발생한 해프닝적인 사고라고 할 수 있다. 당국 간 진지한 실무 대화가 있다면 얼마든지 단기적으로 수습할 수 있는 일임에도 최고 지도부 간의 외교적 대립 사안으로 장기화되었다는 것 자체가 매우 이례적이다.

넷째, 대북정책을 둘러싼 온도 차이다. 문재인 정부는 출범 후부터 대북정책을 대화와 협력의 방향에서 추진하였고 마침내 세 차례의 역사적인 남북정상회담을 개최하였다. 더 나아가 세 차례의 북미 정상회담을 견인하는 획기적인 대북 이니셔티브를 지속적으로 발휘했다. 이러한 과정에서 일본은 소외되거나 무시되는 상황이 이어져 왔다. 이는 '재팬 패싱론'이라고 일컬어지고 있다.

한편 아베정부는 문재인 정부의 대북접근과 비핵화 협상을 한편으로 평가하면서도 다른 한편으로는 북한체제와 북핵 문제에 대한 깊은 불신을 지니고 있어 문재인 대통령의 대북정책을 너무 순진한 것으로 보는 회의적인 시각을 가지고 있다. 북한 핵-미사일 문제의 해결이라는 공통의 목표를 가지고 있음에도 불구하고 한국과 일본은 대북 접근에 대한 온도차를 여전히 보이고 있으며 대북정책의 수단과 방법에 있어서 크나큰 차이를 보이고 있다.

북한 핵문제를 풀기 위해서는 한국은 북미, 남북한 간의 대화와 협상을 우선하고 있고 일본은 제재와 압박을 통해 북한을 변화시키는 쪽에 더 큰 비중을 두고 있다. 이러한 입장 차이는 또 한편으로는 한국이 민족 문제로서의 북한문제와 북핵 문제를 동시에 안고 있는데 반해 일본은 안보문제와 납치문제, 전후처리 문제라는 시각으로만 북한을 바라보는데서 오는 차이이기도 할 것이다.

(3) 한일관계 악화의 구조적 배경

2010년을 전후하여 한일관계를 규정하는 국제정치적 요소에 커다란 변화가 도래하고 있다. 물론 이러한 변화는 수년 동안 급격하게 단기적으로 진행되었다기보다는 냉전체제의 붕괴 이래 1990년대부터 장기적인 시간 축 속에서 지속되어 온 추세적인 변화로도 볼 수 있다. 21세기 들어 동아시아 국제질서는 바야흐로 미중 양강 구도로 급속도로 재편되고 있다. 즉, 21세기 동북아 국제질서는 상대적인 힘의 저하 속에서도 여전히 초강대국의 지위를 유지하고 있는 미국과 강대국으로 대두하는 있는 중국, 양국 중심으로 새롭게 형성되고 있다. 한일관계를 이완시키는 구조적 배경은 네 가지이다.

첫째, 냉전 종식이후 한일관계의 갈등은 오히려 증폭되었다. 냉전 시기 한일 간의 결속을 강화시켰던 요인은 미국의 동아시아 전략 하에서의 반공 연대였다. 미국은 냉전 체제 하에서 한국과 일본의 긴밀한 협력을 기반으로 하여 대 공산권 봉쇄전략을 추진해왔다. 이러한 국제정세 하에서 한일 간의 독도 및 역사인식을 둘러싼 갈등은 잠복될 수밖에 없었다. 그러나 냉전체제의 붕괴로 그 동안 잠재되어 있던 민족주의적 갈등 요소는 여과 없이 표면으로 분출하게 되었다.

2010년을 전후로 하여 동북아시아의 국제질서는 지각 변동을 맞이하게 되었다. 중국의 강대국으로서의 급부상과 일본의 상대적 힘의 쇠퇴 그리고 중견국으로서 한국의 등장이 그것이다. 동아시아에서 미중 양강 구도의 등장은 한일관계의 성격 변화에도 큰 영향을 미치게 되었다. 2012년 이후 격심한 한일, 중일 간의 대립과 마찰이 벌어진 것은 동아시아의 세력전이 현상과 더불어 한국과 중국의 정권교체가 동시 진행하면서 나타난 세력균형의 유동화 때문이라고 할 수 있다.

둘째, 한일 양국 관계의 측면에서 보면 한일 간에는 정치인, 경제인의 인적 채널 및 네트워크에서 급격한 변화가 초래되었다. 이러한 현상은 90년대 이후 양국의 잦은 정권 변동과 정치인의 세대교체에 의해 더욱 심화되었다. 특히 한국의 권위주의 정권하에서 형성 유지되어 왔던 정치인 간의 비공식 인맥관계는 단절되었다. 1965년 국교 수립 후 한일 정치인 간에는 수많은 공식, 비공식적 채널이 잦은 회합이나 긴밀한 의견 교환을 통해 민감한 정치 현안이나 갈등 사안은 막후에서 조정, 타협되는 경우가 많았다. 이러한 인적 네트워크는 점차 약화되었고 2000년대 이후에는 더 이상 작동하지 않게 되었거나 그 의미를 상실하였다. 정치인 간의 교류나 접촉기회가 상대적으로 줄어들었을 뿐 아니라 갈등 발생 시 문제해결 능력은 급격하게 떨어졌다. 한일관계는 더 이상 특수한 관계가 아닌 보통의 양자관계로 변화되었고 양국 간 현안은 한일의 정치, 경제 엘리트가 더 이상 조정할 수 있는 수준을 넘게 되었다. 반면 시민사회, 지방자치체, 기업 차원의 교류는 폭발적으로 증대했다. 이처럼 한일관계가 어떤 의미에서 보통의 관계로 변화되면서 갈등을 수습하고 완화시켜 줄 수 있는 정치적 메커니즘은 더 이상 작동하지 않게 되었다.

셋째, 한일 간의 양자관계가 수직적인 관계에서 수평적인 관계로 점차 이동하고 있다는 점 또한 양국 관계를 이완시키는 요소가 되고 있다. 1960년대 이래 한국은 지속적인 고도성장으로 마침내 선진경제로 도약했으며 한편으로 80년대 후반 이래 정치사회적 민주화의 성과도 착실하게 달성하였다. 1990년대 한국의 OECD가입은 한국이 선진국의 일원으로 진입했음을 상징적으로 보여주었다. 한국이 비교적 단시일 내에 정치적 민주화와 경제성장을 동시에 이룩함에 따라 국민들은 국력신장을 바탕으로 보다 당당한 외교를 요구하는 목소리가 강화되었다. 권위주의 정권이 한국을 지배하던 시대만 하더라도 한일 간의 역사문제가 뜨거운 외교 쟁점으로 등장하는 일은 상대적으로 많지 않았던 반면, 국력신장과 민주화가 동시 진행되면서 대일 자세는 큰 변화를 겪게 되었다. 민주화 이후 한국 정부는 폭발적으로 표출되는 국민들의 대일 감정을 적극적으로 옹호하거나 경우에 따라서는 국민의 대일감정을 활용한 강성 대일 정책을 추진하게 되었다. 특히 민주화와 정치권의 세대교체에 따라 영향력이 강화된 한국의 젊은 세대는 인터넷 매체를 통해 강렬한 민족주의적 정서를 표출하며 대일 정책에 있어서 강경 여론을 주도하고 있다고 해도 과언이 아니다.

넷째, 일본 국내적 요인도 간과할 수 없다. 90년대 후반 이후 일본의 정치적 지형은 보수우경화가 날로 강화되어온 것으로 파악된다. 일본에서는 이제 평화헌법 개정론이 대세로 자리 잡고 있으며 자위대의 보통 군대화 움직임 또한 당연한 변화로 인식되고 있다. 수상 및 각료의 야스쿠니 참배에 대한 비판 움직임도 상당히 무뎌졌다. 국민의 역사인식도 2000년대 이후 점차 보수적인 방향으로 회귀하고 있는 것이 일본의 현 주소다. 이러한 경향은 한마디로 평화국가로부터 군사적 보통국가로의 탈바꿈이라고 할 수 있는데 일본국민은 큰 저항 없이 이를 받아들이고 있다.

일본의 국가주의화 경향은 정계의 세대교체에 크게 영향을 받았다. 전후세대 정치인들은 미일 동맹 중심의 강성 외교 안보 정책의 추진을 주도하고 있으며 이 과정에서 한국, 중국 등에 대한 근린 외교의 비중이 약화되었다. 이러한 상황에서 독도문제나 역사마찰로 인한 한일관계 악화는 이들에게 심각한 외교 현안이 되지 못한다. 전후세대 일본인들은 역사의 속박으로부터 자유로우며 일반적으로 과거 식민통치와 아시아 침략역사에 대한 속죄의식을 지니고 있지 않다. 따라서 영토문제나 역사인식 문제에 대해 거침없는 발언과 행동을 취하는 경향이 농후하다.

이러한 경향은 2009년 민주당 집권기 잠시 주춤했으나 2012년 아베 정권의 등장으로 말미암아 정점에 달한 느낌이다. 아베가 이끄는 자민당은 두 번의 중의원 선거와 세 번의 참의원 선거에서 압도적인 승리를 거두며 일본정계를 사실상 총 보수화 일색으로 변화시켰다고 해도 과언은 아닐 것이다. 일본의 국가주의화 경향에 대해 견제 역할을 담당했던 이른바 진보—리버럴 세력은 고령화, 약체화되었고 야당은 지리멸렬하였다. 게다가 정계의 이러한 보수화 추세에 대해 일정한 비판과 자정기능을 수행해 왔던 시민사회 세력도 상대적으로 크게 약화되었다.

(4) 한일관계 악화의 직접적 원인

2012년 이래 한일관계는 급속히 악화되었는데 그 원인은 한마디로 말하자면 양국 지도층 간의 소통 부재와 양국의 미디어 보도를 경유하여 나타난 국민 레벨의 극단적인 상호인식의 확산에서 찾을 수 있다. 말하자면 한일관계의 극단적인 악화는 존재론적인 차원의 문제라기보다는 인식론적인 차원에서 발생하고 있는 것이다. 더욱 우려되는 것은 지나치게 단순화된 인식론의 횡행 속에서 양국의 외교정책에서 핵심적으로 중요한 전략적인 관점이 무시되거나 전략적인 사고의 영역이 점차 설 땅을 잃어가고 있다는 점이다.

① 한일의 어긋난 상호인식

한국 국민은 한마디로 아베 총리가 통치하는 일본이 위험한 우경화의 길로 치닫고 있다고 인식하고 있다. 아베는 2012년 말 자민당 총재 경선 과정에서 일본군 위안부와 관련된 고노담화 철회 가능성을 언급하였고 무라야마 담화를 수정하여 새로운 역사 담화를 내놓겠다고 발언하였다. 이와 더불어 그는 일본의 전후 정치에서 조심스럽게 다뤄져 왔던 헌법개정, 안보정책의 전환을 주장하며 이른바 전후 체제로부터의 탈각을 시도하는 일련의 정책을 추진했다. 이에 대해 한국의 미디어는 일제히 아베 정권 등장 자체를 매우 위험한 징조로 받아들이는 한편 아베 총리가 이끄는 일본이 과거 군국주의로 회귀하는 것이 아닌가 하는 위기감을 부추기는 보도를 하였다.

이러한 한국의 대일인식의 배경에는 식민통치의 기억이 큰 부분을 차지하고 있어 편견과 선입견이 앞서게 되는 측면이 존재한다. 한국의 일본인식에는 아베 총리의 정치적인 유전인자를 우익적인 것으로 지나치게 단순화하여 파악하고 있다. 이를 바탕으로 한국에서는 아베 총리가 주도하는 역사관련 행보, 평화헌법 개정 움직임, 안보정책의 전환 시도 그리고 영토정책을 우경화라는 프리즘을 통해 하나의 위험한 패키지로 보는 경향이 농후하게 나타나고 있다.

한편, 일본의 한국인식에도 지나친 단순화와 객관성의 결여라는 문제가 존재한다. 일본의 한국인식이 최근 급속하게 부정적으로 기울게 된 데에는 2012년 여름 이명박 대통령의 전격적인 독도 방문과 천황 사죄 발언 그리고 일본의 국제적 위상에 대한 저평가 발언이 결정적인 계기로 작용했다. 이와 더불어 헌법재판소의 일본군 위안부 청구권 소멸에 대한 위헌 판결(2011년 8월), 대법원의 징용판결(2012년 5월, 2018년 10월) 이후 대일 배상 보상 요구가 한국 국내에서 표면화되면서 일본 사회에서는 한국피로(사죄피로) 현상 내지 혐한 분위기가 강화되었다. 그 이면에는 최근 한국이 경제, 산업, 문화, 스포츠 등 몇몇 분야에서 일본의 강력한 경쟁 또는 경합 상대로 등장하게 됨에 따라 과거 수직적이었던 양국 관계가 수평적인 것으로 바뀐 것에 대한 인식의 부적응 상태가 존재한다고 할 수 있다. 일본 사회에는 바야흐로 중견국 한국의 대두를 막연하게 두려워하고 불편하게 느끼는 정서가 서서히 표면화되고 있다고 할 수 있다.

일본의 부정적 한국 인식에서 또 하나의 중요한 부분을 차지하는 것은 한국의 대중 접근이다. 물론 박근혜 대통령의 사드배치 결정이후 전개된 한중 관계의 갈등 덕택에 이른바 일본 내의 '중국경사론'은 희석되고 있다. 2010년대 이후 일본의 대중 인식은 한 마디로 중국 위협론으로 자리 잡고 있다고 할 수 있다. 센카쿠를 둘러싼 중일갈등이 첨예화하고 있는 가운데 많은 일본인들은 중국을 위협과 경계의 대상으로 바라보고 있다.

중국은 표면적으로 보기에는 고도 경제성장과 정치군사 대국화를 달성했지만 그 내면에는 사회경제적 격차, 정치적 독재와 부정부패, 민족문제, 버블경제 등 많은 모순과 문제점을 안고 있는데 한국은 그러한 중국을 잘 모르고 순진하게 대할 뿐만 아니라, 나아가 역사문제 등에서 일종의 반일 연대를 추진하고 있다는 인식이 확산되었다. 이것이 일본의 혐한 정서를 부채질하고 있는 것이다. 이와 같이 최근 극단적인 경향으로 치닫고 있는 양국 간의 상호 인식은 상당 부분 상대국에 대한 오해와 편견을 기반으로 하고 있음을 알 수 있다. 이러한 양국의 뒤틀린 상호 인식이 수그러들지 않고 시간이 경과하면서 더욱 악순환의 길을 걷고 있다는 점이 심각하다.

② 리더십 요인

한일 정상 간에는 제대로 된 공식 정상회담은 2011년 이명박-노다 회담 이래 10년간 개최되지 못하고 있다. 두말할 것도 없이 위안부, 징용자 피해 문제, 독도 문제 등 역사문제, 영토 문제로 한일관계가 갈등과 마찰을 거듭했기 때문에 정상회담 개최가 외면되고 회피 되었다고 할 수 있다. 현대 외교에 있어 정상회담이 갖는 중요성은 말할 나위도 없지만 한일관계사의 경위에 비추어볼 때 양국 관계에서 정상회담이 지닌 역할과 비중은 아무리 강조해도 지나침이 없다고 할 것이다. 양국 관계가 악화되어 정상회담 개최가 어려운 측면도 있지만 정상 간의 대면이 이뤄지지 못하기 때문에 더더욱 한일관계 악화가 확대 심화되고 있는 면도 존재한다고 말할 수 있다.

최근에는 한일 양 정상 간의 신뢰와 대화도 매우 부족한 편이다. 사실상 정상 간 진지한 대화 채널은 두절된 상태로 보인다. 청와대와 총리관저 사이의 대화 파이프는 사실상 가동하지 못하는 상태이다. 외교 당국 간의 전략적 소통 파이프도 예전에 비해 훨씬 부족한 상태라고 할 수 있다. 최고 지도부 간의 관계가 소홀해지면서 당국 간 대화 채널도 약화되었다고 할 수 있다.

문재인 대통령의 취임 후 한일 정상의 첫 대면이 2017년 7월초 함부르크에서 개최된 G20 회의에서 성사된 이래 블라디보스토크 동방포럼, ASEAN+3 회의, 동아시아정상회의(EAS), APEC 정상회의 등에서 이뤄졌다. 2018년 들어서도 평창올림픽 개회식, 한중일 정상회담 등의 다자무대에서 몇 차례 양 정상의 만남이 이어졌다. 더불어 정상 간 전화회담은 중요한 계기가 있을 때마다 수시로 이뤄져왔으며 정상이 주도하는 특사 외교 또한 일상화되었다고 할 수 있다. 그러나 2018년 10월 이후에는 한일 정상 간의 만남은 단절된 상태이다. 징용판결 이후 양 정상은 다자회담 석상에서도 만남을 회피하고 있다.

한국의 정치 일정상 문재인 정권 말기로 접어들게 되어 예상되는 지지율 저하 및 레임덕 현상으로 대일 외교에서의 리더십 발휘에 어려움이 가중될 것으로 보인다. 한편, 스가 총리는 자민당 내 소수파 출신의 지도자로 올해 중에 자민당 총재선거와 총선을 앞두고 있어 한국과의 관계 개선에 적극적으로 나서지 못하고 있다. 2018년 문재인 정부로서는 이러한 환경변화에 전략적으로 대응하기 위해서라도 일본과의 정상회담을 통해 대일관계 복원을 꾀할 필요가 있다.

③ 양국의 전략적 중점의 차이

한일은 상대방에 대한 전략적 중요성 내지 비중을 과거에 비해 훨씬 낮게 평가하고 있음이 확인된다. 가령 무역의존도만 보더라도 일본은 한국에게 무역상대국 5위 국가이고 한국은 일본에게 3위 국가가 되었다. 한국 정부의 수뇌부는 한반도 평화 프로세스에 아베 정부가 건설적 기여는커녕 오히려 심지어는 방해 세력이 되고 있다는 인식을 지닌 것으로 추정된다. 문재인 정부는 한반도 신경제, 신남방, 신북방 정책으로 대외전략의 중점을 이동시키고 있다. 즉 공간적으로 한반도의 남북으로 외교적 외연을 확장하면서 일본에 대해서는 상대적으로 경시하는 전략을 추구하고 있는 것으로 보인다.

한편 아베 정부 등장 이후 일본의 한국에 대한 전략 및 인식도 역시 크게 변화하고 있다. 아베정부는 인도 태평양 전략 구상을 주창하면서 대미동맹을 핵심으로 하는 중국 포위망 구축을 추구하고 있으며 호주, 인도,

동남아시아 등 태평양-인도양의 주요 국가 간 전략적 연대 강화에 힘을 쏟고 있다. 이러한 과정에서 한국의 전략적 중요성은 상대적으로 하락하였고 한국은 이제 일본의 대외 전략에서 애매한 위치가 되고 있다. 일본은 미국-호주-인도-동남아 지역을 잇는 이른바 해양국가 동맹 구축을 핵심적 전략으로 추구하고 있다. 스가 정부로 교체된 후에도 이러한 외교 노선은 그대로 답습되고 있다.

『외교청서』, 『방위정책의 대강』 등 일본 정부의 정책문서에서 한국에 대해 "자유민주주의, 시장경제의 가치와 규범을 공유하는 나라", "전략적인 협력이 필요한 근린국가"라는 기술은 점차 희미해지거나 삭제되고 있는 경향이 나타나고 있다. 일본 내 보수우파의 담론에서 한국은 '신 에치슨 라인' 밖에 존재한다는 식의 논법도 자주 등장하고 있는 것이 현실이다.

4. 대일 관계 어떻게 풀어갈 것인가?

(1) 대일외교의 중요성

한국은 대일 관계를 재구축하기 위한 전략을 가다듬는 것을 더이상 미뤄서는 안 될 것이다. 먼저 대일외교 재구축을 위해 한일관계가 지니는 전략적 중요성에 대해 생각해 볼 필요가 있다. 한일관계는 한국의 입장에서 볼 때 단순한 양자관계를 넘어 한국 외교의 기축이라고 할 수 있는 한미동맹의 숨은 코드와도 같은 존재로 사실상 한미일 협력체제와 깊이 연동되어 있음에 유의할 필요가 있다. 그러한 의미에서 대일관계는 한국의 글로벌, 지역차원의 전략외교 추진에서 매우 중요한 비중을 가지고 있다. 즉, 도쿄 축을 활용한 대미외교, 대중외교, 대러 외교를 구상하는 상상력이 요구된다고 하겠다.

한일관계는 동북아에서 한·미·일, 한·중·일, 한·러·일 등 소다자주의 협력 체제를 가동하고 탄력적이고 유연한 외교를 구사하는데 매우 중요한 외교 자산이라는 점도 간과해서는 안 된다. 과거사 문제에 대한 과도한 집착으로 대일관계의 운신 폭을 스스로 묶어놓고 대일외교의 선택 폭을 좁히는 것은 외교의 패착이라고 할 수 있다. 한일협력을 기반으로 하는 동아시아 지역외교, 글로벌 외교는 의외로 한국 외교의 열린 전략적 공간이라고 볼 수 있다. 그런 의미에서 보면 대일외교의 전략적 공간은 상대적으로 넓고, 대미, 대중, 대러, 대북 정책에서의 활용도는 상당히 높다고 여겨진다. 한일관계가 개선되고 일본과의 전략적 협력이 추진된다면 한일관계는 북일 관계, 북미 관계, 남북관계를 개선시키고 궁극적으로는 동북아의 평화와 안정에 공헌하는 역할을 담당할 수 있을 것이다. 일본은 한반도 평화의 훼방꾼으로 간주할 게 아니라 도쿄 축을 오히려 평양, 워싱턴, 베이징을 움직이는 레버리지로 활용하겠다는 발상의 전환이 필요하다.

중장기적인 관점에서 볼 때 미중 양강 구도로 펼쳐지는 동북아 질서 속에서 한일은 다층적이고 다차원적인 협력을 추진하는 방향으로 나가는 것이 바람직한 방향이다. 냉전시대 서유럽(독/불/폴란드) 국가들이 미소가 이념적, 군사적 대립을 벌이는 동안 스스로 전쟁과 대립의 역사를 화해로 극복하고 유럽을 평화와 번영의 공동체로 만들어간 역사적 과정은 미중 양강 구도에 끼어있는 한일관계의 미래비전을 생각하는데 많은 시사점을 제공하고 있다.

한국, 일본, 동남아, 인도, 호주 등 아태지역의 대부분 국가는 안보 면에서는 미국에, 시장 측면에서는 중국에 의존하고 있다는 공통점이 존재한다. 이들 국가 간 수평적 공조 협력관계의 구축은 중요한 외교적 과제이며 한일관계는 이러한 중간지대 협력을 견인할 수 있는 기반이 되는 양자관계이다. 북핵 문제 및 북한 문제 해결과 장기적 통일외교의 국제적 기반 구축 차원에서도 대일 관계의 관리는 전략적으로 중요한 과제임을 깨달을 필요가 있다.

민주국가에서 국민여론은 중시되어야 하나 역으로 국민정서, 대중의 감정에 휩쓸리는 대일 과거사 외교의 함정에 빠져서는 안 된다는 점을 강조하고 싶다. 냉철한 국익의 계산과 철저한 전략적 사고로 대일 외교를 정립해야 하며 그 기반은 일본의 있는 그대로의 리얼리티를 제대로 읽는데서 출발해야 한다. 대일 외교의 이제까지의 경위를 보면 중요한 것은 『무엇을 해야 하나』가 아니고 『무엇을 하지 말아야 하나』일 수도 있다. 무엇보다도 국민감정에 편승하거나 국민정서를 고려한 행동을 감행하는 대일외교 행동의 유혹에 빠져서는 안 될 것이다.

(2) 갈등의 뇌관 징용 문제의 해법

징용 문제를 둘러싼 갈등은 장기화 될 가능성이 클 뿐만 아니라 한일관계를 대결 국면으로 끌어갈 최대의 악재이다. 사실상 징용 문제 해결 없이 한일관계 개선은 사실상 어렵다고 보인다. 현재 징용 재판의 피고 기업인 신일철 주금과 미쯔비시 중공업의 한국 내 자산에 대한 강제집행이 한국의 법원에서 진행 중이다. 대체로 현금화의 시기는 2020년 전반기로 알려지고 있다. 현금화는 곧 한일관계의 루비콘 강을 건너는 것으로 여겨지고 있다. 현금화가 실현되면 일본 정부의 한국에 대한 보복은 한 단계 업그레이드된 차원에서 더욱 거세질 것으로 예상된다. 일본 정부는 현재 취해진 수출규제 강화 조치 및 화이트 리스트 제외 외에 금융 보복 조치, 관세 보복, 비자 발급 제한, 송금 제한, 일본 내 한국 자산 일시 동결 조치 등의 보복 조치를 취할 가능성이 높다.

이렇게 되면 한국의 산업, 경제에 주는 타격과 피해는 막대하고 장기화될 것이며 한국 정부는 더욱 강경한 대항조치를 강구하게 될 것이고 이 역시 일본의 산업-경제에 주는 피해 확대로 이어질 것이다. 이른바 한일 간의 경제 전쟁이 현실화될 것으로 예상된다. 물론 피해의 한일 비대칭성에 유의해야 할 것이다. 기본적으로 일본은 내수경제, 한국은 대외 경제 의존도가 매우 높은 경제이므로 한국의 피해가 더 클 것으로 예상된다. 더불어 글로벌 서플라이 체인(제조업의 국제 공급 망, 산업의 국제 분업구조에도 교란 요인으로 작용하여 궁극적으로는 국제 경제 질서에도 적지 않은 악영향을 끼칠 것으로 예상된다.

현 단계 한일관계에서 요구되는 것은 더 이상의 사태 악화를 막고 현안 해결을 꾀할 수 있는 시간적 여유를 확보하는 것이다. 따라서 한일관계의 파국을 초래하는 시한폭탄과도 같은 존재인 강제집행 과정을 당분간 중단시킬 수 있는 잠정적 조치가 요구된다. 한국 정부가 피해자 그룹(징용재판 원고단)과의 조율을 통해 법원에서 진행되고 있는 강제집행 조치를 일시적으로 보류하는 방안을 탐색하는 것이 사태 해결의 단서가 될 수 있다. 이러한 잠정적 조치가 마련한 후, 일본과의 협상에 나서게 된다면 경제 보복 조치를 결과적으로 철회시킬 수 있을 것으로 예상되며 징용 문제 해결을 위한 정부 간 외교 협상도 개시될 수 있을 것으로 기대된다.

만약 법원에서의 압류된 일본 기업 자산의 현금화(매각) 과정을 보류하는 잠정조치가 취해지고 징용 문제 해결의 시한과 로드맵이 제시된다면 결국 일본은 경제 보복 조치도 철회의 수순을 밟게 될 것이고 그렇게 된다면 GSOMIA의 원상 복귀 결정도 자연스럽게 이뤄질 수 있다. 징용 문제 해결에 필요한 시간적 여유를 확보하게 된다면 국내적으로는 1) 외교협상을 통한 기금 구성에 의한 해결 2) 중재위원회 또는 국제사법재판소에의 공동 제소에 의한 사법적 해결 3) 배상포기와 피해자 국내 구제를 축으로 하는 정치적 결단에 의한 해결이라는 세 갈래 선택지를 놓고 각각의 장단점을 면밀히 검토하여 어느 쪽이든 최종적인 선택을 하도록 할 수 있을 것이다.

최종적인 결론에 이르는 과정에서 국민적 합의와 초당적인 지지를 획득하기 위해 정부는 해당 부처의 책임자와 민간 전문가로 이뤄지는 가칭 제2의 〈민관공동위원회〉를 구성하여 이 문제에 대처하도록 조치를 취하는 것이 바람직하다고 사료된다. 시간을 벌어서 어떻게든 징용 문제에 대한 해법을 찾아내는 것이야말로 경제 보복에 대한 정공법이며 가장 효과적인 대응책이 된다. 필자는 일본의 보복을 초래한 징용 재판 결과를 처리하는 데는 다음과 같은 세 가지 방안이 존재한다고 생각한다.

하나는 2019년 6월 19일 외교부가 제안한 한국기업+일본기업 출연 방식에 의한 위자료 지급 방안에 한국 정부의 역할을 더하여 2+1체제로 꾸려 보다 완성도가 높은 해결방안을 제시하고 일본과 협상을 벌이는 것이다. 이 경우 피해자 그룹과 국내 출연 기업과의 사전협의는 필수적이다. 기금이나 재단 방식으로 해결하려면 피해자 규모와 배상액이 어느 정도 가늠되지 않으면 안 된다. 이러한 일련의 험난한 과정을 진행하는 데 있어 우리 정부의 중심적인 역할을 매우 중요할 수밖에 없다. 징용 문제와 관련된 모든 이해 집단과의 종합적인 조율이 제대로 이뤄지지 않을 경우, 이 해법은 사상누각이 될 수 있다는 것이 최대 난점이다. 말하자면 이 해법이 불완전 연소로 끝나지 않기 위해서는 철저한 궁리와 더불어 치밀한 조율이 필요하다. 이 기금방식은 2019년 12월말 현재 문희상 국회의장 안으로 계승되어 국회에서 발의되었다. 문희상 안에 따르면 한국기업+일본기업+ 양 국민의 성금으로 기금을 조성하여 이 기금으로 징용 피해자에 대한 배상을 대위변제하는 것을 중심축으로 하고 있다. 즉, 일본 기업 및 국민성금으로 기금을 구성하는 것을 내용으로 하는 법률을 제정함으로써 징용 문제의 해결을 꾀하는 것이 그 요체이다.

두 번째 방안은 징용 문제의 사법적 해결을 꾀하는 것이다. 즉, 국제사법재판소(ICJ)에 한일이 공동 제소하는 것도 방책이 될 수 있다. 이 방안의 최대 장점은 현재 법원에서 진행 중인 강제집행 절차를 보류시키고 사실상 일본의 보복을 철회시킬 수 있는 효과적인 방안이 될 수 있다는 데 있다. ICJ에 공동 제소하기로 양국이 합의한다면 최종적인 결론이 나오기까지는 적어도 3~4년의 시간이 소요될 것으로 추정된다. 피해자의 구제 여부 및 방법에 초점을 맞추어 ICJ의 판결을 받아보는 것이야말로 합리적 해법이 될 수 있다. 양국의 최고법원은 징용 피해자의 구제라는 동일한 사안에 대해 완전히 다른 해결책을 제시하고 있다. 이 법리 해석상의 충돌 상황이 초래한 분쟁을 국제적으로 공신력 있는 유엔의 산하기관인 ICJ에 맡겨 3자적 판단을 받아보자는 것이다.

만약 징용 문제가 ICJ에 회부 된다면 아마도 그 최종 결과는 부분 승소, 부분 패소로 결론이 날 것으로 예상된다. 국가 간 합의로 피해자 개인의 권리를 소멸시키기는 어렵다는 것이 확립된 법리라는 점을 고려할 때 우리가 완패할 가능성은 별로 없어 보인다. 최후 결론이 나오기 전에 양국이 화해할 가능성은 물론 여전히 존재한다. ICJ에 회부하는 사법적 해결을 꾀할 경우 역설적으로 협상 가능성이 열릴 수 있다는 것이다.

세 번째 방안은 우리 정부가 식민 지배의 불법성을 재확인함과 동시에 일본에게는 사죄, 반성의 자세를 촉구하되 물질적 차원의 대일 배상요구 포기를 선언하는 것이다. 일체의 과거사와 관련한 금전 요구를 포기하고 피해자의 구제는 국내적으로 처리하겠다는 방침을 밝힘으로써 도덕적 우위에 선 대일외교를 펼치자는 것이다. 이 방식은 중국의 대일 전후처리 외교 방식이기도 하다. 또한 1993년 김영삼 대통령이 위안부 문제에 대한 대일외교 방침으로 선언한 것이기도 하다. 즉, 진상규명과 사죄반성 후세에 대한 교육의 책임을 일본에게 요구하고 피해자에 대한 금전적 보상은 우리 정부가 스스로 한다는 방침이다. 이는 한일관계의 국면을 극적으로 전환시키고 양 국민이 win-win 할 수 있는 해법이 될 수 있다.

대법원의 판결을 존중한다는 입장에서, 또 대법원 재판이 단지 민사적 성격의 재판이므로 정부는 개입할 수 없다는 형식논리를 내세우며 한국 내 일본 투자 기업에 대한 강제집행이 속속 진행되고 있는 현금의 사태를 그대로 방치해 둔다면 한일관계는 그야말로 최악의 충돌로 질주하게 될 것이다. 한일 양국이 강 대 강의 구도로 부딪히며 경제 전쟁을 치르게 될 경우 양국 모두에게 막대한 피해와 손실은 초래할 것은 명약관화하나 그 피해는 비대칭적인 형태로 발생하게 될 것이다. 현재 한일 간 고부가가치 산업에 필수적인 부품, 소재, 장비 등의 원천 기술의 격차는 여전히 크다는 것이 엄연한 현실이다.

(3) 수출규제와 GSOMIA

반도체, 디스플레이의 핵심 3부품에 대한 수출규제 강화 조치와 화이트리스트 국가에서 한국을 제외한 조치는 사실상 징용 재판에 대한 보복조치라고 할 수 있다. 즉, 위안부 합의 형해화, 징용 재판에 대한 한국 정부의 무책에 대한 아베 정부의 분노가 폭발함으로써 내려진 조치라고 볼 수 있다. 이는 일본 정부가 70년간 금과옥조처럼 지켜왔던 정경분리 규범을 위반한 것이며 매우 이례적 조치이며 사실상의 보복 조치이다.

이 조치는 아베와 아베 측근 경제산업성 마피아들의 합작품으로 볼 수 있다. 즉, 일본 정부의 각 성청 관료집단이 내린 합리적 의사결정이라고 보기 어렵다. 일본의 주요 미디어의 사설이나 오피니언 리더들은 경제 보복 조치에 대해 비판적 입장을 견지하였다. 따라서 이 조치에 대한 일본 국내 지지 기반이 강하다고는 볼 수 없을 것이다. 보복 조치는 한마디로 금수 조치라기보다는 일본 정부가 대한국 수출에서 재량권, 칼자루(수도꼭지)를 쥐고 흔들 수도 있다는 시그널을 보낸 것으로 읽힌다. 물론 일본 정부가 대한국 수출을 최대한 억제하는 재량권을 발동하게 되면 사실상 금수조치에 가까운 효과가 날 수도 있다. 이 조치는 자유공정무역 규범에 저촉될 뿐 아니라 일본이 70년간 스스로 지켜온 국책과도 모순된 것으로 국제사회의 지지를 받기 어려운 선택이며 그런 의미에서 일본 정부는 세계무역기구(WTO) 21조[8]를 원용하며 무역관리에 나서고 있다.

따라서 일본의 경제 보복 조치가 한국경제에 대한 공격 행위 또는 기술 패권 전쟁의 시작이라는 진단은 성급한 판단이며 한일 경제전쟁의 서막으로 보는 것도 거시적, 추상적 해석이라고 할 수 있다. 한국은 한일 갈등이 놓여있는 국제정치적 맥락, 동북아 국제관계의 문맥 속에서 사태를 세밀하게 진단하고 해법을 추구해야 할 것이다. 더 나아가 한국이 처한 국제정치적 상황과 우리가 추구할 전략적 우선순위를 고려하면서 이 사태에 대처해야 할 것이다. 필자의 생각으론 경제 보복에 대해 국산화가 궁극적인 해법이 될 수는 없다고 본다. 글로벌 공급 망, 제조업의 국제 분업 구조가 하루아침에 붕괴될 것으로 보는 것은 너무 성급한 판단이기 때문이다. 아직 국제경제 체재가 당장 중상주의로 회귀하는 건 아니라는 점에 유의하면서 대응책을 추구해야 할 것이다.

한국 정부는 일본의 경제 보복에 대한 대항조치의 일환으로 2019년 8월 22일 GSOMIA를 종료 선언을 발표하였으나 결국 3개월 후인 11월 23

일 일본과의 통상협상을 개시하는 것을 조건부로 원상복귀를 선언하였다. GSOMIA 종료 조치는 일본이 한국의 안보에 대한 불신을 이유로 경제 보복에 나선 것이므로 안보적 신뢰가 부족한 일본과 군사정보의 교류와 보호 협정을 유지한다는 것이 모순이라는 논리를 내세워 취한 것이다. GSOMIA 종료의 추가적인 이유로 김현종 NSC 차장이 설명한 것은 국민여론의 추이와 국가적 위신의 훼손이었다. GSOMIA는 매년 갱신되는 협약으로 그 시한이 11월 23일까지로 되어 있어서 종료선언을 철회할 경우 다시 연장될 수 있다는 점에 유의해야 한다.

GSOMIA는 한일 양국 간 정보교류와 보호를 약속한 협정이지만 성격적으로 보면 한미일 안보의 공조와 협력을 규정한 문서라고 할 수 있다. 따라서 GSOMIA의 파기는 미국의 동아시아 군사전략과 한미 동맹에도 적지 않은 악영향을 주는 협정이라는 점이 고려되어야 할 것이다. 애초 우리 정부가 GSOMIA 종료를 일시적으로 선언한 배경에는 미국이 일본의 경제 보복 조치 철회를 위한 중재나 거중 조정에 나서줄 것을 기대한 측면이 있음을 부정할 수 없다. 미국은 수차례에 걸쳐 GSOMIA 종료 선언에 대해 불만과 실망을 표하는 한편 한국 정부가 GSOMIA 협정에 원상 복귀해줄 것을 여러 채널을 통해 압력을 가해왔다. 한국의 경우 일본의 경제 보복 조치가 철회되는 과정을 밟게 된다면 종료시한 전에 다시금 GSOMIA에 복귀할 용의가 있다는 속내를 여러 차례 표명해 왔다.

(4) 한반도 평화프로세스와 일본 역할

한반도 평화프로세스를 추진함에 있어 한국은 일본의 건설적인 역할을 견인하여 일본이 북한의 비핵화, 한반도의 평화체제 구축에 적극적인 공헌과 기여를 할 수 있도록 유도할 필요가 있다. 일본은 북한에 대해 100억 불이상에 상당하는 청구권 자금을 지불할 의무를 지니고 있고 이 자금은 향후 북한의 사회간접자본을 재구축하는데 긴요하게 쓰일 수 있음을 고려할 필요가 있다. 아베 정부는 최근 들어 북한과의 조건 없는 정상회담 개최를 제안하는 등 대북 협상에 적극 나설 태세이다. 한국은 북일 협상을 측면 지원하고 북일 관계가 진전될 수 있도록 후원하는 것이 바람직하다. 한반도 평화프로세스와 북한의 비핵화에 긍정적인 기여를 할 수 있도록 하는 것은 한국의 대일정책 몫이다.

장기적으로 보면 북한 문제와 통일을 염두에 둔 일본과의 관계 재정립이야말로 한국이 고려해야 할 대일 외교의 핵심적 고려 요소이다. 중국의 급부상, 미국의 패권적 지위의 상대적 하락에도 불구하고 동아시아에서 일본이 지닌 위상과 역할은 결코 과소평가될 수 없다. 역사적으로나 지정학적, 지경학적 관점에서 볼 때 한반도 문제는 일본에 핵심적인 관심사였고 명치 이후 한반도는 일본의 안전보장에 치명적인 요소로 인식되어 왔다는 점을 고려할 때 우리의 통일 과정에서 일본 변수의 관리는 매우 중요한 과제가 될 수밖에 없다. 현재에도 일본은 북핵, 미사일 등 대량살상무기의 위협에 관해서 보면 한국과 더불어 최대 이해 당사국임에는 틀림없다.

장차 일본의 대북 청구권 자금은 북한지역의 경제재건 및 인프라 재구축 과정에 긴요하게 활용될 수 있음을(약 100억 불로 추산) 고려할 필요가 있고, 1965년 이후 한국의 산업화, 경제성장의 성공에 일본의 자본, 기술의 도입을 포함하는 경제협력이 커다란 역할을 한 것을 생각한다면 일본의 대북 청구권 자금(경제협력)은 북한 지역의 피폐한 인프라의 재구축 및 경제 재건 과정에서 가장 요긴하게 활용될 수 있는 자원이 될 것이고 장차 통일비용의 절감에 결정적인 역할을 담당할 것이다. 이렇게 볼 때 장차 일본의 대북 경제협력(ODA)은 한국과의 긴밀한 대화와 공조체제를 구축하여 진행하는 것이 바람직할 것이다. 장기적으로 한반도 통일 시나리오는 한국이 주도하는 자유민주주의, 시장경제, 인권과 법치가 보장되는 형태의 통일이고 그 과정이 평화적으로 이루어져야 한다는 점에 관해서 한일 양국의 이견이 있을 수 없다는 점도 고려해야 할 사항이다.

5. 21세기 한일관계의 미래 비전

거시적으로 볼 때 한일 양국이 맞이하고 21세기는 냉전 시기의 양극화나 탈냉전 시기의 다극화 시대가 아닌 복합화의 시대이다. 한일 양국이 동아시아 평화와 번영을 추구하기 위해 공동으로 복합 네트워크를 구축하는 것은 공생을 위한 전략적인 선택이다. 신시대 한일관계는 미중 양강 구도로 재편되는 동아시아 국제체제 속에서 양국이 기본적 가치와 규범의 공유를 기반으로 하여 전 분야에 걸쳐 모든 행위자가 전면적인 협력의 추구를 요구하고 있다.

즉, 21세기 한일관계는 미중 전략 경쟁 내지 신 냉전적 구조의 사이에 끼어 있는 양국 관계로 규정할 수 있다. 따라서 한일 양국은 자유민주주의와 시장경제 그리고 인권이라는 가치와 규범을 공유함과 동시에 전략적 이익을 공유하는 양자관계라고 할 수 있다. 따라서 동북아의 국제정치구도를 한반도와 4강 체제로 보는 구 시대적 패러다임은 용도 폐기되어야할 것이다. 바야흐로 21세기 한일관계는 지정학적으로는 미중 전략 경쟁내지 신 냉전적 구도 사이에 놓여 있음과 동시에 전략적 이익을 공유하기위한 협력을 추구해야 할 이국간 관계라고 볼 수 있다.

신시대 복합공생의 네트워크를 구축하기 위해 한일 양국은 과거의 역사를 직시하는 한편 향후 새로운 비전과 가치를 추구해 나가야 할 것이다.

첫째, 새로운 미래시대의 한일협력을 이루기 위해서는 양국은 미래지향적 자세로 임해야 하지만 또 한편으로 양국의 역사에 대한 공동의 인식기반의 확립을 위해 세심한 배려가 필요하다. 즉, 한일관계에서 과거와 미래는 불가분의 관계에 있다고 할 수 있다. 과거를 완전히 망각한 미래 설계도 있을 수 없고 과거에만 집착하는 미래 설계도 안 된다. 따라서 한일 신시대는 역사에 대한 직시와 깊은 성찰에서 출발하여 미래를 설계하는 것이 바람직하다.

둘째, 21세기에 펼쳐질 새로운 시대는 동아시아 국가 간의 관계를 국익 경쟁이나 세력균형의 전통적인 구도를 넘어서 보다 네트워크적인 세계정치의 시각에서 볼 것을 요구하고 있다. 한일 양국의 긴밀한 협력관계 구축은 기존의 한미일 관계를 강화함은 물론 한중일의 우호협력 관계와도 배치되거나 모순되지 않는 방향에서 모색되어야 한다. 한일 협력의 심화야말로 점차 도래하고 있는 미중의 본격적인 전략 경쟁 시대의 생존 전략일 수밖에 없다. 즉, 한일관계의 심화, 발전은 대미, 대중관계의 강화와 선순환 관계에 있고 배타적인 것으로 끌고 나가는 것이 중요하다.

셋째, 한일 신시대는 한일협력의 방향을 기존의 양자관계를 중심으로 한 사고에서 탈피하여 양자는 물론이고 한반도, 동아시아지역, 글로벌 영역에 걸친 한일 협력이 매우 중요하다. 한일 신시대는 공간적으로 한반도, 동아시아, 글로벌 질서를 총체적으로 조망하는 관점에서 추구되어야 한다. 미래의 한일관계는 과거에 비해 훨씬 확장된 공간에서 협력하지 않으면 안 된다. 한일 신시대의 협력은 한일 양국 관계는 물론이고 한반도 차원, 동아시아 지역차원, 글로벌 영역의 네 공간에 걸쳐서 광범위하게 이뤄져야 한다.[9]

미주

1) 전후 한일관계에 대한 분석 틀에 관한 기존 논의는 이하를 참고. 이원덕, 「구조전환기의 한일관계: 쟁점과 과제」, 장달중·오코노기 마사오, 『전후 한일관계의 전개』, 고려대학교 아세아문제연구소, 2005; 최상용·이원덕·이면우, 『탈냉전기 한일관계의 쟁점』, 집문당, 1998; Koh, Byung Chul, Between Discord And Cooperation: Japan and The Two Koreas, Yonsei University Press, 2007; 木宮正史, 「日韓関係の力学と展望: 冷戦期のダイナミズムと脱冷戦期における構造変容」, 金慶珠·李元徳 編『日韓の共通認識: 日本は韓国にとって何なのか?』, 東海大学出版会, 2007.

2) 한일관계에 영향을 미치는 구조적 요소 이외의 정치 리더십의 역할에 주목한 연구로는 김호섭, 「한일관계 형성에 있어서 정치 리더십의 역할」, 『일본연구논총』 Vol.29, 2009년 여름 참조.

3) 냉전시기 한일관계에 관한 대표적인 연구로는 Lee,Chong-Sik Japan and Korea: the Political Deimension(Stanford Hoover Institution Press, 1885); Cha, Victor, D.,Alignment Despite Antagonism: the United States-Korea-Japan Security Triangles, Stanford University Press, 1999.

4) 2010년 2분기(4~6월), 일본의 국내총생산(GDP)이 처음으로 중국에 역전돼 세계 2위 경제대국 자리를 중국에게 내줬다. 이는 일본이 1968년 독일(당시 서독)을 제치고 세계 2위에 오른 지 42년 만이다.

5) 앵거스 메디슨의 역사통계에 따르면 구매력 기준으로 보았을 때 1820년 당시에도 중국은 세계 GDP의 32.9%의 지분을 가지고 있었다고 추계하고 있다. 한편 2030년에는 중국이 23.8%의 지분을 갖게될 것으로 보고 있는 반면 일본은 3.6%만을 갖게 될 것으로 보고 있다. Angus Maddison, "Shares of the Rich and the Rest in the World Economy: Income Divergence Between Nations 1820~2030" Asian Economy Policy Review, 2008(3); 田中明彦 지음, 이원덕 역, 『포스트 크라이스의 세계』, 일조각, 2010, 76~79쪽.

6) 오코노기 마사오, 「한일관계의 새로운 지평: 체제마찰에서 의식공유로」, 장달중·오코노기 마사오, 『전후 한일관계의 전개』, 고려대학교 아세아문제연구소, 2005.

7) 한일회담에 관한 실증적 분석은 이원덕 『한일 과거사 처리의 원점』, 서울대출판부, 1996; 다카사키 소지(高崎宗司), 『検証 日韓会談』, 1996; 오타 오사무

(太田修),『日韓交渉請求権問題の研究』, 2003; 요시자와 후미토시(吉澤文壽),
『戰後日韓関係－国交正常化交渉をめぐって－』, 2005; 장박진,『식민지 관계
청산은 왜 이루어질 수 없었는가』, 2009 등의 연구에 의해 이뤄졌다.

8) 전략물자의 관리가 소홀할 경우 무역관리를 할 수 있다는 WTO의 예외 규정

9) 한일신시대의 미래비전에 관해서는 이원덕,「신시대 한일관계의 구축을 향하
여」, 하영선, 오코노기 마사오 엮음,『한일신시대와 공생복합 네트워크』, 한울,
2012, 30~31쪽 및 한일신시대 공동연구 프로젝트,『한일 신시대를 위한 제언:
공생을 위한 복합네트워크의 구축』, 한울, 2010, 10~13쪽 참조.

7

혐한과 한일관계의 미래

7

혐한과 한일관계의 미래

김호섭 | 중앙대학교 명예교수

1. 혐한의 내용

현대 일본 사회는 자유민주주의 사회로서 어떤 사물이나 개념에 대해서 다양한 의견이 있다. 한국이나 한국문화에 대해서도 일본인들은 개인적으로 혹은 집단적으로 다양한 의견을 피력하고 있다. 한국인의 행동 양식과 문화에 대해 이해하고 더 나아가서 적극적으로 호감을 표현하는 사람들이 있다. 다른 한편에서는 한국의 문화와 행동양식을 싫어하며 더 나아가서는 멸시와 경멸과 혐오를 보이는 사람들이 있다. 호감과 혐오가 한국문화와 사람들에 대한 일본 사회의 집단적 인식이라는 스펙트럼의 양 끝에 존재하며, 일반적인 사람들의 인식은 호감과 혐오가 각자의 개인적인 경험에 따라서 적당히 혼합되어 있다.

'혐한'이라는 개념은 한국 혹은 한일관계를 보는 일본 사회의 한 시각으로 비교적 최근에 일본 사회에서 활발하게 찬반의 입장이 논의되고 있다. 혐한은 한국을 혐오하거나 '혐오스러운 한국'을 줄인 말이다. 마이니

치신문 서울특파원을 역임한 사와다(澤田克己) 기자는 혐한으로 표현되는 행위에는 넓은 스펙트럼이 있어서 한국에 피로감을 느끼는 감정표현에서 부터 헤이트스피치까지 포함하여 폭넓게 사용된다고 한다. 헤이트적인 행 위에도 스펙트럼이 넓어서 SNS에 댓글을 다는 것에서부터 헤이트 단체에 가입하거나 반한 헤이트 데모에 참가하는 것까지 포함된다고 한다.[1] 한국 에 대한 부정적 이메지를 투영하는 것은 확실하다.

일본 토카이(東海)대학 김경주(金慶珠)교수는 한국을 싫어한다는 표현 을 위해서 '반한'이라는 단어를 사용하기보다는 '혐한'이라는 단어를 사용 하는 것에 관심을 둔다. 한국 사회의 반일감정은 일본에 대한 반발이라는 감정적인 방향성이 있으며, 일본이라는 존재가 기본적으로 전제되어 있 다. 식민지시대 지배국가로서의 일본에 대해서 혹은 한국 반도체 소재에 대한 수출규제 조치를 취한 일본에 대한 반발 등에는 일본이라는 존재를 전제로 한다. 한편, 혐오라는 감정은 생리적인 불쾌감 혹은 거부감을 의 미하며 불쾌감을 해소하기 위해서는 그 대상을 분리하고 무시하고 배제하 려는 감정이 있다고 해석한다. 혐한론이라는 단어에는 한국을 생리적으로 불쾌하게 생각하고 일본보다 열등한 국가 혹은 민족이라고 차별하고 결과 적으로 한국을 배제 혹은 한국과 국가 간 관계를 단절하고 싶은 감정에 근 거하는 주장까지를 포함한다고 지적한다.[2]

혐한이라는 단어가 일본 사회에서 공개적으로 널리 사용되어 서적의 제목으로까지 사용된 것은 2005년 7월 출판된 『만화혐한류(マンガ嫌韓 流)』였다. 이 책은 일본아마존에서 판매량 1위를 달성하였다. 그 내용은 한국의 반일행동을 비판하는 것으로 특히 만화라는 형식을 빌렸기 때문에 읽기 쉽고 메시지 전달이 단순하면서 강력하여 일반 대중에게 인기가 높 았다. 이 만화책은 한일 간 갈등의 소지가 되는 문제, 즉 독도 영유권 문

제, 한일 강제병합, 일본 교과서의 한반도 관련한 서술 문제 등에 관해서 한국 측의 주장을 비판하는 관점에서 구성 및 서술되었다. 이 만화책은 시리즈로 4권까지 출판되어 합계 약 100만 부가 판매되었다. 이 만화책이 일본 사회에서 관심을 크게 받고 특히 베스트셀러가 된 이후 혐한이라는 단어를 제목으로 사용한 서적이 대량으로 출판되어 일본 출판계에서는 '혐한 출판업'이라고 불릴 정도로 한국 비판 내용의 서적 출판이 유행하고 있다. 특히 2012년 8월 이명박 대통령이 독도를 방문하고 그 이후 일본 천황에 대해서 식민지 지배 관련하여 사과 요구 발언을 한 뒤로 서적의 판매량이 매우 많아졌다.

혐한이라는 단어가 제목에 들어간 서적은 판매량이 어느 정도 보장되어 수익이 나기 때문에 일본 출판업계에선 혐한을 테마로 한국의 여러 측면을 다르는 서적이 출판되고 있다. 혐한론 서적이 다루는 내용은 여러가지가 있으나 공통적으로는 한국의 반일운동에 대한 비판, 재일동포에 대한 일본 정부의 처우가 자국민보다 특권적으로 우월하다는 비판, 한국의 민족주의 행태에 대한 비판을 포함하고 있다. 최근 중국의 국력이 급성장한 뒤로는 한국이 중국 쪽으로 경제적, 외교적, 안보적으로 경사되고 있으며 이것은 일본의 국익에 정면으로 대립된다는 내용이 포함된다. 김경주 교수가 분류한 혐한론의 내용에는 다음과 같은 주요한 내용이 있다.

혐한론은 첫째, 한국인은 아무렇지 않게 거짓말을 하는 민족이라고 규정한다. 한국의 역사교육 특히 식민지 지배 시기 발생한 사건 등에 대해서 진실이 아닌 역사를 날조하여 교육하기 때문에 반일을 위해서라면 역사적 사실에 대해서 거짓말을 만들어 낸다고 한다. 둘째, 한국 사회 혹은 경제, 문화는 후진적이라는 것이다. 일본을 상대로 과거에 맺은 협정이나 약속 등을 한국의 국내 정치에서 정권이 바뀌면 일방적으로 파기하기 때문에 한국은 법치국가가 아니며 아직 후진성을 탈피하지 못해서 열등하다는 것이다. 상대적으로 말하면 일본이 우위에 서있다는 한국에 대한 차별적 시점을 갖고 있다. 셋째, 역사를 날조하는 등 아무렇지 않게 거짓말을 하며 열등한 한국은 결국 멸망하지 않을 수 없다는 것으로 '한국 멸망론' 혹은 '자멸론'을 주장한다. 김 교수에 의하면 혐한론자들은 한국이 멸망한다고 주장하며, 최근에는 반중 감정까지 섞어서 일본보다 중국과 밀접한 관계를 맺는 한국은 중국과 함께 멸망할 것이라고 주장한다.

혐한론이 주장하는 한국의 일본에 대한 민족주의 행태, 외교 행태, 경제적 이익의 추구 행태 등이 100퍼센트 사실무근이라고 볼 수는 없다. 특히 문재인 정부가 2015년 위안부 문제에 관한 한일 정부 간 합의문을 일방적으로 무시한다거나, 징용공 보상에 관해서 일본 기업에 책임이 있다는 한국 대법원 판결은 1965년 청구권 협정에 관한 한일 간 협정의 전제와 내용을 일방적으로 변경하는 법률 해석이기 때문에 일본 정부 혹은 국민 입장에서는 할 말이 없는 것은 아닐 것이다. 그러나, 혐한 테마 서적들에서 서술된 한국의 행동과 행태를 일본 혹은 일본 국민이 하고 있는 행동과 행태와 비교하면 과장되고 부정적 시각 일변도의 서술이 대부분이다. 특히, 중국인의 행동과 행태에 대해서 '혐중' 혹은 '반중'이라는 테마가 일본 사회에 공공연하게 유행한 경우는 거의 없으며, 일본인들이 '중국인 헤이트' 조직을 만들어서 혐중이나 반중 데모를 가두에서 벌이거나 혐중 테마가 서적으로 대량 출판되어 베스트셀러가 된 경우도 없었다. 일본 사회에서 유행하는 혐한이라는 개념은 일본인이 한국에 대해서 갖는 차별적 감정이다.

2. 혐한의 배경

혐한 현상이 나타난 배경은 국내정치, 국제정치, 한일관계 등 측면에서 찾을 수 있다. 첫째, 일본의 국내 정치적 요소로서 혐한 발생에는 역사수정주의의 대두가 영향을 미쳤다. 역사수정주의적 관점에서는 과거 태평양전쟁을 침략이 아니며 아시아 전체를 위해서 일본이 서구세력에 대항한 전쟁이라고 해석하며, 식민지 지배에 대해서는 한국의 근대화에 긍정적 역할을 하였으며 한반도가 피해를 입었다는 것을 인정하지 않는다. 종군위안부에 관해서는 매춘부에 불과하며 모집에 있어서 강제연행은 없었으며, 징용공에 있어서도 월급을 받은 노동자며 강제동원은 없었다고 주장한다. 역사 수정주의자들은 한반도 식민지 지배에 대해서 일본의 정치가들이 사과하는 것에도 반발한다.

1945년 패전과 미군정에 의한 군국주의 세력 숙청 이래 일본의 국내정치에서 형성된 주류 세력은 군국주의와 식민지 지배에 대한 사과와 반성을 주도하였다. 비주류로 있던 역사수정주의 세력은 특히 전후 50년을 총괄하는 1995년 이래 과거 침략과 식민지 지배에 관한 사과와 반성의 움직임을 규탄하는 한편, 군국주의 역사를 합리화하고 미화하는 정치적 세력으로 득세하고 있다.

1993년 위안부문제에 관한 고노(河野洋平) 관방장관은 일본군이 관여한 사실을 인정하고 그에 대해서 사과와 반성을 표현한 담화를 발표했다. 비자민당 출신 호소카와(細川護熙) 수상은 1993년 11월 한국을 방문하여 창씨개명 등 식민지 지배 당시 실시된 구체적 정책을 거론하면서 식민지 지배를 사과하였다. 전후 50년인 1995년을 계기로 사회당 출신 무라야마(村山富市) 수상은 태평양전쟁이 잘못된 전쟁였으며, 아시아 사람들에게 막대한 피해를 준 것과 한반도의 식민지 지배에 대해서 사과하는 내용을 담아서 내각 만장일치라는 절차를 거쳐서 담화를 발표했다. 1998년 김대중-오부치(小淵惠三) 선언에서는 일본 오부치 수상이 식민지 지배에 대해서 사과했다. 이러한 반성와 사과를 자학적이라고 비판하는 역사수정주의 세력이 1990년대 중반 이후 정치적으로 결집하기 시작했다.

2012년 12월부터 2020년 9월까지 집권한 아베(安倍晋三) 수상은 역사관 측면에서는 수정주의 세력으로부터 뒷받침을 받았다. 아베 수상은 취임한 직후 고노담화를 검증하겠다고 하였다. 고노담화에 표현된 "위안부의 자기의사에 반하여 이동되고 관리되었으며 일본군이 관여했다"는 기술에 관해서 검증하겠다는 것이었다. 그러나 검증과정을 거친 후 아베 수상 스스로 고노담화를 수정하지 않겠다고 명언함으로써 고노담화 검증 문제는 정치적으로 일단락되었으나, 한일 간 어렵게 타결되어 외교적으로 잠잠해져 가던 역사현안인 종군 위안부 문제가 다시 외교문제로 양국 간에 거론되기 시작했다. 일본 국내 정치에서 역사수정주의 세력이 득세한 상황 하에서 과거사 현안에 대해서 반복하여 사과와 반성을 요구하는 한국을 비판하는 분위기가 일본 사회에서 형성되어 혐한을 발생시켰다.

둘째, 일본인이 한국에 대해서 갖게 된 피해의식이 강하게 형성된 것이 혐한을 발생시키고 있다고 한다. 교토대학의 오구라(小倉紀藏) 교수에 의하면, 1990년대 이후 일본인에게 한국의 기업에 의해서 경제적으로 박탈되어 피해를 입는다는 인식이 생겼다고 한다. 90년대 초 이래 일본에서 경제불황이 지속되자 일본인 20대, 30대들은 취직이 어려운 이유로 한국 기업이 일본인의 일자리를 뺏었기 때문이라고 생각했다. 이후 일본의 가전산업이 매우 어려워지고 인력 감축으로 인해 언제 해고될지 모르는 사람들이 많이 생겨났다. 이러한 사람들은 삼성전자로 대표되는 한국 기업 때문에 일본 가전산업이 어려워졌다고 인식했다. 이로 인해 한국 기업이 싫고, 더 나아가 한국도 싫어하게 되었다는 것이다. 다른 예로서 원래 일본의 자동차 시장이었던 제3국에서 한국 자동차에 의해서 시장을 빼앗기는 경우에도, 설령 일본 기업이 망하지 않더라도 한국 기업에 대해 피해의식을 갖는 경우도 있다. 일본의 일반 서민들에게는 한국과 일본이 경제적으로 산업적으로 경쟁하고 있으며, 일본이 점점 밀리고 있다는 피해의식이 최근에는 점점 강하게 형성되어 이러한 인식이 혐한으로 연결된다고 본다.[3]

셋째, 보다 근본적인 원인으로 한일 간 진전되고 있는 국력전이 (Power Transition 혹은 Power Shift) 현상이 일본 내 혐한 움직임의 배경이 되었다. 즉 한국과 일본 간에 국력의 상대적 변화가 발생하여 상승된 국력을 배경으로 한국 측이 외교를 포함한 양국 간 기본 질서를 일방적으로 변화시키려고 하는 것에 대한 반감, 그리고 변화 움직임에 대한 대응에서 느낀 일본 자신의 무력감과 좌절감이 일본 내 혐한의 배경으로 지적된다.

국력전이 현상이란 시간의 흐름에 따라 변화하는 국력의 상대적 변화에 의해서 국가 간 갈등과 분쟁이 발생된다고 주장하는 국제정치 이론이다. 국제관계에서 강대국과 약소국 간 관계는 강대국이 주도하기 때문에 강대국에게 이익이 되도록 구성되며, 약소국은 불만을 갖는 구조로 설정된다. 국력은 장시간에 걸쳐 변한다는 것, 그 결과 생성된 국가 간 국력 차이의 가변성이 국력전이 이론의 핵심이다. 자국에게 불리하게 구성되어 기존의 관계에 대해서 불만을 가졌던 약소국은 국력이 강해짐에 따라 지금까지 강대국 위주로 설정된 양국 간 질서에 변화를 요구한다. 관계변화를 요구 받은 기존 강대국이 신흥 약소국의 요구를 거부하는 경우, 신흥 약소국이 강해진 국력을 배경으로 실력을 행사하면 양국 간 관계는 갈등과 분쟁을 겪게 되며 심한 경우 전쟁이 발생할 수 있다. 신흥약소국의 질서변화를 위한 실력행사에 대해서 기존 강대국이 응징하는 경우 응징이 성공하면 기존 질서가 유지된다. 그러나 기존 강대국의 응징에 대해서 신흥 약소국이 대항하고, 기존 강대국이 응징에 실패하면 기존 질서가 변화되며 신흥 약소국 위주의 질서로 재편된다. 기존의 질서 하에서 이익을 보며 편안함을 느꼈던 강대국은 변화를 거부하는 것이 일반적이지만 변화를 요구하는 신흥 약소국을 응징할 국력이 없다면 스스로에 대해서 무력감과 좌절감을 느낄 것이다.

이 같은 국력전이 현상으로 한국과 일본 관계에 적용하여 일본의 혐한 현상을 설명할 수 있다. 즉, 21세기 한국과 일본 간에 상대적 국력의 변화가 발생하는 중이다. 20세기에는 산업화(industrialization)가 국력의 변화에 결정적으로 영향을 미쳤다. 19세기 후반이래 산업화를 한국보다 먼저 이룩한 일본이 한일관계에서 언제나 우위를 차지했으며, 기본적으로 일본이 주도하여 양국 관계를 설정했다. 관계 내용은 당연히 일본에게 이익이 되도록 구성되었다. 1965년 한일국교정상화 과정에서도 산업화를 위한 자본과 기술 등 자원이 필요했던 한국은 국력이 강했던 일본이 주도하여 설정하는 대로 국교정상화를 맺었다. 즉, 식민지지배에 대한 일본의 사과와 반성이 국교정상화에 관련된 공식문서에 전혀 반영되지 않았다. 또한 한국이 요구했던 식민지배상을 일본은 거부했으며 그대신 경제협력자금이라는 명목으로 청구권협정을 매듭지었다. 한국은 국교정상화와 청구권자금 협정에 대해서 불만이 있었지만 1965년 당시 박정희정부는 경제성장에 필요한 자원이 일본으로부터 필요했기 때문에 그 불만을 안고 타결했다. 하지만 협상을 타결한 이후 일본의 기술과 자본을 이용하여 경제성장정책을 추진하였다고 해서 불완전한 조약과 협정에 대해서 불만이 없어진 것은 아니었다.

21세기 들어서 한국의 국력이 일본에 비해 상대적으로 강해지고 있다. 특히 디지털 변환(Digital Transformation)이 주요 내용인 4차 산업혁명 시기에 한국은 산업과 행정 및 금융 등 서비스 산업에서 디지털 변환에 신속히 대응하여 경제성장으로 연결하고 있다.

한국과 일본의 국력변화는 다음의 표에서 볼 수 있다.

한일 간 GDP 및 1인당 GDP비교 (단위: 10억 달러, 1965년 단위는 백만달러; 1인당 GDP 단위는 US 달러)

한일 간 GDP			1인당 GDP		
연도	한국	일본	연도	한국	일본
1965	3.12 (1)	90.95 (29.1)	1965	109 (1)	920 (8.4)
1999	295 (1)	3,797 (12.9)	1999	6,359 (1)	30,025 (4.7)
2014	1,449 (1)	4,770 (3.3)	2014	24,328 (1)	38,491 (1.6)
2018	1,619(1)	4,971(3.06)	2018	31,430(1)	40,850 (1.3)
2019	1,647 (1)	5,082 (3.09)	2019	31,762 (1)	40,247 (1.3)

*자료: 1965년 www.countryeconomy.com/gdp?year=1965, 기타 연도는 World Bank national accounts data
**괄호 안 숫자는 한국의 GDP를 1로 할 때, 일본 GDP 크기

한국은 이와 같은 국력의 상대적 변화를 배경으로 과거에는 일본에게 주장하지 못했던 것을 주장하며, 특히 일본 우익의 역사인식의 부당성을 공개적으로 지적하고 있다. 대표적인 예가 종군위안부와 징용공 배상에 관련된 문제이며, 야스쿠니 신사에 일본 정치가들이 참배하는 것에 대해서 한국 외교당국은 공개적으로 우려를 표시한다.

그에 반해 역사현안 문제는 일본 입장에서는 1965년 국교정상화 협상에서 해결이 완료된 문제이며, 일본 우익 입장에서는 위안부는 매춘부에 불과하며 한국 측이 주장하는 전시 성노예가 아닌 것이다. 일본의 주장에 대해서 한국은 국력이 약하고 일본의 협력이 절대적으로 필요할 때는 일

본의 주장을 그대로 받아들일 수 밖에 없었고 적어도 정부 차원에서는 이의를 공개적으로 제기하지 않았다. 그러나 21세기 들어서 한국은 더 이상 역사현안에 관해서 일본 주류세력의 해석을 받아들이지 않으며 한국의 역사관에 입각한 주장을 하고 있다. 식민지 지배에 관해서 반성하는 역사인식은 한국의 입장에서는 한일 양국관계를 우호적으로 유지하기 위한 전제조건인 것이다. 이러한 주장을 일본은 도전이라고 해석할 가능성이 높다. 그리고 한국의 도전을 쉽게 물리치지 못하는 현실 상황에서 일본인은 좌절감을 느끼며 정신적으로 한국을 혐오하게 됐을 가능성이 있다.

징용공 보상에 관해서 한국 법원이 한국 내 일본 기업에게 지급책임이 있다는 판결은 일본 입장에서는 청구권자금에 의해서 이미 해결된 문제이기 때문에 한국이 한일관계의 기존 질서를 일방적으로 파괴하는 행위로 간주한다. 한일관계의 기존 질서를 일반적으로 파괴하는 행위에 대해서 일본 정부가 2019년 7월 수출규제 조치를 내린 것은 일종의 '응징'이었다. 그러나 그 응징행위는 일본 정부가 목표로 한 결과, 즉 한국 정부 혹은 한국 사회가 일본의 요구에 굴복하는 것으로 이어지지 못했다. 다시 말해서, 한국 정부의 한일 양국관계를 지배했던 기존질서를 일방적으로 변경하는 행위에 대해서 일본은 응징하지 못한 채 무력감과 좌절감을 느끼고 있다. 이러한 사정이 일본내 혐한 현상을 발생시키고 유지시키는 배경이다.

산케이신문 서울지국장인 구로다(黑田勝弘) 기자는 한국의 존재가 커지면서 일본인들이 점차 한국인을 의식하게 되었으며, 이 때문에 한편으로는 질투심, 다른 한편으로는 경계심이 생긴 것이 혐한의 배경일 수 있다고 진단하였다. 아사히신문의 와카미야(若宮啓文) 주간은 일본사회의 한류문화의 전개가 문화충격으로 다가온 일본인들은 혐한이 되기도 한다고 하였다. 한류현상이라는 것은 한류 드라마와 가요 등이 널리 퍼졌다는 것

뿐만 아니라, 한류 배우와 K-POP 스타들이 많은 일본인의 동경의 대상이 되었다. 이러한 현상이 컬쳐쇼크가 되었다. 한국의 이러한 밝은 진취적 이미지에 비해서 일본은 침체되었고 이웃 국가에 대한 불안하고 불쾌한 감정이 생기기 쉬운 환경이 되었다. 그런데 이러한 일본인의 감정은 중국에 대해서는 없다고 한다.[4] 이처럼 한국의 존재감이 커졌다거나 한류문화에 일본이 충격을 받았다거나 하는 것도 국력전이의 한 표현이다.

주한일본대사를 역임한 오구라 가즈오(小倉和夫)도 일본내 반일 감정이 확대되는 배경을 국력전이의 개념으로 설명하고 있다.[5] 동아시아에서의 국력관계의 변화가 양국의 국민감정에 영향을 미쳤고 이것이 혐한의 배경이라는 것이다. 즉, 한국의 현저한 경제발전과 한류 붐 등으로 상징되는 한국의 국제적 영향력의 증대와 국제사회로의 진출은 바로 일본의 경제력의 저하와 빈번한 정권교체라는 사태와 거의 병행해서 진행되었다. 그 결과 일본에서는 일종의 좌절감이 증폭되었다. 이것은 형이 동생에게 추월당한 것과 마찬가지로서, 특히 과거에는 일본의 특기였던 영역에서 추월당했기 때문이라는 것이다.[6]

또 발전한 한국이 여전히 일본을 비판하고, 더욱이 이러한 비판을 제3국에서 한다는 것에 대해 일본인들이 한국이 과거의 복수를 한다고 여긴 것이 혐한 감정을 격화시켰다고 한다. 오구라 대사는 현재 한국이 일본과 대등한 관계가 된 이상 과거의 있었던 일에 언제까지나 트집을 잡는 것은 이상할 뿐만 아니라, 반대로 말하면 한국이 오늘같이 발전한 것 자체가 과거가 청산되고 대등한 관계가 되었음을 의미한다고 주장한다. 다시 말해서, 일본인의 감각에서 본다면 현재 한일양국이 대등한 관계가 되었다는 사실 자체가 곧 과거사의 청산을 의미한다는 것이다.

오구라 대사는 국력관계의 변화에 따라 발생한 한국의 대일감정의 변화를 다음과 같이 본다. 즉, 한국의 경제적, 정치적 지위의 향상으로 인해 일본과의 경제적, 기술적 협력의 필요성이 저하되었으며, 일본과의 대등한 관계의 확립이라는 감정을 강하게 했다고 한다. 한국의 사회심리에는 여전히 과거의 잔영이 있으며, 양국 관계가 대등한 것이 되기 위해서는 일본이 과거를 한층 더 반성하는 태도를 보여야 한다는 것이다. 하지만 일본인들은 과거사 반성을 통한 대등한 관계의 요구가 일방적인 것으로 여기며, 특히 군국주의 역사를 긍정적으로 해석하는 역사수정주의 정치세력은 더욱 크게 반발한다.

넷째, 혐한의 배경이 되는 요소로는 인터넷과 SNS 등 디지털 기기의 발달을 들 수 있다. 디지털시대에 있어서 한국 주요 신문을 인터넷을 통해서 일본의 관심있는 일반인이 바로 읽을 수 있다. 인터넷 시대 이전에는 한국에 관심이 있거나 전문가들이라도 구독하는 등 특별한 노력을 기울이거나 한국에 체재해야 한국 신문을 읽을 수 있었다. 한국의 주요 신문은 일본어판을 인터넷에 게재하며 무료로 접속할 수 있다. 한국 신문의 일본 관련 기사에 실린 반일적인 정보가 일본사회에 동시간대에 대량으로 전파되어 이러한 반일이 일본 국내 반한 및 혐한 현상이 발생하는 배경이 되었다. 많은 일본인들은 한국의 기사내용은 일방적으로 반일이며 언제나 일본이 국가적으로 하려는 정책 혹은 국제적 행사에 훼방을 놓으며 일본의 좋은 점을 외면하고 있는 반일국가라는 인식이 퍼졌다.

인터넷은 일본 내 혐한 세력들이 동조자들을 동원하는 수단으로 이용된다.[7] 혐한세력은 일반적으로 현실세계에서 조직적 기반이 약하지만 그에 비해서 비교적 많은 사람을 혐한 데모 등에 동원할 수 있는 것은 홈페이지를 통한 권유과정이 있었다고 한다. 커뮤니케이션 비용을 낮출 수 있는 인터넷의 특성이 조직기반이 약하더라도 조직 기능을 대체한다는 것이다.

또한 인터넷에 의해서 정보의 독자성 혹은 확신편향이 이루어 진다. 특정한 입장의 홈페이지에는 그와 같은 입장의 링크 이외에는 싣기 어렵다. 특정한 입장에 관심을 갖고 홈페이지를 본 사람은 반대파 주장을 볼 기회도 없이 특정한 입장으로 고정되어 간다. 확신편향은 인터넷 시대의 일반적인 특징이지만 혐한 움직임에서도 일어나는 중이다. 혐한을 포함한 현대의 일본 사회에서 배외주의의 대두는 인터넷에 의해서 가능하게 됐다.

3. 한일관계의 장래

일본의 최근 강화되는 혐한 현상과 한국에서의 반일 움직임을 볼 때 한일관계의 장래에 대한 우려를 지우기 어렵다. 필자는 한일 양국의 우호적 관계가 비우호적 관계보다는 양국의 국익에 훨씬 더 도움이 될 것이라고 믿기 때문이다. 이 장에서는 한일관계의 장래에 대해 전망한 학자들의 대표적 견해를 비판적으로 검토하고 필자 나름대로 양국이 우호적 관계를 복원하고 유지하기 위해서 필요한 요소를 제시하고자 한다.

한일관계의 장래에 대해서 다음과 같은 질문을 할 수 있다. 즉, 21세기 한일관계는 우호적인 관계로 발전할 것인가, 아니면 반목과 대립이 악화될 것인가? 한일관계는 우호관계가 증대되는 가운데 반목과 갈등이 예외적으로 발생하는가, 아니면 반목과 갈등발생이 일상화되었고 화해와 신뢰가 예외적으로 발생되는 관계인가? 2019년 7월 아베(安倍)내각이 시행한 수출규제는 한일관계가 소원해진 사실을 반영하는 것으로 앞으로도 계속 유사한 사건이 발생하여 한일 우호관계에 장애물이 될 것인가? 아니면 일본의 수출규제와 같은 반한정책은 예외적인 것으로 21세기 한일관계는 밀접해지며 우호가 깊어질 것인가? 역사인식 차이에서 오는 한국과 일본의 대립은 시간이 가면 갈수록 더욱 악화되고 이 때문에 결국 양국은 화해할 수 없는 것인가? 한일관계의 미래는 대립적 관계로 정해졌으며 양국의 정치지도자는 아무런 역할을 할 수 없는가? 아니면 한일 국민들간 관계는 기본적으로 우호적이지만 정치적 이익을 확보하기 위한 양국 정치지도자들이 우호관계 형성을 방해하고 있는가?

한일관계의 미래를 부정적으로 보는 견해는 한일 양국 간에 발생한 국력전이 현상, 한국의 강해지는 민족주의적 경향과 일본사회의 보수화 및 우익들의 정치 영향력 확대 등을 한일관계의 미래를 결정할 중요한 요인으로 보고 양국 간에 대립과 반목이 확대될 것으로 예측한다. 그리고 한일관계의 우호적 발전에 가장 큰 지장을 초래하는 현안은 양국의 역사인식 차이로서, 일본의 군국주의 역사에 관한 해석 차이에서 기인하는 한국의 반일감정과 일본의 혐한(嫌韓) 현상이 전반적으로 한일관계의 우호적 발전에 부정적인 영향을 미칠 것으로 본다.

그러나 양국 관계가 악화되고 있다면 물적 및 인적 교류도 감소하는 것이 보통일 것이다. 한일관계의 현실을 보면 냉전종결 이후 2019년 수출규제, COVID-19 사태 등 예외적인 경우를 제외하면 양국 간에 꾸준히 무역량이 증가하고 있다. 2019년 7월 일본의 수출규제에 대응한 한국 국내의 자발적 일본 상품 보이콧 운동에도 불구하고 무역수지상 일본의 대한 무역흑자의 증가는 이어지고 있다. 즉, 2020년도 일본의 대한 무역흑자는 1조 9,284억엔(円)으로 2019년에 비해 흑자 규모가 6.2% 증가했다.[8] 2011년 3월 동일본 대지진 이후 방사능 문제나 아베노믹스에 의한 엔화 약세현상 등에 의해서 단기적으로 부침은 있으나 한국을 방문하는 일본인 숫자와 일본을 방문하는 한국인 숫자 또한 장기적으로 증가하는 추세에 있다. COVID-19 사태가 종식되면 한일 양국의 인적교류는 이전

증가하는 상태로 회복할 가능성이 크다. 또한 1998년 이후 한국의 일본 문화 개방에 따라 문화적 교류가 비약적으로 증가하고 있으며, 일본 사회 내에서 한류의 영향력은 문화개방 이전에는 상상할 수 없을 정도로 커졌다. 한일관계에서 대립이 확대할 것으로 보는 비관적 견해는 양국 간 실질적으로 증가하는 인적, 물적 및 문화적 교류 확대를 설명하기 어렵다.

그렇다면 한일관계는 우호관계가 재생산될 것이기 때문에 양국 관계의 미래는 낙관적인가? 낙관적으로 전망하는 견해는 한국과 일본 양국이 여전히 미국의 영향력 하에 있으며, 자유민주적 가치와 민주주의라는 체제를 공유하며 양국 간 체제격차가 줄었다는 사실 등을 그 근거로 제시한다. 이 견해에 따르면 한일관계는 단기적으로는 악화될 수 있지만, 장기적 예를 들어 앞으로 50년 내지 100년 후의 한일관계는 정치적으로 경제적으로 체제가 수렴하여(converge) 반목이 없어진다는 것이다.

그러나 한일관계가 장기적으로 우호적으로 발전할 것이라는 낙관적 견해는, 단기적이지만 노무현 대통령 시기의 대일 외교전 선포나, 고이즈미(小泉) 수상의 야스쿠니 신사참배 이후 한일관계의 악화, 이명박 대통령의 독도 방문과 천황 사과 요구 이후 한일관계의 악화, 특히 2019년 아베 내각의 반도체 소재의 대한국 수출규제 조치 이후 한일 간 대립을 설명하기 어렵다. 또한 아베 정권 이래 한일 양국 정상은 상호 방문이 없었으며 정상회담조차 개최되지 못하는 상황을 잘 설명할 수 없다. 즉, 한국과 일본 간에 체제가 수렴되고 인식이 공유되는 과정에 있음에도 불구하고, 정치지도자들이 상대국가의 역사관이나 정치제도를 경시하는 언행들을 감행하여 한일관계가 결과적으로 악화되는 이유를 설명하지 못하는 것이다. 이 글은 한일관계의 미래를 전망한 주요 견해를 낙관론과 비관론으로 대별하고 21세기의 한일관계를 우호적 관계로 발전시키기 위해서는 정치 지도자의 역할이 매우 중요하다고 주장한다.

(1) 낙관적 견해: 유사동맹 (Quasi-Alliance)론과 체제공유론

냉전시기 한일관계를 유사동맹(quasi-alliance) 관계로 규정한 빅터 차(Victor Cha)는 냉전종결 이후 한일관계는 대립보다는 협력하는 관계가 될 것으로 전망했다.[9] Cha는 한일 양국이 공통으로 맺고 있는 미국과의 관계 및 중국과의 관계 때문에 한일관계는 협력적으로 될 것으로 본다. 또 한일관계를 두 개의 차원으로 보는데, 하나는 미국을 포함해서 한미일 관계로 구성되는 차원이며, 다른 하나는 한일 양국만으로 구성되는 관계의 차원이다.

빅터 차는 한미일 차원에서는 냉전종결 이후 미국이 동아시아에서 군사적 개입을 축소하는 경향이 있는 데 반해, 동북아시아에서 안전보장상의 위협이 여전히 남아 있기 때문에 한국과 일본은 군사적으로 협조할 가능성이 높다고 주장한다. 한일 간에는 냉전시기 미국을 중심으로 안보 면에서 협력관계를 강화했으며, 이러한 한일 간 안보협력의 메커니즘은 냉전종결 이후에도 지속될 것으로 본다. 즉, 냉전종결 이후에도 한일 양국은 북한 및 중국으로부터 위협을 공통적으로 느끼기 때문에 협력할 가능성이 높다는 것이다. 실제로 북한의 핵 위협에 대해서 적어도 노무현 정권 이전까지는 한일 간 협력에는 문제가 없었으며, 방위협력은 실질적으로 증가됐다고 지적한다.

또 빅터 차는 통일이 이뤄진 후에도 통일한국과 일본의 관계는 매우 우호적으로 발전할 것으로 예상한다. 그는 통일한국이 중국과 관계를 보다 밀접하게 증진하는 반면, 일본은 한중일 3국 관계에서 고립될 것이라는 전망을 비판한다. 통일한국이 되면 중국과 국경을 마주하게 되고 중국과 국경을 마주하는 국가는 중국으로부터 안전보장상의 위협을 느끼게 되며 통일한국도 예외가 아닐 것으로 예상한다. 통일한국이 되면 한중일 삼각관계에서 한국과 중국이 협조해서 일본을 고립시키기보다는, 한국과 일본이 협조해서 중국과 세력균형을 모색할 것으로 예상한다. 그 이유는, 통일 이후 한국은 한중일 삼각관계에서 중국과 협조해서 일본을 고립시키기보다는, 일본과 협력해서 중국과의 세력균형을 모색할 것으로 예상하기 때문이다. 그리고 그 배경에는 1965년 국교정상화 이래 쌓아온 한일 우호관계가 양국 국익에 상호 긍정적이었다는 경험과 함께 냉전시기 쌓아온 한미일 관계가 한일 양국 국익에 긍정적인 결과를 가져왔던 경험 등이 있다고 본다.

그리고 한일 양국 관계와 관련해선, 양국이 역사문제로 인해서 발생한 반목을 극복하고 우호적 관계로 발전할 것으로 예상한다. 그 가장 중요한 이유로 민주적 가치를 공유하고 있는 것, 특히 한국이 민주화에 있어서 큰 진전을 이룩했다는 점을 지적한다. 민주 국가 간 관계는 대립보다는 평화적이라는 "민주적 평화론"(democratic peace theory)에서 보듯이 자유민주주의적 문화와 가치 및 정치제도의 공유가 양국관계 발전에 긍정적으로 작용한다는 것이다. 특히 한국의 경우 민주주의적 제도가 정착하고 타협에 의해서 갈등을 평화적으로 해결하는 정향이 정착되었기 때문에 한국과 일본과의 관계에서 갈등이 발생하더라도 결국에는 협력관계가 강화될 것이라고 본다.

한일 간 자유민주주의라는 체제상의 친근감이 증대되어 문화, 교육, 스포츠 교류가 활성화되고 환경문제, 재해구조, 민간의 원자력 분야에서도 협력관계가 지속적으로 확대되고 있다. 이러한 다층적 채널은 양국 관계의 제도적 기반이 돼서, 역사문제나 무역 문제를 둘러싼 돌발적 대립이 발생해도 채널은 계속 가동되어 한일관계가 쉽게 흔들리지 않게 됐다는 점을 지적한다.

이와 같은 제도적 요인에 더해서, 빅터 차는 민주적인 규범과 인식의 공유라는 점을 지적하며 장래의 한일관계를 낙관적으로 본다. 특히 한국의 민주적 '공고화'와 경제발전에 의해서 일본인은 한국에 대해서 인식을 변화시켰으며 새로운 한국의 이미지는 활기차고, 강력하고, 자신에 찬 긍정적이라는 것이다. 또한 장래의 한국지도자는 20세기 전반부 시기에 있었던 식민지 시대의 경험이 없기 때문에 앞 세대가 가졌던 역사적 감정적 부담을 가지지 않을 것이며 감정적이 아닌 이성적 대화를 할 것으로 전망한다.

(2) 체제수렴(System Convergence)론

오코노기 마사오(小此木政夫) 또한 한일관계의 미래가 우호적일 것이라고 낙관한다. 그 이유로는 한국과 일본 간에 "체제공유"(體制共有)가 이뤄졌으며 이것이 한일 간 우호관계를 발전시키는 기반임을 주장한다. 이 견해에 따르면 냉전시기의 한일관계는 "체제격차"가 있었기 때문에 협력관계를 만들어내기 어려웠다.[10] "냉전시기에는 정치적으로 일본의 민주주의 체제에 비해서 한국은 군사적 권위주의 체제였으며, 경제적으로 한일 양국은 극복하기 어려울 정도로 자본규모와 기술수준의 격차가 존재했으며, 안보협력의 측면에서는 한일 양국은 미국과 동맹국이었으나 양국 간의 안보협력은 거의 없었다" 이러한 체제 간 격차가 한일 협력관계를 형성하기 어렵게 하는 구조적 변수였다는 것이다.

오코노기 교수는 1980~90년대를 거치면서 한국이 경제적 발전과 정치적 민주화를 달성함에 따라 한일 양국에 존재했던 "체제격차"가 해소되고 있으며, 양국은 민주주의와 시장경제라는 체제를 공유하며 안보분야에서도 교류를 확대하고 있다고 주장한다. "체제공유" 현상은 양국 간 사회적, 문화적 교류를 긍정적으로 확대 재생산시키며 가치관과 국가목표의 접근을 촉진시킨다는 것이다. 즉, 양국 국민은 첨단 산업기술을 보유한 자유시장 경제체제 하에서 평화적이며 높은 문화수준과 풍부한 인권감각을 자랑하는 민주적인 국제국가를 이상으로 공유하고 있다. 그리고 이러한 "체제공유"가 "의식공유"를 낳아서, 일본인이 한국문화에 호의적이고 긍정적인 큰 관심을 가지게 된 것은 메이지유신 이래 처음 있는 역사적인 사건이라는 것이다.

한국과 일본이 체제에서 공유하는 측면이 많아지는 것이 우호적 관계 형성의 구조적 기반이 될 것이라는 견해에는 필자도 기본적으로 찬성한다. 그러나 한일 양국의 체제를 비교하면서 냉전시기 "체제격차"가 있었기 때문에 양국 협조가 어려웠다고 하고, 냉전종결 이후를 "체제공유"로 인해 양국 협조가 이뤄지는 시기라고 보는 오코노기의 견해로는 설명이 어려운 부분이 있다.

냉전시기 "체제격차"에 의해서 양국 간 협력이 성립되기 어려웠다는 오코노기의 주장은 한일관계의 현실에 부합되지 않는다. 생각해보면 냉전시기 한일 간에 정치적, 문화적, 경제적 체제격차가 있었지만 양국 관계는 우호 관계가 기본적으로 유지되었으며, 특히 경제협력의 측면에서는 대단히 활발한 협력관계가 형성되었다. 그리고 그러한 협력관계는 한일 양국 경제가 상호 이익이 되었으며 어느 일방만 도움이 되었다고 할 수 없다. 일본 군국주의에 관한 역사인식에서도 냉전시기 한국이 일본에 비해서 국력이 현저하게 열세였지만 일본 정치가들이 공개적으로 식민지지배를 긍정하는 발언을 삼가는 등 양국 관계가 언제나 대립상태가 지속됐던 것은 아니다. 오히려 양국 간 체제공유 정도가 보다 심화된 냉전종결 이후 일본 정치가들이 역사문제와 관련하여 한국인의 감정을 해치는 언행을 공개적으로 하는 경우가 많다. 따라서 냉전종결 이후, 특히 1995년 태평양전쟁 종결 50년 이후 냉전시기에 비해서 한일 간 역사 문제가 외교적 현안이 되는 경우가 많았던 사실을 체제수렴론은 잘 설명할 수 없다.

4. 한일관계 미래에 관한 비관적 견해

다른 한편으로 한일관계의 미래는 대립적인 관계가 될 것으로 전망하는 비관적 견해가 있다. 즉, 한일관계에서 과거사에 관한 대립은 빈도와 심도의 양 측면에서 냉전체제가 종결된 이후 더욱 격화되었는데, 이는 세계정세의 구조변화에 의해서 양국 관계가 이완되었기 때문이라는 것이다. 비관적 견해에 의하면 양국관계를 이완시키는 요소는 국제적 요인과 양국 간 요인으로 구분된다. 우선 국제적 요인으로 냉전구조 붕괴가 있다. 즉, 냉전시기 한일 간을 결속시켰던 구조적 요소는 미국의 공산권 봉쇄전략이었으며 한국과 일본은 자유주의 진영에 속한 국가로서 반공이라는 큰 명분 아래에서 역사청산 문제와 관련한 갈등을 억제했다. 냉전종결 이후 잠복된 양국의 민족주의적 갈등이 반공이라는 공통이익이 사라짐에 따라 표면으로 분출하게 되었다는 것이다.[11]

다음으로 중국의 부상이 한일 간 우호 심화에 방해 요인으로 지적된다. 90년대 이래 중국의 국력이 급부상하며 한국과의 경제적 상호의존 측면에서 중국이 차지하는 비중이 급격히 커졌으며, 그에 반해 일본의 중요성은 상대적으로 저하됐다. 또한 국제정치적으로도 2012년 김정일 사망과 김정은 체제가 발족한 이후 북한이 촉발한 군사적 위협에 대한 대응과 한반도 통일에 대한 장기적 영향력을 고려한다면 중국은 한국 국익에 매우 중요한 국가가 되었다. 이에 비해 안보적 측면에서 한국 국익에 일본이 미치는 영향력은 저하되었다. 즉, 중국의 역할증대로 인해 동북아 지역에서의 한일관계가 갖는 중요성이 한중관계에 비해서 한국 입장에서는 상대적으로 저하됐다는 것이다. 한국 국익을 중심으로 보면 중국의 중요성이 일본을 능가하기 때문에 일본에 대한 한국의 배려는 중국에 대한 배려에 비해서 매우 약화되었다. 한국은 입장에서 중국의 부상 이전에도 일본에 대해서 역사인식 문제를 제기했지만, 일본에 대한 배려의 상대적 저하를 배경으로 역사인식 문제를 제기에 따라는 부담이 적어졌다.

한일관계를 이완시키는 양국간 요인으로 정치인 및 경제인의 인적 채널 및 네트워크에서 발생한 세대교체가 지적된다. 냉전시기 비공식적으로 작동한 인적 네트워크는 한일관계가 우호적으로 발전하는 데 중요한 역할을 했다. 즉, 일본 식민지 교육을 받았던 한국 정치가 및 기업가들은 일본어를 잘 구사할 수 있고 일본 문화를 잘 알았기 때문에 일본 정치가 및 기업가들과 친밀감과 유대감이 강했으며, 비공식적 채널을 통해서 민감한 정치현안이나 갈등 사안이 외교적 쟁점이 되기 이전에 막후에서 조정, 타협되는 경우가 많았다. 하지만 1990년대 이후 한국 정치가들의 세대교체가 이뤄지고, 그에 따라 한일 정치인 간의 교류나 접촉기회가 줄어들었기 때문에 갈등 발생 시 문제해결 능력이 급격하게 떨어졌다는 것이다. 이제 양국 간 현안은 외교 관료에 의해 다뤄질 뿐 갈등을 완화시켜 줄 비공식 정치적 메커니즘은 더 이상 작동하지 않게 된 것이 갈등이 확대되는 구조적 요인이 됐다는 것이다[12]

또한 한국의 민주화 성숙과 한일 간 국력 격차의 축소가 한일 대립이 확대되는 요인이 되었다. 이 견해는 민주화와 경제발전이 한일 간 우호관계를 형성하는 중요한 배경이 된다고 주장하는 체제 수렴론과는 배치된다. 정치적 민주화와 경제성장을 이룩함에 따라 한국 국민은 대미 외교와 대일 외교에서 자주적인 외교를 요구하게 되었다는 것이다. 특히, 한국의 권위주의적 정권은 대일 관계 악화가 초래할 악영향을 우려하여 과거사에 관한 문제 제기를 억제하거나 문제가 발생하더라도 이를 조기에 수습하고 자 노력했으나, 민주화 이후 한국 정부는 국민들의 대일 여론을 대일 외교에 적극적으로 반영하였으며 결과적으로 대일 강경 외교를 추진하게 되었다. 더욱이 2015년 이후 한국의 정권 세력은 전임 정권을 친일세력이라고 비판하고 국내 정치에서 대일 반감을 증폭시켰으며 이러한 과정을 통해서 집권세력의 지지도를 높였다. 이러한 관점에서 본다면 한국에서 민주화가 진전되면 될수록 대일 여론은 한국의 대일 외교를 압박하는 요인이 될 가능성이 크다.

한일관계를 이완시키는 일본 국내 요인으로 90년대 이후 일본 사회 역사수정주의에 영향을 받는 정치세력이 대두되고, 혐한 현상이 심화된 상황을 지적할 수 있다. 특히 2012년 12월 집권한 아베(安倍) 정권은 야스쿠니 신사참배를 옹호하는 등 군국주의를 긍정하는 역사관을 공공연하게 표명하였다. 이러한 역사인식에 대해서 한국은 강력하게 문제제기를 하고 있으며, 한일 외교당국 간 대립은 지속되고 있다. 일본 국내정치에서 평화헌법 개정론, 자위대의 해외파병, 히노마루·기미가요의 법제화가 실현됐으며 수상 및 각료의 야스쿠니 참배 등에 의해서 2000년대 이후 일본 정치가들이 표명하는 역사인식이 보수적인 방향으로 퇴조를 보이고 있다. 이러한 역사관이 공개적으로 표명되면 될수록 한일 우호관계 형성은 점점 더 멀어질 것이다. 전후세대 일본 정치가들은 과거 식민통치와 침략의 역사에 대한 속죄 의식을 갖지 않아서 한일 과거사 문제에 관해 거침없는 발언과 행동을 취하는 경향이 농후하며 전후세대 일본인의 역사인식 및 태도가 한일 과거사 갈등을 불러일으키는 요인으로 작용할 것으로 지적된다.

5. 한일관계 미래와 정치 지도자 역할

21세기 한일관계를 우호적으로 전망하는 견해든, 비관적으로 전망하는 견해든 구조적인 변수를 중요시한다. 한일관계의 미래를 부정적으로 보는 견해는 냉전종결 이후 세계 시스템 및 양국관계의 구조적 변수에서 발생한 변화가 양국관계를 이완시키는 변수로 작용하고 있다고 주장한다. 한일관계를 긍정적으로 보는 견해도 한일의 강대국과 관계 및 양국간에 발생한 체제수렴이라는 구조적인 현상을 중요시한다. 체제가 수렴되어 인식 공유를 발생시키고, 그것이 한일 양국의 미래를 우호적으로 발전시킬 것이라고 본다.

그러나 두 견해가 한일관계의 전개에 있어서 직접적으로 언급하지 않은 정치리더십의 역할은 과거사 현안을 양국의 외교분쟁 현안으로 만드는데 단기적으로 매우 중요한 역할을 한다. 즉, 정치 리더십이 합리적이라면 한일 양국을 둘러싼 구조적 변수의 변화를 국가이익에 맞게 반영하여 정치적 행동을 할 것이다. 그러나 정치적 리더십이 언제나 합리적이지 않으며 특히 한일 정치지도자들은 역사문제에 관해서는 국익에 분명하게 마이너스가 되는 행동을 하는 경우가 많다.

한일관계의 미래를 비관적으로 보는 견해는 양국 간 역사인식 차이가 한일 간 대립을 발생시키는 현안이라고 지적하고, 냉전종결 이후 한일 양국을 둘러싼 구조적 변화와 국내 정치상의 변화에 따라 일본은 역사인식을 경시하며 한국은 역사인식 문제를 더 자주 제기하게 되었다고 한다. 그러나 구조적 변수 및 국내정치적 변화, 즉 민주화가 필연적으로 한일관계의 악화를 가져오는가에 대해서는 의문이 있다.

정치 지도자에 의해서 정권성격이나 외교목표가 달라지면 한국의 경우 민주화가 진전되더라도 과거사 인식으로 인해 발생하는 한일 간 대립은 얼마든지 관리할 수 있다. 한국이 민주화가 됐기 때문에 한일 간 과거사 대립이 심화된다는 주장은 민주화 정권이 포퓰리즘적 입장에 굴복한다는 것을 의미하는 것에 지나지 않는다. 다시 말해서 과거사 마찰이 나타나더라도 한국 정치지도자들은 대일외교 목표, 일본 정치지도자들은 한국에 대한 외교 목표를 우호관계의 증진으로 수립한다면 얼마든지 과거사 마찰을 외교적으로 관리할 수 있는 것이다. 역사인식이 외교현안으로 등장하지 않도록 하는 책무는 일본의 보수 정치가들에게 더 많이 있지만, 현실 정치에서 일본 정치가들은 외교보다 국내정치를 중시하는 경향이 있다.

중국의 부상이 한일관계에 어떠한 영향을 미칠 것인가라는 논점은 중일관계와 미중관계에 따라서 달라질 수 있다. 미중관계가 대립적인가 협력적인가에 따라서 중국의 부상이 한국에 미칠 영향은 달라질 것이다. 미중대립이 격화되어 한쪽을 선택할 수밖에 없는 상황이 온다면 한국 외교정책 당국자에게 국익을 위한 선택에 있어서 어려움이 크겠지만 결국 미국을 선택할 것이다.

중국의 중요성이 커졌기 때문에 한일관계의 중요성이 약화될 것이라는 전망은, 한국에는 중대한 외교방침의 방향 전환에 관련된 주장으로서, 일본보다 중국을 중시하는 방향으로 외교정책을 선회하기 위해선 한국 국익의 중장기 및 단기적 영향을 평가해야 하며, 미국의 대중국 관계 또한 고려해야 한다. 따라서 중국의 경제력이나 국제정치적 영향력이 증대됐다는 이유만으로 한국의 외교정책 방침이 일본보다 중국을 위주로 전개될 것이라는 결론은 미중관계가 협력적이라는 전제가 필요하며, 필자는 아직 그러한 결론을 내리기에는 시기상조라고 본다. 이 글 앞부분에서 소개한 유사동맹론에서는 중국이 부상하더라도 한국이 일본에 보다 협력할 가능성을 더 높게 보고 있으며, 그 근거로 국교정상화 이후 쌓았던 한일 간의 신뢰관계, 자유진영에 속하면서 한국이 경제발전에 성공했다는 실적 및 민주체제를 공유하고 있다는 환경 등을 지적한다. 따라서 중국 국력이 증대됐다고 하더라도 한국과 민주체제를 공유하지 않으며, 민주적 가치를 존중하는 측면에서도 차이가 나며, 특히 통일한국이 중국과 국경을 마주할 경우 중국과 관계가 우호적으로 지속될 지는 속단하기 어렵다.

한일 양국을 둘러싼 구조적 질적 변화에 의해서 발생하는 한일관계의 성격 변화는, 그것이 한일 양국의 정치가들이 정치 혹은 외교로 극복할 수 있는 변화인지의 여부가 문제가 될 것이다. 한일관계의 미래를 낙관적으로 보는 견해는 한일 양국의 체제공유 혹은 자유민주적 가치의 공유 등을 근거로 내세우지만, 이는 한일관계 우호발전의 필요조건일 뿐, 충분조건이 되는 것은 아니다. 충분조건은 정치지도자들이 한일관계를 우호적 관계로 주도해야 한다는 것이다. 마찬가지로 냉전구조의 붕괴 및 중국의 부상, 한일 양국 내 정치상황의 변화 등에 의해서 한일관계가 보다 대립적으로 전개될 것으로 보는 견해도 한일관계의 악화에 관한 필요조건만을 거론한 것일 뿐이다. 즉, 한일관계가 대립적으로 될 구조적 요인 속에서도 한일 정치지도자들은 양국 관계를 우호적으로 형성하겠다는 의식적 노력 혹은 대립의 중심주제인 과거사에 관한 역사인식 차이를 외교분쟁으로 확대시키지 않는 노력이 필요하다.

고이즈미 수상이 한국과 중국 정부의 공식적 항의에도 불구하고 야스쿠니(靖國) 신사를 5년 임기 중에 지속적으로 참배한 경우나, 아베 수상이 종군위안부의 강제동원은 없었다는 발언을 반복적으로 한 것은 정치적 리더십의 독특한 성향이다. 김대중 정권과 오부치 수상이 1998년 한일 파트너십 선언에 서명한 것도 정치지도자들의 성향이었다. 한국에 있어서도 노무현 대통령이 임기 초기 2년간 일본에 대해서 미래지향적 관계를 강조하다가, 임기 3년째부터 대일 강경외교로 전환한 것도 정치리더십의 독특한 성향이라고 할 수 있다. 이명박 정권에 들어서서 2009년 4월 우익 역사교과서 검정문제를 외교쟁점화 하지 않고 무난하게 넘어간 것은 한일관계를 우호적으로 유지하겠다는 리더십의 성향이 아니고서는 설명할 수 없다. 2012년 8월 이명박 대통령에 의한 독도 방문과 천황에 대한 사죄요구 발언은 당시 정치적 필요성이 있었다기보다는 단기적으로 정치지도자의 개인 성향으로 해석할 수 밖에 없다.

한일관계를 형성하는 데 정치지도자들의 역할이 중요하다는 의미에서 일본 정치지도자들은 군국주의 과거사에 관련하여 매우 신중하게 행동해야 한다. 과거를 직시하지 않는 역사인식을 일본의 최고지도자가 지속적으로 표명한다면 한일 간 미래지향적 관계 형성은 정말 어려운 과제가 될 것이다. 일본 최고지도자나 정부가 군국주의와 식민지 지배를 합리화하거나 그렇게 해석되는 행위를 공식적으로 하는 것을 한국 정부와 국민은 받아들일 수 없으며, 시간이 지나간다고 해서 바뀌어질 성격의 것이 아니다.

더욱이 한일관계의 구조적 변화 가운데 하나인 상호 커뮤니케이션의 폭과 내용이 풍부해졌다. 상호 커뮤니케이션의 확대는 상호이해를 넓히는 데 긍정적으로 작용하겠지만, 상호 싫어하는 감정도 순식간에 확대시킬 가능성이 있다. 2005년 3월 이래 한국 국내에서 격렬하게 표현된 반일데모는 일본 매스컴에 거의 동시간으로 상세히 보도되었다. 2013년 이후 증가하는 일본의 혐한 데모도 실시간 한국에 알려지고 있다. 전자 커뮤니케이션 시대에 양국 국민감정이 악순환적으로 확대재생산 되지 않고, 우호적으로 확대재생산 되도록 양국 지도자들이 노력하여야 한다.

양국의 정치지도자들은 외교목표를 현실적으로 실현 가능하게 수립할 필요가 있다. 한국의 대일 외교목표가 한일 우호관계를 유지하는 것이라면 과거사 현안이 외교쟁점이 되지 않도록 양국이 관리해야 한다. 일본의 한국 외교목표가 우호관계를 유지하는 것이라면 일본 정치가들은 역사문제에 보다 신중해야 한다. 한국의 대일 외교목표가 과거사 현안을 해결하는 것이라면 그러한 외교목표는 쉽게 달성되기 어렵다. 과거역사에 관하여 한일 양국 국민 간에 정서가 비대칭적이며, 과거사 현안은 일본 국내정치 현안이기 때문에 한국이 원하는 방식으로 해결되기 어렵다. 역사현안 해결이라는 과제는 양국 우호관계 유지라는 외교 목표의 하위목표가 되어야 한다.

한일관계의 과거를 보면 과거사 현안이 언제나 뜨거운 외교쟁점으로 지속됐던 것은 아니며, 과거사 현안과 독도 현안이 한일 양국 외교관계를 전체적으로 압도했던 것도 아니다. 양국 정치지도자들이 과거사 문제가 양국 간 외교분쟁의 도화선이 되지 않도록 지혜를 발휘하여 관리하면 한일 우호관계는 확대될 가능성이 높아질 것이다. 정치지도자들의 역할이 막중한 이유이다.

미주

1) 澤田克己, 『反日韓國という幻想』, 每日新聞出版, 2020.

2) 金慶珠, 『嫌韓の論法』, KKベストセラーズ, 2014.

3) 小倉紀藏 · 小針進 編, 『日韓關係の爭点』(藤原書店, 2014).

4) 『日韓關係の爭点』

5) 『日韓關係の爭点』

6) 『日韓關係の爭点』

7) 히구치나오토(樋口直人) 지음, 김영수 옮김, 『폭주하는 일본의 극우주의: 재특회, 왜 재일코리안을 배척하는가』, 미래를 소유한 사람들, 2015.

8) 『한국경제신문』(2021년 1월 23일).

9) 빅터 D. 차 지음, 김일영, 문순보 옮김, 『적대적 제휴: 한국, 미국, 일본의 삼각안보체제(Alignment Despite Antagonism: The United States-Korea-Japan Security Triangle)』, 문학과 지성사, 2004.

10) 오코노기 교수는 體制摩擦이라는 단어를 사용하나, 그 의미는 체제 간 격차이다. 小此木政夫, "日韓關係の新しい地平: 體制摩擦から意識共有へ,"『戰後日韓關係の展開』(東京: 慶應義塾大學出版會, 2005).

11) 李元德, "構造轉換期の日韓關係: 爭點と課題" 小此木政夫 · 張達重編, 『戰後日韓關係の展開』(東京: 慶應義塾大學出版會, 2005).

12) 이원덕, "한일관계의 과제와 전망: 역사마찰 문제를 중심으로," 慶應大學코리아센터 개설기념세미나 발표논문 (2009.2).

저자소개 _____

강동국
나고야대학교 법학부 교수

「국제정치학자 이용희의 탄생」, 『한국 국제정치학 미래 백년의 설계』 (사회평론아카데미, 2018), 「조선 전기의 교린 개념」, 『개념과 소통』제21호 (2018), 「[事大主義]の起源」, 『名古屋大学法政論集』第217号 (2007) 등

김시덕
서울대학교 규장각한국학연구원 교수

『일본인 이야기 2 – 진보 혹은 퇴보의 시대』(메디치미디어, 2020), 『일본인 이야기 1 – 전쟁과 바다』(메디치미디어, 2019), 『전쟁의 문헌학』(열린책들, 2017), 『동아시아, 해양과 대륙이 맞서다』(메디치미디어, 2015), 『異国征伐戦記の世界: 韓半島・琉球列島・蝦夷地』, 笠間書院, 2010 (『일본의 대외전쟁』열린책들, 2016) 등

김종학
국립외교원 조교수, 외교사연구센터 책임교수

『한국의 대외관계와 외교사 (근대편)』(공저, 동북아역사재단, 2019), 『개화당의 기원과 비밀외교』(일조각, 2017), 『근대 일선관계의 연구』, 2책 (역서, 일조각, 2013/2016), 『심행일기: 조선이 기록한 강화도조약』(역서, 푸른역사, 2010), 『근대한국외교문서』, 13책 (공편, 서울대학교 출판문화원, 2010~2018) 등

김호섭
중앙대학교 명예교수 / 한국정치학회 회장, 동북아역사재단 이사장 역임

"The Role of Political Leadership in the Formation of Korea-Japan Relations in the Post-Cold War Era", *Asian Perspective* (2011), 『일본우익연구』(공저, 중심, 2000), 『對外政策論』(공저, 박영사, 1998), 「新らしい韓日關係に向けて: 視角と展望」, 『アジア太平洋新時代』(1991), 「민주화시대의 한일관계」, 『한국정치학회보』(1988) 등

신상목
㈜기리야마 대표이사 / 외교통상부 외무공무원 역임

『학교에서 가르쳐주지 않는 세계사 – 일본, 유럽을 만나다』(뿌리와이파리, 2019), 『학교에서 가르쳐주지 않는 일본사』(뿌리와이파리, 2017), 『일본은 악어다』(인북스, 2002) 등

이원덕
국민대학교 일본학과 교수

『신외교안보 방정식: 네트워크 경쟁과 전략문화』(공저, 전략문화연구센터, 2021), "South Korea-Japan Relations in Crisis: How to Find a Way Out", 『東京法学』(2019), 『한일관계사 1965-2015 정치』(공편, 역사공간, 2015), 『한일신시대와 공생복합 네트워크』(공저, 한울, 2012), 『한일과거사 처리의 원점』(서울대학교 출판부, 1998) 등